Peter Godzik

Hospizlich engagiert

Erfahrungen und Impulse aus drei Jahrzehnten

Peter Godzik

Hospizlich engagiert

Erfahrungen und Impulse aus drei Jahrzehnten

Steinmann

Denen, die mich lehrten.
Wer aufmerksam liest,
wird ihre Namen entdecken.

Erste Auflage

ISBN 978-3-927043-44-2
Covergestaltung: Elsa von Rahden, Fischerhude
Autorenfoto: Peter Godzik, privat
Herstellung: Books on Demand GmbH, Norderstedt

www.steinmannverlag.de

Inhaltsverzeichnis

Vorwort *7*

Worum es geht: Sterbenden (und Trauernden) Freund sein *11*

An den Grenzen des Lebens *13*

I. Zur Geschichte der Hospizarbeit *17*

Einige wichtige Daten zur Entwicklung in Deutschland *17*

Die Hospizbewegung in Deutschland – Stand und Perspektiven *20*

Grundzüge einer Geschichte der Hospizbewegung in Deutschland *31*

Der Tod behält nicht das letzte Wort – zur diakonischen Begleitung Sterbender *33*

Deutungsrahmen für die Geschichte der Hospizbewegung *38*

Die Hospizbewegung in Niedersachsen – Wurzeln, Entwicklungen und Perspektiven *46*

Wichtige Daten zur Geschichte der Hospizarbeit in Schleswig-Holstein *56*

Sterbende begleiten – von den Anfängen der Hospizarbeit in Schleswig *62*

Gronemeyer-Interview mit Peter Godzik (gekürzt) *72*

Ausgewählte Literatur zum Thema „Geschichte der Hospizarbeit“ *89*

II. Praktische Impulse für die Hospizarbeit *93*

Fragestellung und Arbeitsaufgabe für die Arbeitsgruppen während der Generalsynode der VELKD *93*

Entwürfe für die Stellungnahmen der Arbeitsgruppen *97*

Aufklärung und Ermutigung – von wichtigen Büchern zum Thema *110*

Sterbende begleiten – Seelsorge der Gemeinde *120*

Sterbebegleitung durch die Gemeinde – Gastkommentar zum Ergebnis der Generalsynode 1988 .... *125*

Dem Sterben ein Zuhause geben *128*

Sterbenden Freund sein – Einführung *137*

Sterbende begleiten – das neunte Werk der Barmherzigkeit *140*

Sterben in Würde – Erhellendes aus Mainz *148*

Sterbebegleitung in Gemeinde und Hospizbewegung *150*

36 Jahre nach „Gramp“: Die Sterbebehinderer haben ausgespielt *153*

III. Hoffnung über den Tod hinaus *169*

Der Trost des christlichen Glaubens *169*

Das Sterben: ein Geborenwerden in die Welt bei Gott *172*

Ins Leben aus dem Leben gehen *177*

IV. Didaktische Anregungen für Hospiz- und Trauerarbeit *185*

Hospiz-Weiterbildung. Modelle und Literaturhinweise – ein Überblick *185*

„Verlaß mich nicht, wenn ich schwach werde“.
Sterbende begleiten – Seelsorge der Gemeinde *190*

Welche Voraussetzungen in der Ausbildung und Zurüstung von
Mitarbeiterinnen in der Hospizarbeit sind nötig? *197*

Gemeinsam unterwegs – zur Didaktik der Palliative Care-Kurse *209*

Einführungen in die didaktischen Schritte des Trauerhandbuchs
„Sei nahe in schweren Zeiten“ *213*

V. Persönliches zum Autor *229*

Kurzbiographie *229*

Bibliographie Peter Godzik zum Thema „Hospizarbeit“ *230*

Weitere Impulse *234*

Vorwort

Eingeladen von der „Akademie für Palliativmedizin und Hospizarbeit Dresden", auf dem 33. Deutschen Evangelischen Kirchentag im Juni 2011 in Dresden einen Vortrag zu halten zum Thema „Hospizarbeit – was lernen wir aus ihrer Geschichte für unsere Zukunft?", habe ich mich daran gemacht, meine Unterlagen über 24 Jahre Engagement aus kirchlich-diakonischer Perspektive in Sachen Hospizarbeit in Deutschland zu sichten.

Nach der Gründung des ersten Hospizvereins 1985 in München kam ich mit zwei Jahren Verspätung hinzu: Ich wurde 1987 Referent im Lutherischen Kirchenamt der VELKD in Hannover mit der Zuständigkeit für Seelsorgefragen. Durch die Vorbereitung der Lutherischen Generalsynode 1988 zum Thema „Sterbende begleiten" und eine Anfrage von Renate Wiedemann, die gerade dabei war, die „Deutsche Hospizhilfe" zu gründen, kam ich zu dem Thema, das mich nun all die Jahre nicht mehr losgelassen hat. Als „Fan" der Gründergeneration, deren Protagonisten ich im Laufe der Zeit (fast) alle kennen lernen durfte, machte ich mich daran, das Anliegen der in Deutschland entstehenden Hospizbewegung der eigenen evangelischen Kirche und Diakonie so zu vermitteln, dass eine dauerhafte Bejahung und Unterstützung daraus entstehen und bleiben konnte. Es war manchmal mühsam, aber nicht vergeblich.

In diesem Buch sind nun all jene Impulse in Vorträgen, Zeitschriften und sonstigen Publikationen versammelt, die ich in den vergangenen 24 Jahren seit meiner Berufung ins Lutherische Kirchenamt nach Hannover beitragen konnte. Hospizwege führten mich u.a. nach Bremen, Lemförde, Hiltrup, Recklinghausen, Duisburg, Wuppertal, Düren, Ludwigshafen, Stuttgart und Tübingen; nach Hamburg, Lüneburg, Celle, Loccum, Braunschweig, Hildesheim, Goslar, Kassel, Arnoldshain, Würzburg, Bamberg und München; nach Sankelmark, Kiel, Lübeck, Mölln, Schwerin, Berlin, Radebeul und Wien. Ich konnte zeitweilig mitarbeiten im „Fachbeirat Hospiz" des Diakonischen Werkes der EKD und im Vorstand der damals noch so genannten Bundesarbeitsgemeinschaft (BAG) Hospiz.

Ich habe sehr viele hospizbewegte Menschen kennen gelernt, denen ich viel an neuen Einsichten und Lebenserfahrungen zu verdanken habe. Ich denke dabei besonders an Daniela Tausch, Johann-Christoph Student, Petra Muschaweck, Franco Rest, Karin Wilkening, Ulrich Domdey, Gerda Graf, Heinrich Pera, Monika Müller, Josef von Radowitz und Christine Denzler-Labisch.

Unvergessen bleiben natürlich auch meine Mitstreiterinnen und Mitstreiter in der Entwicklung des Celler Modells: Christof Baum, Willy Boysen, Margot Desenick, Horst und Rosemarie Dirks, Andreas Ebert, Wiltrud Hendriks, Doris Hetzler, Hartmut Mühlen, Brigitte Müller, Gerhard Pfister, Alfred Seiferlein, Jochen Senft, Marlies Söhlke, Elisabeth von Spies, Lotte Strack, Burkhard Straeck, Wiebke Thomsen und Karin Witte sowie Maria Ankermann, Dirk Blümke, Edeltraut Kambach, Margret

Krueger, Paul-Gerhard Langenbruch, Martin Ostertag, Gabriele Pappai, Elke Schölper, Rolf Sturm, Frank Weiberg und Wolfgang Weiß; sowie im „Fachbeirat Hospiz" des DW-EKD (sofern nicht schon genannt): Helmut Dopffel, Roswitha Kottnik, Katharina Mayer, Peter Otto, Thomas Schlunk und Lothar Stempin. Noch viele andere wären hier zu nennen, denen ich tiefe Einsichten über das Wichtige in der Hospizarbeit zu verdanken habe. Zuletzt waren es neben Reimer Gronemeyer und Monika Renz besonders Marie-Luise Bödiker, Paul Herrlein, Hans Overkämping, Rainer Prönneke, Josef Roß, Norbert Schmelter und Paul Timmermanns.

Neben den Namen und Orten spielen natürlich die Inhalte eine besondere Rolle. So gliedert sich das Buch in vier Kapitel, in denen die jeweils wichtigen und anregenden Texte versammelt sind:

- Zur Geschichte der Hospizarbeit
- Praktische Impulse für die Hospizarbeit
- Hoffnung über den Tod hinaus
- Didaktische Anregungen für Hospiz- und Trauerarbeit.

Die Leserin und der Leser werden je nach Interesse für sich entdecken, womit wir jeweils in der Hospizarbeit gestartet sind und wohin sich das Ganze entwickelt hat. Sie werden spüren, welche Werthaltungen bis heute prägend sind und auch in der Zukunft nicht aufgegeben werden dürfen. Mich hat besonders überrascht, dass die ersten Texte, die ich zum Thema verfasste, nämlich „Fragestellung und Arbeitsaufgabe für die Arbeitsgruppen während der Generalsynode der VELKD" immer noch die Leitfragen und Grundeinstellungen enthalten, die uns heute noch in der Hospizbewegung bestimmen und auch weiterhin bestimmen sollten. Insofern ist der Blick zurück nicht bloß nostalgisch, sondern eine Ermutigung, die Motivation und Begeisterung des Anfangs zu behalten und mit ihren unverzichtbaren Werten auch die Zukunft der Hospizarbeit zu gestalten. Einen Ausblick auf kommende Herausforderungen geben die Einführungen in das Trauerhandbuch „Sei nahe in schweren Zeiten". Wie beim Celler Modell für die Sterbebegleitung wird hier der Versuch unternommen, den Gemeinschaftscharakter der Hospizbewegung zu stärken.

Die in diesem Buch versammelten Beiträge dokumentieren die Entwicklung der Hospizarbeit in Deutschland über einen Zeitraum von 24 Jahren. Mir ist bewusst geworden, dass das genau zwei Drittel meiner aktiven Dienstzeit als Pastor sind. Sie geben also den eigentlichen Schwerpunkt meiner theologischen Lebensarbeit wieder.

Dass ich nicht von der Medizin und Pflege, sondern von der christlichen Seelsorge[1] herkomme, wird man den Beiträgen immer abspüren. Ich hoffe nicht, dass das die

[1] Ein kluger Beobachter hat einmal bemerkt, dass beim Celler Modell (s. S. 190 ff.) ein Scharfenberg-Schüler sich der Beichte wieder positiv zuwendet. Vgl. dazu: Peter Godzik, Seelsorge

„Gebildeten unter den Verächtern der Religion“ (Schleiermacher) davon abhalten wird, sich mit den theologischen und kirchlich-diakonischen Impulsen auseinanderzusetzen, die allesamt immer das gemeinsam Menschliche meinen.

Auch wird die Leserinnen und Leser die eine oder andere Wiederholung von Darstellungen und Argumenten nicht stören. Das ist in gewisser Weise unvermeidlich, wenn man die Texte in ihrem ursprünglichen Zusammenhang belassen und nicht um die Doppelungen mühsam kürzen will. Denn das vorliegende Buch ist kein geschlossenes Handbuch der Hospizarbeit, sondern der Einblick in eine lebendige Werkstatt.

So möge nun dieses Buch zu seinem Teil und in seiner Art die gemeinsame Geschichte einer großartigen Bewegung erzählen und damit zu einem Kraftquell für alle Weiterentwicklung werden, die angesichts des Ankommens in der Mitte der Gesellschaft und ihrer wirtschaftlichen, gesundheitspolitischen und organisatorischen Zwänge den Schwung des Anfangs zu verlieren droht. Ich finde ja: Das scheint nur so, dem ist aber nicht so. Dafür bürgen all diejenigen Menschen, die sich seit Jahren täglich neu in der Hospizbewegung engagieren.

Schleswig, im Februar 2011 *Peter Godzik*

---

in der Nachfolge Jesu. Mit einem Anhang: Joachim Scharfenberg, Seelsorge als Konflikthilfe (o.J.); im Internet: http://www.pkgodzik.de/fileadmin/user _upload/Bibelarbeiten/ Seelsorge_ in_der_Nachfolge_Jesu.pdf

Worum es geht: Sterbenden (und Trauernden) Freund sein

Was ist das Sterben? Ein Nichtungsprozess oder ein Geborenwerden? Ich halte es mit *Martin Luther*, der das Sterben ansah wie eine Geburt: „Und danach wird ein großer Raum und Freude sein.“[2]

Was haben wir zu tun, wenn wir Sterbende begleiten? Wir sind aufmerksam und unterstützen sie auf dem letzten Stück ihres Lebensweges, dass sie möglichst ohne Schmerzen, gut gepflegt, umsorgt von ihren Freunden oder Angehörigen, weitgehend selbstbestimmt ihren letzten Atemzug tun können. Wir verhalten uns dabei wie gute Hebammen: Wir erleichtern das Durchschreiten des Tores; wir freuen uns, wenn es geschafft ist; wir holen Hilfe herbei, wenn es zu schwer und kompliziert wird.

Die Menschen sollen und wollen nicht *durch* unsere Hand sterben, sondern *an* unserer Hand, deshalb bereiten wir uns sorgfältig auf diesen Weg vor. Als Ehrenamtliche in der Sterbebegleitung lernen wir in acht Schritten seelsorgerliche Tätigkeiten: wahrnehmen, mitgehen, zuhören, verstehen, weitergehen, bleiben, loslassen, aufstehen. Ja, auch loslassen und aufstehen, weil es der sterbende Mensch uns vormacht: Wir bleiben nicht hocken im gehabten Leben, wir gehen weiter, durch das Tor hindurch.

Es gibt Bilder, die das Begleiten und Unterstützen im Sterben beschreiben: Wir bilden ein tragendes Netzwerk, wir achten einander in unseren unterschiedlichen Tätigkeiten und Professionen.[3]

Unmittelbar in der Nähe des sterbenden Menschen, ihm zugewandt, leisten wir unseren Dienst, oder bleiben in respektvollem Abstand stehen und beobachten, was geschieht, wann wir gebraucht werden und wann nicht. Wenn es darauf ankommt, halten wir die Hand unter oder legen sie zum Segen auf. Wir fragen uns, was das Sterben erleichtern könnte: eine gute Schmerztherapie, eine ganzheitliche Pflege, eine Bearbeitung letzter ungelöster Probleme, eine gute und liebevolle spirituelle Begleitung.

Bei der Geburt ist Steißlage eine schmerzhafte Komplikation, im Sterben auch. Wie ermöglichen wir es, dass die von uns begleiteten Menschen in „geistliche Kopflage“ kommen können. Eine Perspektive muss her, eine Vorstellung, ein Traum von dem, was vor uns liegt. „Wer nur zurückblickt, ist nicht geschickt für das Reich Gottes.“

Könnte das der unverzichtbare Beitrag der Seelsorgenden sein, Perspektiven zu eröffnen, Deutungshorizonte in den Blick zu nehmen, die vom Schmerzhaften des Abschieds ablenken und Trost vermitteln? Eine gute Hypno-Therapeutin arbeitet so mit ängstlichen und widerstrebenden Kindern: sie lenkt sie ab und nimmt sie mit auf eine Traumreise – und unversehens ist geschehen, wovor sie sich gefürchtet haben.

Welche Bilder vom Sterben, vom Leben danach haben wir anzubieten, wovon träumen wir, was, glauben wir, kommt danach? Ist der Himmel leer, wie *Günter Grass*

---

[2] Insel-Lutherausgabe, Band 2, S. 17.

[3] Vgl. dazu die Bilder auf Seite 42 ff.

einmal auf die entsprechende Frage antwortete[4], oder gibt es Vorstellungen, die unser Leben bereichern und unser Sterben erleichtern?

Wer wie *Günter Grass* so schön, so detailgetreu und phantasievoll erzählen kann, ist eigentlich schon längst im Himmel, in der anderen Welt jenseits unserer Realität, im Land der Liebe und Vergebung. Der gewinnt aus dem Erzählen die Kraft, umzugestalten und selber neu zu werden. Denn darum geht es auch im Sterben: Wir werden umgestaltet und neu gemacht. Zurück bleibt unsere körperliche Hülle, die Seele hat sich auf den Weg gemacht. Wohin?

Ich habe erfahren, dass Bilder helfen, den Blick nach vorn zu richten – nicht eines, sondern viele.[5] Es geht ja nicht um Ideologie oder meine Glaubensüberzeugung, sondern um ein Angebot, einen Deutungshorizont, den der andere beschreiten und für sich ergreifen soll. Vielleicht will und kann er nicht nach vorn schauen, dann ist das auch in Ordnung. Aber vielleicht ergreift er so ein Bild und malt es sich aus – im wahrsten Sinne des Wortes. Kunsttherapeutinnen arbeiten manchmal so mit Sterbenden: Sie lassen sie ihre Bilder malen oder, wenn sie das schon nicht mehr können, ein Bild auswählen.[6] So gestärkt mit einem inneren Bild geht ein sterbender Mensch seinen Weg unvertretbar durch das Tor hindurch. Wir sind nur staunende Begleiter mit unserem Mitgefühl, unserem liebevollen Blick, unserer gewachsenen Erfahrung.
Und wir wissen genau: Die eigentliche Bewährungsprobe unserer vielfältig erworbenen Kompetenz kommt noch, wenn wir selber gerufen werden an die Schwelle des Lebens.

Gerufen, gefragt, bedacht, bekannt, gelöst, erfüllt, gesegnet, begabt – so heißen die Schritte in unserem Vertiefungskurs für Ehrenamtliche in der Sterbebegleitung. So stirbt man nicht, jedenfalls nicht immer und nicht immer so leicht – das wissen wir. Aber so kann man sich auf das Sterben vorbereiten, um Haltung zu trainieren – aufmerksame Mitmenschlichkeit in der jeweiligen Profession, die wir ans Sterbebett mitbringen, ehrenamtlich oder bezahlt. Denn das ist unser Wunsch, unsere Bitte:

O Herr, gib jedem seinen eignen Tod.
Das Sterben, das aus jenem Leben geht,
darin er Liebe hatte, Sinn und Not.

Rainer Maria Rilke, 15.4.1903, Viareggio[7]

---

[4] Im Januar 2009 im Nachgespräch zu seiner öffentlichen Lesung in der Ratzeburger St. Petri-Kirche. Er fügte hinzu, er fühle sich vor allem dieser Erde und diesem Leben verpflichtet.
[5] Vgl. dazu „Bilder der Hoffnung", im Internet unter: http://www.pkgodzik.de/index.php?id=14
[6] Vgl. dazu Monika Müller, Nach innen wachsen. Der Sterbeprozeß eines 42-jährigen Mannes, dargestellt an acht von ihm gemalten Bildern, Bonn: ALPHA-Rheinland 1992.
[7] Rainer Maria Rilke, Das Stundenbuch (1905).

An den Grenzen des Lebens

Predigt über Lukas 1,67-79, gehalten in der St. Marien-Kirche Bad Segeberg am 15. Juni 2008

Die Lesung aus dem Lukas-Evangelium (Lukas 1,67-79), die wir eben gehört haben, thematisiert eine Grenze des Lebens: die Geburt. Ob wir aus diesem Text auch etwas lernen können für die andere Grenze des Lebens: den Tod? Schauen wir genauer hin!

Zacharias redet seinen neugeborenen Sohn Johannes an: „Und du, Kindlein, wirst ein Prophet des Höchsten heißen. Du wirst vor dem Herrn hergehen, dass du seinen Weg bereitest und Erkenntnis des Heils gebest seinem Volk in Vergebung ihrer Sünden …"

Mit der Anrede „Du, Kindlein" stellt Zacharias seinen Sohn Johannes zugleich in den großen Zusammenhang der Geschichte Gottes. Vor ihm war da göttliche Wirklichkeit und sie setzt sich fort im Leben des Kindes und sie wird auch nach ihm sein. Gottes Geschichte hält und trägt dieses Kind, dass gemäß seiner Lebensaufgabe in der orthodoxen Tradition „Prodromos" heißt: Vorläufer.

Könnte es sein, dass sich daraus schon eine erste Aufgabe für Hospizhelferinnen und -helfer an der letzten Pforte des Lebens ergibt? Dass wir lernen, einander zu sagen und zu bezeugen: „Und du, du wirst jetzt einen bestimmten Weg gehen, der nicht einfach im Nichts endet. Du kommst aus einem größeren Zusammenhang und du gehst in einen größeren Zusammenhang. Du bist eingezeichnet in die Geschichte Gottes, aufgehoben in seiner Hand. Du kommst aus Geborgenheit und Aufgabe und du gehst in Geborgenheit und Aufgabe."

Was weissagt Zacharias über die großen Taten Gottes, was versteht er – eine Zeit lang stumm geworden, wartend und hoffend und dann aus der Tiefe seines Herzens redend – von der Wahrheit des Lebens?

Gott besucht, Gott erlöst, Gott richtet auf, Gott rettet, Gott erzeigt Barmherzigkeit, Gott gedenkt an seinen Bund.

So geschieht es immer an den Grenzen des Lebens, wenn sich neues Lebens zeigt, wenn Leben geschenkt und wieder genommen, nein, eigentlich verwandelt wird.

Leben machen wir nicht, es wird uns geschenkt. Deshalb sollten wir es auch nicht mutwillig nehmen oder aus eigenem Willen beenden. Es ist Gabe und Aufgabe zugleich. Gott weiß, wann es an sein Ziel gekommen ist und er es wieder zu sich nimmt.

In der Gabe des Lebens gedenkt Gott an seinen Bund, dass wir das Leben und volle Genüge haben sollen; er erzeigt Barmherzigkeit, er richtet auf, er rettet, er erlöst. Nur: Was machen wir oft aus diesem Geschenk? Kinder verhungern, werden geschlagen, vernachlässigt, tausend Gefahren ausgesetzt, ja getötet oder dem Tode preisgegeben.

Gott sieht das, weiß das, kennt das, hat das schmerzlich am Leib seines eigenen Sohnes erfahren, welchen Risiken das Leben unter den unerlösten Menschen ausgesetzt ist. Er könnte uns allen dafür das Leben nehmen. Aber er will ja nicht, dass aufhört Saat und Ernte, Sommer und Winter, Tag und Nacht …

Leben kann nur zum Leben kommen, wenn es gewagt und gestaltet wird in all den Gefährdungen, in Ängsten und Brüchen.

Gott wagt in jedem Kind, uns eine Botschaft zu übermitteln: „Und du Kindlein, wirst …“ Ja, was wirst du sehen und singen und sagen, was wirst du gestalten und wieder zurechtbringen, was wirst du leisten und geben, was wirst du bezeugen und beglaubigen mit deinem Leben?

Bei Johannes bekommen wir es zu hören, gleich am Anfang. Der Vater singt es ihm vor, wie später die Mutter eines anderen Sohnes ihm vorsingt sein Leben und seine Aufgabe: Du wirst vor dem Herrn hergehen, „Vorläufer“ sein, den Weg bereiten, Erkenntnis des Heils vermitteln, Sünden vergeben …

Was für eine Biographie ergibt sich aus solcher Ansage am Anfang, am Beginn des Lebens? Wir kommen ins Leben mit einer Aufgabe, einer Verheißung, einem Zuspruch, einem Segen … jeder und jede von uns. Und am Ende? Können wir mit den Schwerkranken und Sterbenden, solange sie noch sprechen können, hören und verstehen können, Biographie aufarbeiten, die eigene Lebensgeschichte anschauen und verstehen? Wer das tut, kommt nicht ohne Barmherzigkeit aus, ohne Trost, ohne den Dienst der Aufrichtung. Der muss zuallererst wagen, hinzugehen, einen Besuch zu machen, aufmerksam zuzuhören, Rede und Antwort zu stehen – wie Gott es hier vormacht in diesem Loblied des Zacharias.

Man könnte sagen, dass unsere Aufgabe als Hospizhelferinnen und Hospizhelfer am Ende des Lebens vorabgebildet ist in diesem „Geburtstext“, dass es in der Sterbebegleitung um so etwas wie geistliche Geburtshilfe geht am anderen Lebenstor mit den gleichen Fähigkeiten und Qualitäten, mit denen Gott den Johannes geleitet hat in sein Leben: besuchen, erlösen, aufrichten, liebevoll reden, erretten aus Angst und Not, Barmherzigkeit erzeigen, an den Gottesbund erinnern.

In der katholischen Tradition heißt der seelsorgerliche Dienst an Kranken und Sterbenden bezeichnenderweise der „Dienst der Aufrichtung“. Es ist nicht gesagt, in welches Leben wir dabei geleiten, in das Leben hier bei uns oder in das Leben bei Gott, aber es ist immer ein Hebammendienst, eine Geburtshilfe, ein Dienst der Aufrichtung.

Gott allein bestimmt den Weg, wir müssen ihn nicht entwerfen, herstellen, begradigen, abkürzen, nach eigenen Gutdünken gestalten. Wir dürfen ihn mitgehen und begleiten, selber manchmal Vorläufer und Wegbereiter, Mitläufer und Helfer, Nachläufer und Verstehender sein bis zu einem Ziel, das Gott setzt, schon gesetzt hat vor aller Zeit. Gott besucht nicht irgendwen und irgendwo, sondern sehr genau: uns, die da sitzen in

Finsternis und Schatten des Todes, auf dass er unsere Füße richte auf den Weg des Friedens.

Da ist sie: die andere Grenze des Lebens. Finsternis und Schatten des Todes. Unser Lebensschicksal, das wir aber nicht alleine tragen. Einer ist uns nachgegangen, mitgegangen, vorangegangen gerade in dieser Situation, Befindlichkeit und Herausforderung. „Ich möcht', dass einer mit mir geht, der's Leben kennt, der mich versteht …" – so singen wir von ihm.

Prodromos, Vorläufer, wurde auch Jesus auf seine Weise bei seinem Weg ans Kreuz, in die Tiefe der Gottverlassenheit. Er blieb darin nicht stecken, er ging weiter von einer Grenze des Lebens zur anderen: Er wurde ausersehen als der Sohn Gottes, uns die Grenze des Todes zu überwinden in seiner Auferstehung.

Davon weiß Johannes der Täufer jetzt noch nichts. Aber er wird die starke Wirklichkeit von Tod und Auferstehung symbolhaft vorwegnehmen in der Taufe am Jordan zur Vergebung der Sünden: hinunter ins Wasser, in den Tod, und wieder herauf an das Licht des Himmels in ein neues, verwandeltes Leben.

Wozu das alles, dieses bewusste Wahrnehmen göttlicher Vorgaben und menschlicher Möglichkeiten an den Grenzen des Lebens?

Auch darauf gibt Zacharias eine Antwort: „damit wir, erlöst, Gott dienten ohne Furcht unser Leben lang in Heiligkeit und Gerechtigkeit, die ihm gefällig ist …"

Das hat etwas sehr Entlastendes: Es geht nicht immer um die Grenzen des Lebens, es darf auch einfach gelebt werden mitten drin, ohne an diese Grenzen zu denken, von ihnen geprägt oder bestimmt zu sein. Aber nicht ohne eine starke Ermutigung und einen wichtigen Hinweis: „Seid ohne Furcht!" und „Richtet eure Füße auf den Weg des Friedens!"

Wie seelsorgerlich doch dieses Lied, dieser Psalm ist: der Benedictus, täglich gebetet im Morgengebet der monastischen Tradition, Anweisung zum Leben und zum Sterben, Hilfe zum Grenzübertritt und Ermutigung zum Mittendrin: dienen in Heiligkeit und Gerechtigkeit, wie es Gott gefällt. Das wünsche ich uns allen.

Amen.

Unser Pusteblumendasein

Wir bringen unser Leben hin zwischen den Stundenschlägen der Uhren, zwischen November und März, zwischen mürbeduftenden birnenschweren Herbsten und den erdigfeuchten Frühlingsstürmen, zwischen Bett und Bett, zwischen Geburt und Tod, Ja und Nein, Gott und Nicht-Gott.

Wir bringen es hin zwischen Süße und Bitterkeit, und wir bringen es damit zu, Lust aufzustöbern in allen Minuten und finden Leid an allen Nachmittagen und in allen Nächten, auch wenn die Dämmerung es mildert.

Wir leben dahin, sicher, selbstgefällig, singend, als gäbe es nichts, was uns nach einem Herbst den Frühling verweigern könnte. Wir gehen in den Abend hinein, als hätte uns jemand den Morgen mit all seiner Helle versprochen. Wir nehmen das Leben auf uns, ohne den Ausgang zu kennen, dies Pusteblumendasein: denn wenn irgendwas pustet, ist alles vorbei.

Wir sind ausgesetzt an die Gestade des Nichts, an die Schutthalden der Welt, an die Grenzenlosigkeit von Raum und Zeit. Ausgesetzt aus unergründlichen, unertauchbaren Dunkelheiten, verkauft an die kaltweiße abstrakte Helle der anteilslosen Gestirne, durch Betten gewühlt, Kinderbetten, Krankenbetten, über moorschwarze, schwankige, sumpfverdächtige Straßen geschleift. Ausgeliefert an Brücken und Bahnhöfe mit unserer Abschiedsangst, an die Straßenbahnen, an den traurigen Regen, an die Synkopen nächtlicher Musiken, an Vulkane, Gehirnschläge, Irrsinne, Worte und Morde, an Gespenster und Tote und die ewige Unruhe geliefert, verraten, verloren.

Wir: klein, kläglich, königlich, kurzlebig, krank, kolossal. Wir mit unserem sehnsüchtigen Herzen, verraten an verdämmernde diesige Ungewißheiten, ausgesetzt auf die grundlosen Wasser der Welt, kurslos, ohne Küste und Kompaß, ausgesetzt auf die zufällige, schmale, schaukelnde Planke des Seins zwischen den schweigenden Uferlosigkeiten von Gestern und Morgen. –

Gestern und Morgen, unser Leben liegt dazwischen, kükenfederleicht, katastrophenträchtig, kostbar und kurz: Dies Pusteblumendasein.

Wolfgang Borchert[8]

[8] Aus: Wolfgang Borchert, Das Gesamtwerk. Herausgegeben von Michael Töteberg unter Mitarbeit von Irmgard Schindler; Copyright © 2007 by Rowohlt Verlag GmbH, Reinbek bei Hamburg, S. 514 f. (Ein geplanter Roman, „Persil bleibt Persil“, in dem Borchert den Untergang Hamburgs durch die Bombenangriffe der Alliierten schildern wollte, gelangte nicht mehr zur Ausführung. „Unser Pusteblumendasein“, das einzige erhaltene Fragment zu Borcherts Roman, findet sich in dieser Ausgabe des Gesamtwerks).

I. Zur Geschichte der Hospizarbeit

Einige wichtige Daten zur Entwicklung in Deutschland

1967 Gründung des St. Christopher's Hospice in London (Cicely Saunders).

Fallbesprechungen und Schmerzbehandlung nach Londoner Vorbild im Paul-Lechler-Krankenhaus in Tübingen (Aart H. van Soest).

1971 ZDF-Beitrag über „eine Sterbeklinik in London" (Reinhold Iblacker).

1978 Kirchen, Wohlfahrtsverbände, Krankenhausgesellschaften und Einzelpersonen nehmen auf Anfrage kritisch Stellung zum Bau von „Sterbekliniken" (Ausnahme u.a.: Franco Rest).

1979 Tagung der Katholischen Akademie Stuttgart über „Sterbekliniken".

1980 Gründung der AMEG in Köln (Helmut R. Zielinski).

1983 Einrichtung der Station für palliative Therapie in der Uniklinik Köln (Heinz Pichlmaier, Ingeborg Jonen-Thielemann, Helmut R. Zielinski).

1984 Amb. Hospizdienst an der Ev. Fachhochschule Hannover (Christoph Student).

Abteilung für Palliativmedizin am Malteser-Krankenhaus Bonn (Eberhard Klaschik).

AG Sitzwachen in Stuttgart und Umgebung (Ursula Lesny).

1985 Johann-Christoph Student: Hospiz versus Sterbeklinik.

Gründung des Christophorus-Hospiz-Vereins München (Reinhold Iblacker).

Gründung von OMEGA – Mit dem Sterben leben e.V. (Petra Muschaweck, Franco Rest).

1986 Hospiz in Aachen (Paul Türks).

Hospiz-Hausbetreuungsteam in Halle/Saale (Heinrich Pera).

Gründung der IGSL in Limburg (Paul Becker).

1987 Hospiz in Recklinghausen (Norbert Homann, Hans Overkämping).

AG „Hospiz – Begleitung Sterbender und ihrer Angehörigen" in Stuttgart (Helmuth Beutel, Daniela Tausch).

1988 Gründung der Deutschen Hospizhilfe e.V. (Renate Wiedemann).

Generalsynode der VELKD: Von der Begleitung Sterbender.

1989 Erklärung der katholischen Bischöfe Europas zur Sterbebegleitung.

1990 Hospiz-Bewegung. Arbeitsbericht für die Generalsynode der VELKD Empfehlungen des Zentralvorstandes des Deutschen Caritasverbandes.

1991 Hirtenschreiben der deutschen (kath.) Bischöfe: Schwerstkranken und Sterbenden beistehen.

Gründung des Bayerischen Hospizverbandes (Christine Denzler-Labisch).

Konsultation der evangelischen Hospizinitiativen im Gemeindekolleg Celle.

1992 Klausurtagung „Hospiz" des DW-EKD in Tübingen.

Peter Godzik, Die Hospizbewegung in der Bundesrepublik Deutschland. Eine Dokumentation (Texte aus der velkd 47/1992), Hannover: Lutherisches Kirchenamt ^{3}1992.

Gründung der BAG Hospiz (jetzt: DHPV) (Heinrich Pera; Gerda Graf), zunächst ohne OMEGA, IGSL und Deutsche Hospizhilfe.

1993 Erklärung der (kath.) Pastoralkommission: Die Hospizbewegung – Profil eines hilfreichen Weges in katholischem Verständnis.

Arbeitskreis Hospizarbeit beim DW-EKD (Roswitha Kottnik).

Celler Modell „Verlass mich nicht, wenn ich schwach werde" (Andreas Ebert, Peter Godzik).

Nordische Hospiztage in Sankelmark (1993, 1994, 1996, 1998, 2000, 2002, 2004, 2006, 2008, 2010).

1994 Gründung der Deutschen Gesellschaft für Palliativmedizin (DGP).

Ökumenischer Hospizkongress in Braunschweig.

1995 Gründung des Schleswig-Holsteinischen Hospizverbandes (jetzt: HPV-SH).

1996 Gründung der Deutschen Hospiz Stiftung durch die Deutschen Malteser.

1997 § 39 a SGB V: Stationäre Hospizversorgung.

DW-EKD (Hg.), Hospizarbeit in den Einrichtungen des Diakonischen Werkes, in den Landeskirchen und in den Kirchengemeinden der EKD. Grundsätze – Konkretionen – Perspektiven.

2001 § 39 a, Abs. 2 SGB V: Ambulante Hospizversorgung.

DW-EKD (Hg.), Hospizarbeit in Kirche und Diakonie. Reflexionen und Konkretionen.

2003 HV-SH umbenannt: Hospiz- und Palliativverband Schleswig-Holstein.

2007 § 37 b SGB V: Spezialisierte ambulante Palliativersorgung (SAPV).

BAG Hospiz umbenannt: Deutscher Hospiz- und Palliativverband (DHPV).

2010 Charta zur Betreuung schwerstkranker und sterbender Menschen.

2011 Deutsche Hospiz- und Palliativstiftung.

Seit 1980 hat sich die Hospizbewegung entfaltet. Wenn man so will, ist hier zum ersten Mal ein fast flächendeckendes Versorgungssystem nicht von oben herunter, sondern von unten herauf, allein aufgrund freiwilliger Bürgerinitiativen entstanden. Hier sind inzwischen mehr als 80.000 Bürger tätig. Sie widerlegen damit das einseitige Medienmenschenbild, wonach wir angeblich Sterben und Tod verdrängen und tabuisieren. Sie grenzen auch die Gültigkeit der Ergebnisse der von Profi-Interessen nicht immer freien Freiwilligkeits-Forschung ein, wonach Freiwillige heute meist nur an kurzfristigen Projekten interessiert sind; im Hospizbereich handelt es sich in der Regel um sehr langfristige Engagements. Man kann sogar sagen, dass die eigentlich für Sterben und Tod verantwortlichen Profis, die Pflegenden und die Ärzte, von der Hospizbewegung erst (über Pflegeversicherung und Palliativmedizin) geweckt worden sind, auch wenn die Bürger damit selbst verschuldet haben, dass nun die Profis mit den Hospizlern rivalisieren, was nicht ohne die Gefahr einer Re-Professionalisierung und einer Re-Institutionalisierung abgehen kann.

Klaus Dörner 2007[9]

[9] Klaus Dörner, Leben und sterben, wo ich hingehöre. Dritter Sozialraum und neues Hilfesystem, Neumünster: Paranus [6]2010, S. 58-59.

Die Hospizbewegung in Deutschland – Stand und Perspektiven

Aus: Akademie Sankelmark (Hg.), Nordische Hospiztage. Internationale Fachtagung vom 1.-5. März 1993 (Dokumentation 1), Sankelmark: Hausdruckerei des Deutschen Grenzvereins 1993, S. 27-36.

Die moderne Hospizbewegung in Deutschland ist eine große Familie geworden. Sie kann bereits auf eine beachtliche – wenn auch nur kurze – Geschichte, auf dynamisches Wachstum und immer größer werdende Akzeptanz in der Bevölkerung blicken. Pioniere der Entwicklung in Deutschland sind – zunächst in der Öffentlichkeit ganz unbeachtet – die Mitarbeiterinnen und Mitarbeiter des Paul-Lechler-Krankenhauses in Tübingen gewesen. Bereits Mitte der 60er Jahre lernten sie die Londoner Hospize St. Joseph's und St. Christopher's kennen. Seitdem versuchen sie, die dort gemachten Erfahrungen in ihrem eigenen Krankenhaus umzusetzen.

1969 begleitete Pater Iblacker aus München Professor Karl Rahner nach Yale zur Verleihung der Ehrendoktorwürde an Dr. Cicely Saunders. Beeindruckt von ihrer Person und ihrem Engagement für die Schwerkranken und Sterbenden kehrte er aus den USA zurück. Wenig später drehte er zusammen mit einem Fernsehteam den ersten deutschen Dokumentarfilm über das St. Christopher's Hospice in London. Am 10. Juni 1971 zeigte das ZDF den Film unter dem Titel „Noch 16 Tage ... Eine Sterbeklinik in London". Die Reaktionen auf den Film waren sehr unterschiedlich. Ein Teil der Zuschauer lehnte das darin gezeigte Modell der Sterbebegleitung ab, andere fühlten sich sehr ermutigt, ähnliche Gedanken und Pläne nun in die Tat umzusetzen. Aber der umstrittene Titel „Sterbeklinik" begann, sich negativ in den Köpfen festzusetzen, und führte zu ablehnenden Stellungnahmen vieler Fachleute. Eine Ghettoisierung der Sterbenden und eine Überforderung der sie Pflegenden wurde befürchtet.

Im Jahr 1978 richtete deshalb das Bundesministerium für Jugend, Familie und Gesundheit eine offizielle Anfrage an die Kirchen, Wohlfahrtsverbände, Krankenhausgesellschaften und fachkundige Einzelpersönlichkeiten. Es fragte, ob der Bau von Sterbekliniken in Deutschland nach englischem oder schwedischem Muster befürwortet wird. Das katholische Büro Bonn – und das ist nur ein Beispiel für den kritischen Tenor der damaligen Stellungnahmen – antwortete am 30. Juni 1978: „Ein menschenwürdiges Sterben kann nicht durch die Errichtung eigener Sterbekliniken oder Sterbeheime gewährleistet werden, in die der Schwerkranke abgeschoben wird. ... Sterbekliniken oder Sterbeheime dienen – gewollt oder ungewollt – der Verdrängung der letzten menschlichen Aufgabe. ... Mit der Einlieferung in eine Sterbeklinik oder in ein Sterbeheim wird dem Schwerkranken jede Hoffnung abgesprochen und genommen. ... In der öffentlichen Diskussion wird die Einrichtung von Sterbekliniken jetzt schon als ein Schritt hin zur Euthanasie gedeutet. ... Vorhandene und bereitzustellende Mittel des Bundes und der Länder sollten nach unserer Auffassung nicht dazu benutzt werden, solche Sterbekliniken einzurichten. Vielmehr sollten finanzielle Mittel und personeller Einsatz dazu dienen, in den Krankenhäusern, Alten- und Pflegeheimen genügend Räume bereitzuhalten, die entsprechend ausgestattet sind, um sterbenden Menschen die Möglichkeit zu geben, sich in Ruhe und im Beisein ihrer Angehörigen auf den Tod vorzubereiten. ... Notwendig ist die Ausarbeitung eines Programms für die Humanisierung des Sterbens in den Krankenhäusern und Pflegeheimen, verbunden mit einer besseren und gezielten Ausbildung der Arzte, Schwestern, Pfleger usw. ... Zusammenfassend möchten wir die von Ihnen gestellte Frage dahin beantworten, dass wir die Einrichtung besonderer Sterbekliniken ablehnen, weil solche Einrichtungen aus vielerlei Gründen das Sterben nicht menschenwürdiger, sondern unmenschlich machen."[10]

Ein Jahr später (1979) fand dann eine Tagung der Katholischen Akademie Stuttgart statt zum Thema „Sterbekliniken – oder was brauchen Sterbende?"

Heinz Lothar Jelen, Ministerialrat und Referent im Bundesministerium für Jugend, Familie und Gesundheit, berichtete über das negative Ergebnis der Befragung bei Kirchen, Wohlfahrtsverbänden, Krankenhausgesellschaften und fachkundigen Einzelper-

---

[10] An dieser Stelle muss notwendigerweise ergänzt werden, dass Professor Dr. Franco Rest zu den wenigen Stimmen gehörte, die sich 1978 positiv befürwortend für die Einrichtung von „Sterbekliniken" oder „Sterbeheimen", wie es damals noch hieß, einsetzten. Seine Stellungnahme fand noch im selben Jahr Eingang in einen Aufsatz, den die Deutsche Gesellschaft für Gerontologie (DGG) 1979 veröffentlichte, obwohl sie selbst sich vehement gegen derartige Einrichtungen ausgesprochen hatte. Wegen der außerordentlich großen Bedeutung für die Wegbereitung der Hospize in der Bundesrepublik Deutschland sollen hier einige Passagen aus diesem Aufsatz von Franco Rest zitiert werden: *Ich bin entgegen der Deutschen Gesellschaft für Gerontologie und ihrer Stellungnahme zur Errichtung von Modellsterbekliniken kein Gegner von Spezialeinrichtungen für Sterbende, wenn diese altersübergreifenden Charakter haben und besondere Bedingungen erfüllen. ... Die zumeist angeführten Gründe gegen diese Hospize oder besser „social-care-units" (Spezialpflege-Einrichtungen), nämlich die Gefahr der Ausgliederung und Gettoisierung, sowie die Notwendigkeit, „richtigen" Sterbebeistand in den Alltagssituationen der Krankenhilfe u.a. sicherzustellen, greifen nicht beim näheren Hinsehen; denn vergleichbare Institutionen in Großbritannien haben die befürchtete Gettoisierung nicht gebracht, und der geforderte richtige Sterbebeistand, die „Orthothanasie", kann in den „Fabriken der Gesundheitshilfe" offenbar nicht gelernt werden. ...* Abgedruckt in: Franco Rest, Vorbereitung auf das Sterben aus der Sicht pflegerischer Institutionen. In: I. Falck (Hg.), Sterbebegleitung älterer Menschen – Ergebnisse einer Arbeitstagung der Deutschen Gesellschaft für Gerontologie im Nov. 1979, Berlin 1980, 128-129; wieder abgedruckt in: Franco Rest, Kleine Dokumentation der wissenschaftlichen Vorarbeiten des Forschers zugleich zur Geschichte des Hospizgedankens in Deutschland. In: Franco H. O. Rest, Leben und Sterben in Begleitung. Vier Hospize in Nordrhein-Westfalen – Konzepte und Praxis – Gutachten im Anschluss an eine wissenschaftliche Begleitung, Münster: LIT 1995, 19-32.

sönlichkeiten: „Ihr deutliches Nein zur Sterbeklinik hatte die Konsequenz, dass von einer Förderung des beantragten Modellversuchs Abstand genommen wurde.“

Paul Sporken, der holländische katholische Moraltheologe, war damals der Meinung, dass wir keine Sterbekliniken einrichten sollten, und zwar weil der Sterbende sie nicht braucht: „Die Einrichtung von Sterbekliniken bedeutet eine Institutionalisierung von Krankenhausstrukturen, die falsch sind, weil sie nicht patientenorientiert sind. ... Die Einrichtung von Sterbekliniken ist keine echte Lösung für das eigentliche Problem, um das es hier geht. Sie wären höchstens akzeptabel im Sinne einer vorübergehenden Notlösung, und zwar solange wir an der kausalen Lösung unseres Problems mit Sterbenden und Sterbebeistand arbeiten. Sie wären in etwa auch nur dann annehmbar, wenn man sie als Modell verstünde, die es dann erlaubten, die gemachten Erfahrungen auf andere Ebenen zu übertragen.“

Sporken schlägt u.a. folgende Alternativen vor: Ausbau von Pflegeheimen (im Sinne der niederländischen „Verpfleegtehuizen“); Einrichtung besonderer Stationen in den Krankenhäusern, in denen man die Schwerstkranken und Sterbenden gemäß ihrer Situation und Bedürfnisse pflegen und betreuen kann; Freimachung von wenigstens ein paar Einzelzimmern auf den Stationen, in denen der Kranke nach einer schweren Operation, in einer Krisensituation oder wenn er im Sterben liegt, untergebracht werden könnte. Diese Vorschläge des Fachmanns Paul Sporken haben dann die weitere Entwicklung in Deutschland sehr stark bestimmt, wobei das Stichwort „Notlösung“ zunehmend zugunsten des Stichworts „Modell“ aufgegeben wurde. Aber der Weg blieb auch weiterhin beschwerlich, und es ist nur der beharrlichen Arbeit bestimmter Menschen zu danken, dass die moderne Hospizbewegung allmählich auch in Deutschland Fuß fassen konnte.

Hemut R. Zielinski nahm im Jahr 1980 folgendermaßen öffentlich Stellung zu der andauernden Kritik an dem Film „Noch 16 Tage ...“: „Der Name ‚Sterbeklinik’, den deutsche Filmproduzenten dieser Klinik gegeben haben, ist ungerechtfertigt, weil er etwas Falsches zum Ausdruck bringt. Genausogut könnte man eine Neurochirurgische Intensivstation als ‚Sterbeklinik’ deklarieren, wollte man nur anhand der Sterbeziffer der Patienten die Klinik umschreiben. Das St. Christopher's Hospice ist eine Einrichtung, die sich bewusst den Namen Hospice, d.h. HOSPIZ gegeben hat. Ein Hospiz wurde für Wanderer eingerichtet – durch die Bezeichnung Hospiz soll hier gekennzeichnet werden, dass es sich um eine Ruhestätte für Menschen handelt, die in ihrer Krankheit die Erfahrung der Hektik, der Rastlosigkeit gemacht haben. Hierdurch soll aber nicht ausgedrückt werden, dass es sich um ein Haus handelt, in das Alte und Sterbende abgeschoben werden, um den Angehörigen die notwendige Gewissensberuhigung zu geben ...“

Helmut R. Zielinski stellte in seinem Beitrag zugleich auch das grundlegende Arbeitsprogramm des St. Christopher's Hospice in neun Punkten vor und ging der Frage nach, ob ein Hospiz in der Form von St. Christopher's für uns in Deutschland möglich und wünschenswert sei. Er machte folgenden „Verbesserungsvorschlag“: „Da in unserem System Hospize einem Pflegeheim gleichkämen, geht mein Vorschlag dahin, dass unsere Kliniken dort, wo es noch nicht geschehen ist, geriatrische Abteilungen einrichten, in denen geschultes Personal Pflegedienst leistet. ... Dieser Dienst sähe nicht in erster Linie die wissenschaftliche Karriere, sondern vielmehr als Schwerpunkt die Begleitung der Patienten und die Bekämpfung der psychischen wie physischen Schmerzen. Die Begleitung dürfte nicht nur auf den Patienten beschränkt bleiben, sondern müsste die Angehörigen miteinbeziehen.“

Diesem Vorschlag ließ Pater Zielinski zusammen mit anderen Mitstreitern, Professor Pichlmaier und Frau Dr. Scheel, Taten folgen: Im April 1983 wird die Station für palliative Therapie in der Chirurgischen Universitätsklinik Köln eingerichtet; ein Jahr später folgt ein ambulanter Hausbetreuungsdienst. Beide Einrichtungen konnten Anfang dieses Jahres in das neu erbaute Dr.-Mildred-Scheel-Haus umziehen. Das Modell der Palliativstation an einem Krankenhaus in Verbindung mit einem ambulanten Hausbetreuungsdienst hat sich inzwischen mehr und mehr durchgesetzt. Inzwischen fördert die Bundesregierung über ein Dutzend solcher Einrichtungen, deren Arbeit zugleich wissenschaftlich begleitet und ausgewertet wird.

Aber auch andere Modelle wurden erprobt und entfalteten in der Praxis ihre segensreiche Tätigkeit: Im Frühjahr 1984 entstand in Stuttgart im Rahmen der seelsorgerischen Begleitung der Bewohner eines Alten- und Pflegeheimes die Initiative „Sitzwache in Pflegeheimen“ unter der Leitung der Diakonin Ursula Lesny. Inzwischen haben sich mehr als zwei Dutzend solcher Gruppen mit ähnlicher Aufgabenstellung und Zielsetzung zum „Arbeitskreis Sitzwachen in Stuttgart und Umgebung“ zusammengeschlossen. Diese Sitzwachengruppen sehen ihre Arbeit durchaus im Zusammenhang mit der Hospizbewegung in Deutschland. Ihr Modell hat längst begonnen, auch in andere Teile der Republik auszustrahlen.

Ebenfalls im Jahr 1984 wurde an der Ev. Fachhochschule Hannover die Arbeitsgruppe „Zuhause sterben“ unter der Leitung von Prof. Dr. Johann-Christoph Student gegründet. Sie ist ein Arbeits- und Forschungsverbund von Fachleuten und erfahrenen Laien, die sich um die Verbesserung der Situation Sterbender und Trauernder (unter besonderer Berücksichtigung von Menschen mit AIDS) nach den Grundprinzipien der Hospiz-Bewegung bemühen. Versucht man eine Einordnung der Arbeitsgruppe „Zuhause sterben“ in die Vielfalt der in den angelsächsischen Ländern vorkommenden Hospizformen, dann entspricht sie am ehesten dem „consulting team“. Darunter versteht man ein Team von Fachleuten (und freiwilligen Helfern), das nach den Grundprinzipien der Hospiz-Bewegung für Betroffene Unterstützung durch Beratung anbietet. Von Professor Dr. Johann-Christoph Student stammt auch der entscheidende Satz für das Selbstverständnis der Hospizbewegung: „Es geht bei Hospizen eigentlich nicht darum, neue Institutionen zu schaffen, sondern darum, alte Traditionen des menschlichen

Umgangs mit Sterbenden wiederzuentdecken und sie in unsere veränderte Welt hineinzusprechen.“

1985 wurde ein entscheidendes Jahr für die Hospizbewegung in Deutschland: Professor Student veröffentlichte in der Zeitschrift „Wege zum Menschen“ den programmatischen Aufsatz „Hospiz versus Sterbeklinik“ und half dadurch mit, diesen einst unglücklich gewählten Begriff nun endgültig zu überwinden und klar zu machen, daß es sich bei der Hospiz-Idee um ein Konzept der Sterbebegleitung handelt, das auch in den bereits vorhandenen Einrichtungen der Krankensorge und Altenpflege eingesetzt werden kann.

Mit dem Christophorus-Hospiz-Verein München bildete sich der erste Verein, der die Bezeichnung „Hospiz“ in seinem Namen führt. Und der ebenfalls 1985 gegründete Verein „Omega – mit dem Sterben leben e.V.“ versteht sich als lebensfördernde Alternative zu den Bestrebungen und Aktivitäten der so genannten „Deutschen Gesellschaft für Humanes Sterben“ des – inzwischen verhafteten – Hans Henning Atrott. In den nun folgenden Jahren erlebt die Hospizbewegung in Deutschland ihren eigentlichen Durchbruch.

1986 wird die IGSL von Dr. Paul Becker gegründet und auf Initiative von Pater Dr. Paul Türks das Hospiz „Haus Hörn“ in Aachen gebaut. In Halle an der Saale entsteht ein Hospiz-Hausbetreuungsteam unter der Leitung von Pfarrer Heinrich Pera.

1987 bildet sich die Arbeitsgemeinschaft „Hospiz – Begleitung Sterbender und ihrer Angehörigen'' in Stuttgart, die durch ihre Umfrage zur Situation Sterbender und ihrer Angehörigen und durch ihren vorbildlichen ambulanten Hausbetreuungsdienst eine überregionale Bedeutung entfaltet. Träger dieses von Frau Dr. Daniela Tausch geleiteten Hospiz-Dienstes sind die Evangelische Diakonissenanstalt, die Evangelische Gesamtkirchengemeinde und die Evangelische Gesellschaft in Stuttgart. In Recklinghausen öffnet das Hospiz zum hl. Franziskus in der Nachbarschaft des St. Elisabeth Krankenhauses seine Pforten.

1988 wird von Frau Renate Wiedemann in Buchholz in der Nordheide zusammen mit sechs weiteren Personen die Deutsche Hospizhilfe gegründet, die es sich mit ihrer Zeitschrift „Hospiz-Bewegung“ zur Aufgabe gemacht hat, in der Öffentlichkeit für die Belange der Hospizbewegung zu werben und auch untereinander den Zusammenhalt zwischen den vielen Hospizinitiativen zu fördern.

Der Schwung der neuen Hospizbewegung ist so groß, dass sich der alteingesessene „Verband Christlicher Hospize“ (VCH), ein seit 1904 in Deutschland bestehender Verband christlich geführter Herbergen und Hotels, zum 85jährigen Jubiläum umbenennt in „Verein Christlicher Hotels“ – „um Missverständnisse zu vermeiden“.

Freilich fühlen sich auch andere bestehende Einrichtungen von der neuen Bewegung überrollt, kritisiert, missverstanden, zu wenig beachtet: Die vielen Einrichtungen der Krankensorge und Altenpflege, die die Begleitung Schwerkranker und Sterbender zu ihren traditionellen Aufgaben zählen, um die sie sich unter den gegebenen Umständen redlich mühen. Aber anfängliche Berührungsängste können abgebaut, Vorurteile überwunden werden. Aus den Einrichtungen selbst interessieren sich immer mehr Mitarbeiterinnen und Mitarbeiter für die Hospize, ja werden selbst in Hospizinitiativen aktiv.

Wenn ich insgesamt auf die Dynamik der Hospizgründungen blicke, dann ergibt sich folgendes Bild: Waren es in den Jahren 1988 und 1989 noch 11 bzw. 14 Gründungen von Vereinen, Initiativen, Hospizdiensten und Hospizen, so schnellte die Zahl im Jahr 1990 auf 39 und in den Jahren 1991 und 1992 auf 55 bzw. 61. Inzwischen sind es ca. 218 Hospizdienste und Hospizinitiativen, die mir bekannt sind. Die Zahl der stationären Hospize ist in Deutschland mittlerweile auf 20 gestiegen.

Auf verschiedenen Hospiztagungen, angefangen in Stuttgart und Hannover 1988, in Hannover und Halle 1989, in Köln seit 1990 regelmäßig in jedem Jahr, in Amoldshain, Goslar, Ludwigshafen, Bremen, Tübingen, Sankelmark und anderswo werden die Anliegen der Hospizbewegung erörtert, nach innen deutlicher abgeklärt, nach außen verständlicher vermittelt.

Neben den Regionalgruppen der beiden großen Vereine Omega und IGSL bilden sich Landesverbände oder Landesarbeitsgemeinschaften der Hospizvereine und Hospizinitiativen: In Bayern, in Nordrhein-Westfalen, in Bremen und Niedersachsen. Ende Februar 1992 wurde die „Bundesarbeitsgemeinschaft Hospiz“ mit Sitz in Halle gegründet, ein wenig hastig vielleicht, mit einigen Geburtsfehlern behaftet, aber doch wohl auf dem Weg, ein Forum des Austauschs und der Zusammenarbeit für alle Hospizinitiativen in Deutschland zu werden.

Die beiden großen Kirchen und ihre Wohlfahrtsverbände haben inzwischen erkannt, dass die Hospizbewegung zunehmend eine Aufgabe engagierter Christen geworden ist, die in ihren Bemühungen nicht allein gelassen werden dürfen.

1988 und 1990 hat sich die Generalsynode der VELKD mit dem Thema Hospizbewegung befasst und eine Stellungnahme erarbeiten lassen, die noch heute grundlegend und orientierend für den evangelischen Bereich ist. Ein Konzept für die Ausbildung und Zurüstung ehrenamtlicher Helferinnen und Helfer in der Begleitung Schwerkranker und Sterbender konnte in Verbindung mit dem Gemeindekolleg der VELKD entwickelt werden, das dieser Tage als Buch erscheint und bereits vielerorts als geeignetes Material für die Schulung ehrenamtlicher Kräfte in Besuchsdiensten von Gemeinden und ambulanten Hausbetreuungsdiensten von Hospizinitiativen eingesetzt wird.

Die zwischenzeitlich von mir im Lutherischen Kirchenamt wahrgenommene Informations- und Koordinationsarbeit für evangelische und ökumenische Hospizinitiativen ist inzwischen vom Diakonischen Werk der EKD in Stuttgart übernommen worden, das dafür eine halbe Pfarrstelle eingerichtet und diese seit dem 1. Januar 1993 mit Frau Roswitha Kottnik auch besetzt hat. Auch die Diakonischen Werke in den einzelnen Gliedkirchen der EKD haben begonnen, zentrale Ansprechpartner auf Landesebene den Hospizinitiativen anzubieten.

Im Bereich der katholischen Kirche haben inzwischen positiv zur Hospizbewegung Stellung genommen: Die deutsche und die europäische Bischofskonferenz, der Caritasverband, der Malteserorden, ja der Papst selbst. Im Bistum Hildesheim ist ein Hospizverein auf regionaler Ebene entstanden, der Malteserorden hat zur Förderung der Hospizarbeit die Malteser Werke gegründet und eine Hospiz-Bildungsstätte in Bad Kreuznach eingerichtet. Soviel zum Stand der Hospizbewegung in Deutschland.

Nun zu den Perspektiven. Ich möchte sieben Bereiche nennen, in denen meines Erachtens dringender Handlungsbedarf besteht:

1. Unterstützung der Hospizbewegung

Es ist unbedingt nötig, der Hospizbewegung als einer in Deutschland noch jungen Bewegung mit allen Kräften sozial- und diakoniepolitischer Kompetenz in den vorhandenen Einrichtungen und Verbänden beizustehen, damit deutlich wird: Die Hospizbewegung gibt nicht nur den Schwerkranken und Sterbenden in vorbildlicher Weise ein Zuhause, sie hat auch selber ein Zuhause in den Kirchengemeinden, Kirchenkreisen und Landeskirchen; sie hat auch ein Zuhause in den bestehenden Strukturen der Caritas und Diakonie; sie wird sozialpolitisch unterstützt von den politischen Gemeinden, von Landkreisen, Regierungsbezirken, Bundesländern und auch auf der höchsten Ebene von Bundestag und Bundesregierung.

Es ist deshalb sehr zu begrüßen, dass hier in der Akademie Sankelmark eine Internationale Fachtagung des Diakonischen Werkes in Schleswig-Holstein unter der Schirmherrschaft des Ministers für Arbeit und Jugend, Soziales, Gesundheit und Energie des Landes Schleswig-Holstein stattfinden kann. Auch der Sozialdezernent der Stadt Flensburg wird der Hospizbewegung seine Aufmerksamkeit schenken.

2. Vernetzung der Hospizarbeit

Im Einladungsprospekt für diese Fachtagung haben die Veranstalter geschrieben: „Nach ersten Jahren der Erprobung und des Aufbaus von Strukturen in der Hospizbewegung wachsen die örtlichen und regionalen Gruppen jetzt zu einem Netzwerk zusammen.“ Meines Erachtens ist es vordringlich, nun auf Landesebene – wie bereits in Bayern, Nordrhein-Westfalen und Niedersachsen/Bremen geschehen – Arbeitsgemeinschaften der Hospizinitiativen zu bilden, damit die Verantwortlichen in Politik, Versicherung und Verwaltung kompetente und verlässliche Gesprächspartner vorfinden. Eine solche Vernetzung dient dem Erfahrungsaustausch untereinander, der Formulierung gemeinsamer Ziele und der fairen Beteiligung aller Initiativen an den zu erwartenden Hilfen des Staates und der Gesellschaft.

Es sollte jedenfalls vermieden werden, dass einige Modelleinrichtungen überproportional gefördert werden und darüber das aufopferungsvolle Engagement der anderen, meist der vielen, übersehen wird. Am Ende einer solchen Entwicklung auf Landesebene könnte dann eine Bundesarbeitsgemeinschaft aller Hospizinitiativen stehen, die ihren Namen wirklich verdient. In ihr sollten auch die Spitzenverbände der Freien Wohlfahrtspflege und die bundesweit arbeitenden Hospizvereine Omega und IGSL vertreten sein.

3. Regionale, nationale und internationale Fachtagungen

Es hilft der deutschen Hospizbewegung, wenn sie deutlich machen kann, dass sie Teil einer internationalen Bewegung ist, die in vielen Ländern der Erde die Situation schwerkranker und sterbender Menschen verbessern möchte. Sie kann das aber mit gutem Gewissen unter den Bedingungen eines reichen Industrielandes nur dann tun, wenn dafür die internationale Bereitschaft, Frieden zu stiften, Frieden zu wahren und die vorhandenen Ressourcen einigermaßen gerecht miteinander zu teilen, zunimmt. Auf dieser Erde wird in vielen Regionen in einer Weise unmenschlich gelebt und gestorben, die ein Skandal ist, über den wir nicht so einfach zur Tagesordnung übergehen können.

Es ist daran zu erinnern, dass Mutter Teresa und ihre Schwestern in Kalkutta auch mit zu der internationalen Hospizbewegung gehören. Das sollte unser Engagement in dieser Aufgabe zu jeder Zeit herzlich und bescheiden machen und immer die Bereitschaft einschließen, auch an andere zu denken und mit ihnen zu teilen. Fachtagungen helfen einerseits, über die eigenen Grenzen hinauszublicken und von anderen zu lernen, andererseits aber auch, den Blick für die besondere Situation in der eigenen Region zu schärfen und angepasste Lösungen für den jeweils eigenen Kontext zu finden.

4. Öffentlichkeitsarbeit

Der Schwung der Hospizbewegung konnte sich erst richtig entfalten, als es gelang, einer interessierten Öffentlichkeit die Anliegen der Hospizbewegung zu erklären und das hingebungsvolle Engagement so vieler freiwilliger Helferinnen und Helfer in konkreten Beispielen vor Augen zu stellen. Hier hat sich Frau Wiedemann mit ihrer Deutschen Hospizhilfe und der Zeitschrift „Hospiz-Bewegung“ verdient gemacht. Die beiden bundesweit arbeitenden Organe Omega und IGSL pflegen den Kontakt zu ihren Mitgliedern durch Rundbriefe, die sehr informativ und ermutigend sind. Das jüngste Produkt auf diesem Gebiet ist das Mitteilungsblatt der Malteser Werke „Hospiz bewegt“.

Zu wünschen ist, dass sich nach einer gewissen Zeit der verbindlichen Zusammenarbeit der verschiedenen Hospizinitiativen auf Bundesebene eine gemeinsame Zeitschrift erstellen lässt, die konkret und differenziert über die Hospizarbeit in Deutschland berichtet. Ich habe den Eindruck, dass ein gewisser bedrängender und oberflächlicher journalistischer Stil längst nicht mehr dem entspricht, was inzwischen an inhaltlicher und geistiger Tiefe und Vielfalt innerhalb der Hospizbewegung entwickelt werden konnte.

5. Ausbildungskurse

Die Hospizbewegung kommt ohne engagierte ehrenamtliche Mitarbeit und ohne kompetente Fachleute im Bereich von Schmerztherapie, palliativer Medizin, Geriatrie, Krankenpflege und Seelsorge nicht aus. Sie braucht deshalb gute Ausbildungs- und Weiterbildungsprogramme, die deutlich machen, dass in den Hospizdiensten fundierte Arbeit geleistet wird. Gleichzeitig muss sie sich davor hüten, das Sterben zu professionalisieren und zu pädagogisieren, als gäbe es einen „therapeutisch gesicherten Abgang aus dem Leben", wie es Reimer Gronemeyer einmal spöttisch formuliert hat. Alle, die Sterbende aufmerksam begleiten, wissen, dass am Ende einer langen Begleitung eines Schwerkranken und Sterbenden alle berufliche Routine und gelernte Profession aufhört, weil in der Beziehung mitmenschliche Nähe gefragt ist, die offen ist für das Transzendente, das uns in Sterben und Tod gemeinsam begegnet. Für alle Beteiligten geht es um die letzte Möglichkeit menschlicher Reifung. Deshalb ist Sterbebegleitung vor allem eine mitmenschliche und eine geistliche Herausforderung, auf die wir uns in Gesprächskreisen und unter Supervision unserer täglichen Arbeit vorbereiten können.

In einem Artikel für die Zeitschrift „Diakonie" (Heft 4/1992)[11] habe ich die derzeit öffentlich zugänglichen Ausbildungsmodelle vorgestellt und dabei festgestellt, dass man ihnen anmerkt, ob sie ursprünglich von einem Arzt, einer Krankenschwester, einem Sozialpädagogen, einer Psychologin oder einem Seelsorger entwickelt worden sind. Sie zeigen dann nämlich ganz bestimmte Zugänge, Schwerpunkte und Defizite. Das erinnert noch einmal daran, wie wichtig die interdisziplinäre Zusammenarbeit der verschiedenen Fachrichtungen und das Zusammenwirken mit den Lebenserfahrungen der Ehrenamtlichen ist. Erst wenn es gelingt, alle Aspekte des Lebens einzubeziehen und auf alle Bedürfnisse des Sterbenden aufmerksam zu hören, stellt sich der ganzheitliche Charakter der Begleitung ein, der für die Hospizarbeit so typisch ist.

6. Finanzielle Unterstützung

Auch ohne gesetzliche Neuregelungen hat sich in der Praxis eine Vielfalt von Modellen entwickelt, um die Hospizarbeit zu finanzieren. Das ist vielleicht das Erstaunlichste und Erfreulichste der Hospizbewegung: Auch ohne vorgegebene Muster und staatlich garantierte Wege sucht sich das Leben einen Weg; findet durch mitmenschliches und sozialpolitisches Engagement der Bürger einen gangbaren Weg zur Finanzierung der als notwendig erkannten Arbeit zugunsten des hilfebedürftigen Nächsten. Mit wie viel Phantasie und persönlichem Einsatz, mit wie viel Überredungskunst und uner-

[11] Siehe S. 185 ff.

schütterlicher Beharrlichkeit sind vielfältige, den jeweiligen Verhältnissen angepasste Finanzierungsmodelle gefunden worden! Es gibt freilich auch unter den Hospizinitiativen „reiche“ und „arme“, aber wer will das messen und beurteilen, Äußeres und Inneres gegeneinander abwägen.

In der Hospizbewegung muss man lernen, loszulassen, nicht neidisch zu sein und von Herzen zu gönnen. Und nur, wenn jeder in seinem Bereich bereit ist, etwas abzugeben, kommt etwas Neues zustande. Das können Gelder sein, das können Krankenhausbetten sein; das kann Zeit, Phantasie, Engagement sein; das können Rechte und Privilegien sein.

Ich nenne nur vier Grundmodelle der Finanzierung von Hospizarbeit:

a) die Palliativstation, im Wesentlichen finanziert über den Pflegesatz abrechenbarer Krankenhausbetten;

b) das Alten- und Pflegeheim mit einer besonderen Abteilung, im Wesentlichen finanzicrt über ausgehandelte Pflegesätze;

c) das betreute Wohnen, finanziert durch eine Mischung aus Eigenbeitrag, Wohngeld, abrechenbarer häuslicher Pflege und Spenden;

d) der ambulante Hausbetreuungsdienst, finanziert über anerkannte Stunden zur häuslichen Pflege, getragen im Wesentlichen aber durch ehrenamtliche Sitzwachen, durch Organisieren eines Netzwerkes vielfältiger Entlastungen für die pflegende Familie, durch Spenden und Sondermittel.

In Deutschland ist es möglich gewesen, Anschubfinanzierungen aus verschiedenen Quellen, darunter auch Mitteln der Deutschen Krebshilfe, zu organisieren. Landeskirchen und kommunale Verbände waren bereit, Sondermittel für einen Beginn der Arbeit zur Verfügung zu stellen. Viele kleine Einzelspenden und auch große Beträge namhafter Sponsoren haben geholfen, vor Ort mit dem Hospizdienst zu beginnen. Aber das, was begonnen wurde, muss nun auch über die Zeit getragen werden. Deshalb ist zu wünschen, dass ein rechtlicher und ein finanzieller Rahmen für die Hospizarbeit gefunden wird, der das ehrenamtliche Engagement nicht erstickt, sondern im Gegenteil ermutigt und fördert. Zu viel Geld kann träge machen, zu wenig Geld entmutigen. Das Diakonische Werk der EKD hat einige grundsätzliche Forderungen zur Finanzierung der Hospizarbeit erhoben, die ich hier nicht im Einzelnen vortragen kann, die ich aber gern bei Interesse zur Verfügung stelle.

7. Politische Entscheidungen

Einen wichtigen Bereich für politische Entscheidungen auf Bundes- und Landesebene habe ich bereits genannt: Das Zur-Verfügung-Stellen eines geeigneten Finanzrahmens und das Aufnehmen der Hospizarbeit in die bestehenden gesetzlichen Regelungen zur Finanzierung von Krankenhaus- und Pflegedienstleistungen. Aber eine der wichtigsten sozialpolitischen Entscheidungen der nächsten Zeit fällt im Bereich der angekündigten Pflegeversicherung. Welchem Modell werden sich die Parlamentarier zuwenden, welche finanziellen Opfer sind wir alle bereit, in Solidargemeinschaft mit den immer zahlreicher werdenden alten und gebrechlichen Menschen zu bringen?

„Du sollst deinen Vater und deine Mutter ehren, auf dass es dir wohl gehe und du lange lebest auf Erden", heißt es im 4. Gebot, der Grundlage jedes Generationenvertrages. Das setzt voraus, dass es Kinder gibt, die tragen können und mit dem allen nicht überfordert werden. Es müssen nicht die eigenen sein, wohl aber eine jüngere Generation, die sich die Fürsorge für die alten und sterbenden Menschen um ihrer eigenen Humanität willen etwas kosten lässt.

Am Ende werden wir feststellen: Es geht gar nicht nur um Geld, vielleicht gar nicht in erster Linie um Geld, sondern um die Bereitschaft, Zeit und Aufmerksamkeit zu investieren. Wir reden immer davon, dass wir mit unserer Arbeitszeit und mit unserer Freizeit sinnvoll zurechtkommen müssen. Vielleicht entdecken wir neu, wie wichtig Sozialzeit in unserem Leben ist, freiwillig geschenkte Zeit für die Gemeinschaft, in der wir leben, für die wir anders, tiefer bezahlt werden als mit klingender Münze: mit einer guten Ausbildung und Begleitung, mit menschlicher Gemeinschaft und der Möglichkeit, persönlich zu reifen.

Vor allem die Männer in unserer Gesellschaft brauchen Chancen und Anlaufpunkte für solche Sozialarbeit: die Möglichkeit, für eine Stunde am Tag einen sozialen Dienst zu leisten, der den Hilfsbedürftigen zugute kommt und eigene Lernmöglichkeiten eröffnet. In Finnland gibt es in einigen Orten solche „Großmütter- und Großväter-Stuben" (z.B. Mummons Kammeri in Tampere), die Fähigkeiten und Begabungen annehmen und an andere weitervermitteln.

Hospizbewegung – zum Leben bis zuletzt helfen und zum Helfen bis zuletzt leben: In kaum einer anderen sozialen Bewegung unserer Zeit lässt sich so viel über das Wesentliche des Lebens lernen wie gerade in der Hospizbewegung. Wer den Mut, die Aufmerksamkeit, die Geduld und die Liebe aufbringt, bei einem Sterbenden zu bleiben und ihm das zu geben, was er gerade jetzt besonders braucht, der wird selber reichlich beschenkt: mit der Erfahrung, dass Sterben ein Weg ist durch ein Tor – wie die Geburt. Mit dem Tod ist nicht alles aus. Ein gemeinsamer Weg geht zu Ende, aber es öffnet sich auch die Pforte zu einem anderen Zuhause, in dem wir ewig geborgen sein werden.

Hospizbewegung – Stand und Perspektive: Es geht dabei um unseren Stand und unsere Perspektive als Menschen vor Gott.

Grundzüge einer Geschichte der Hospizbewegung in Deutschland

Im Jahr 2000 veröffentlicht im Internet unter: http://www.hospiz-bersenbrueck.de/zur_geschichte_der_hospizbewegun.htm (gekürzt; hier wird nur die knappe Einleitung wiedergegeben)

Von der Urkirche bis heute zieht sich die Geschichte der „Wirtshäuser“, der Hospize und Hospitäler hin, die besonders im Mittelalter durch Kreuzzüge und Pestzeiten neue Impulse bekam, weil Menschen vor der Herausforderung standen, eine große Zahl von Schwerkranken und Sterbenden mit Aufmerksamkeit, gekonnter Pflege und christlichem Trost auf dem letzten Stück ihres Lebensweges zu begleiten.

Die Geschichte der mittelalterlichen Hospize hat sich dann in den verschiedenen europäischen Ländern unterschiedlich weiterentwickelt: in Irland und England blieben sie Häuser zur Pflege meist minderbemittelter Schwerkranker und Sterbender; in Deutschland waren „Hospize“ Endc dcs vergangenen und Anfang dieses Jahrhunderts christlich geführte Herbergen und Hotels, die die in die Stadt strömenden Menschen vor allerlei Gefahren des modernen Lebens bewahren sollten. Von England her kommend wurde dann die alte und neue Hospizidee wieder nach Deutschland gebracht als besondere Fürsorge für Schwerkranke und Sterbende in ambulanten Diensten und stationären Einrichtungen.

Das unglückliche Wort „Sterbeklinik“ als erste, vorläufige Übersetzung für das englische Wort „hospice“ führte in Deutschland zu einem zögerlichen Aufgreifen der Anliegen der Hospizbewegung. Als die ersten Anträge auf Bezuschussung stationärer Hospize aus dem Raum der Kirche an die zuständigen staatlichen Stellen gerichtet wurden, gab es eine Expertenbefragung, die mit einem zunächst negativen Urteil über die Einrichtung moderner Hospize endete. Man befürchtete eine Abschiebung, Gettoisierung und Überforderung der Schwerkranken und Sterbenden, eine unnötige Spezialisierung, Institutionalisierung und Professionalisierung des Sterbens und eine Überlastung der Helfenden.

Auch die Kirchen und die kirchlichen Wohlfahrtsverbände sagten zunächst Nein zu der in Deutschland aufkommenden Hospizbewegung, ließen sich dann aber eines besseren belehren und machten nach einiger Zeit die Hospizarbeit zu ihrem ureigensten Anliegen, das es ja im Verlauf der Geschichte auch über weite Strecken war.

Ich kann in diesem kurzen Beitrag nicht alle Einzelheiten der Entwicklung in den beiden großen christlichen Konfessionen nachzeichnen, sondern möchte mich auf den evangelischen Bereich beschränken, den ich seit 1987 selber miterlebt (und in einigen Bereichen auch mitgestaltet) habe, wobei ich durchaus auf einige ökumenische Akzente eingehe.

Mir ist bewusst, dass das Erzählen der Hospizgeschichte in Deutschland immer auch von subjektiven Wahrnehmungen geprägt ist. Ich möchte deshalb schon vorab alle diejenigen um Verzeihung bitten, deren Rolle ich in der folgenden Darstellung nicht ausreichend würdigen sollte. Die Hospizbewegung ist ein großer, vielfältiger und weit verzweigter Strom geworden, den ich unter einem bestimmten Blickwinkel kennen gelernt und den ich wenigstens abschnittsweise in seiner lebendigen und das soziale Leben in Deutschland beeinflussenden Kraft erlebt habe.[12]

[12] An dieser Stelle folgen auf der Internetseite die drei Beiträge „Der Tod behält nicht das letzte Wort“ (S. 33 ff.), „Die Entwicklung der Landesarbeitsgemeinschaft Hospiz Niedersachsen“ (S. 49 ff.) und „Sterbebegleitung in Gemeinde und Hospizbewegung“ (S. 150 ff.).

Der Tod behält nicht das letzte Wort – zur diakonischen Begleitung Sterbender

Aus: Evangelische Impulse 21 (1999) 16-18.

Vor einigen Jahren ist im Schleswiger Dom der plattdeutsche Jedermann zur Aufführung gekommen. Wer damals Gelegenheit hatte, dabei zu sein, bekam auf eine sehr eindrucksvolle Weise vorgestellt, was Hospizdienst bei Schwerkranken und Sterbenden möchte: Geleitsmann sein auf einem Weg, den der Sterbende am Ende ganz allein gehen muss – gehalten und getröstet von der Zusage Gottes, dass der Tod nicht das letzte Wort behält. In unserer Kirche bekennen wir uns zu dieser Zusage. Sie gehört zu unserem Wissens- und Glaubensgut – wir suchen nach praktischen Umsetzungsmöglichkeiten in unserem Alltag, wir praktizieren diese in unseren relativ jungen vielschichtigen spezifischen Diensten. Am Anfang meiner Überlegungen soll ein Abriss über die Geschichte der Hospizbewegung stehen.

I. Die Idee der Hospizbewegung ist alt

Schon im frühen Mittelalter gab es entlang der christlichen Pilgerrouten unzählige Hospize. Sie sollten Pilgern zur Rast dienen. Kranke pflegen und Sterbende betreuen. Erste Regeln wurden aufgestellt, wie wir „unsere Herren, die Kranken, pflegen und betreuen“ sollen. Mit dem Ende der Kreuzzüge und der Pilgerreisen verschwanden auch die Hospize oder wurden zunehmend von Gasthäusern, Spitälern und Siechenheimen abgelöst – es kam also zur Aufspaltung und Aufteilung der ursprünglich einheitlichen Hospizidee in verschiedene Tätigkeitsbereiche.

In Deutschland wurde die Hospizidee seit der Mitte des vorigen Jahrhunderts im Sinne von christlichen Gasthäusern wieder aufgegriffen. Im Zuge der Industrialisierung, die viele Menschen in Bewegung brachte, wurden „Herbergen zur Heimat“, „Kolpinghäuser“ und ähnliche Gästeunterkünfte für die vom Land in die Städte strömenden Menschen gegründet. Viele, besonders evangelische Häuser, nennen sich „Christliches Hospiz“, um deutlich zu machen, dass sie nicht allein auf gewerblichen Grundlagen arbeiten, sondern sich eine besonders liebevolle und aufmerksame Betreuung der Reisenden im Sinn christlicher Gastfreundschaft zum Ziel gesetzt haben. 1904 wurde in Kassel ein Verband Christlicher Hospize (VCH) in Deutschland gegründet, der es auf dem Höhepunkt seiner Entwicklung (1931) zu 190 Häusern mit über 10.000 Übernachtungsbetten brachte. Damals wusste man in Deutschland ziemlich genau, was ein „Hospiz“ ist. Auch hier hat der Zweite Weltkrieg vieles zerstört und viele Veränderungen mit sich gebracht. 1989 feierte der VCH sein 85jähriges Bestehen mit noch knapp 40 Mitgliedern, musste aber gleichzeitig seinen Namen ändern in „Verband Christlicher Hotels“ – die Hospizidee hatte sich – von England kommend – auch in Deutschland inzwischen fundamental gewandelt.

II. St. Christophers's Hospice in London, das erste moderne Hospiz für Schwerkranke und Sterbende

Auch in England hatte man um die Jahrhundertwende die mittelalterliche Idee der Hospize wieder aufgegriffen und nannte nun Heime und Kliniken für unheilbar Kranke so, die auf religiöse, karitative oder private Initiative hin entstanden waren. So arbeitete z.B. schon seit 1906 das St. Joseph's Hospice der Caritasschwestern in London auf dieser Basis. Mitte der fünfziger Jahre kam Bewegung in diese meist im Stillen vollzogene Arbeit. Die englische Krankenschwester und Sozialarbeiterin Cicely Saunders wollte nicht länger mit ansehen, wie elend oftmals das Sterben von Krebspatienten verlief. Die Schmerzbekämpfung war damals noch unzureichend, therapeutische Maßnahmen sehr schwierig. Um hier etwas zu verändern, gab die 33jährige zunächst einmal ihren Beruf auf und studierte Medizin. Sie begleitete einen polnischen Emigranten in seiner letzten Lebensphase. Er war an Krebs erkrankt und starb. Cicely Saunders erzählte ihm von ihren Plänen. Schmerztherapie und Symptomkontrolle, eine gute Pflege und eine aufmerksame mitmenschliche Begleitung sollten dem Sterbenden eine lebenswerte Zeit bis zu seinem Tod ermöglichen. Ihr erster Patient hinterließ ihr 500 Pfund für ein Fenster in ihrem ersten Hospiz. 18 Jahre hat es dann noch gedauert.

1967 eröffnete Dr. Cicely Saunders St. Christophers's Hospice in London, das erste moderne Hospiz für Schwerkranke und Sterbende. Sie hatte es um dieses erste Fenster herum gebaut. Der Eröffnung von St. Christopher's waren Euthanasie-Debatten im englischen Parlament vorausgegangen. Auf Anregung einer „Freiwilligen Euthanasie-Gesellschaft" sollte ein Gesetz zur Ermöglichung eines schmerzlosen Todes beschlossen werden. Die eingebrachten Gesetzesanträge wurden aber abgelehnt, weil sich die Erkenntnis durchgesetzt hatte, dass Menschen besser nicht *durch* die Hand, sondern *an* der Hand eines Menschen sterben. Statt all der Pläne zur Freigabe aktiver Sterbehilfe sollte lieber eine gekonnte, erfahrene und mitfühlende „Pflege im Endstadium" entwickelt werden, die für jeden Patienten mit fortgeschrittener unheilbarer Krankheit verfügbar wäre – das war und ist die Auffassung von Dr. Cicely Saunders und mit ihr der ganzen Hospiz-Bewegung.

Cicely Saunders hat es einmal auf einen ganz einfachen Nenner gebracht: „Low tech and high touch" – *ein Minimum an Technik und ein Maximum an Streicheleinheiten!* Die körperlichen, seelischen, sozialen und religiösen Bedürfnisse eines Menschen sollen gerade in seiner letzten Lebensphase im Mittelpunkt stehen. Gut gepflegt, hervorragend palliativ-medizinisch versorgt und vor allem mitmenschlich begleitet soll der Schwerkranke und Sterbende bis zuletzt würdevoll leben können. Auf der Grundlage dieser Idee wurden zahlreiche Hospize mit angeschlossenen Hausbetreuungsdiensten eingerichtet, die in England und später auch in den USA, in Kanada, Australien und Neuseeland, in Skandinavien, Polen, Frankreich, Italien, Deutschland,

Österreich und der Schweiz, in Japan und Südafrika ihre segensreiche Tätigkeit entfalten konnten. Immer mehr Menschen können mit Unterstützung dieser Hospize und Hospizdienste zu Hause sterben oder doch eine familienähnliche Atmosphäre der Begleitung und Hilfe auf dem letzten Stück des Lebensweges erfahren.

III. Hinweise zur Geschichte der Hospizbewegung in Deutschland

Schon Mitte der 60er Jahre haben einzelne Krankenhäuser – wie z.B. das Paul-Lechler-Krankenhaus in Tübingen – versucht, Erkenntnisse der englischen Hospize bei der Begleitung Schwerkranker und Sterbender vor allem im palliativ-medizinischen Bereich umzusetzen. Es gab auch durchaus eigenständige Ansätze in der alten Bundesrepublik, in Zusammenarbeit mit Universitätskliniken und Tumorzentren eine kontinuierliche ärztliche, pflegerische und seelsorgerliche Begleitung von Krebskranken bis zu ihrem unvermeidlich gewordenen Sterben sicherzustellen. Tageskliniken, Schmerzambulanzen, Hausbetreuungsdienste und andere Nachsorgeeinrichtungen sind auf diese Weise entstanden und sowohl mit öffentlichen Geldern als auch mit privaten Spenden gefördert worden. Viel Idealismus und ehrenamtliches Engagement ist schon an dieser Stelle investiert worden, ehe die Hospizbewegung im engeren Sinne auch in Deutschland Fuß fassen konnte Aber zuvor galt es noch, ein Missverständnis zu überwinden, das bei uns in Deutschland mit dem Begriff „Sterbeklinik" verbunden war.

1971 hatte Pater Iblacker aus München im St. Christopher's Hospice in London einen Film gedreht, der dann unter dem Titel „Noch 16 Tage ... Eine Sterbeklinik in London" im Fernsehen lief. Dieser Film hat zum Teil heftige Reaktionen hervorgerufen. Die meisten waren betroffen und angerührt, viele fühlten sich motiviert, nun selbst etwas auf diesem Gebiet zu unternehmen. Andere fühlten sich abgestoßen und malten sich Huxley'sche Schreckensszenarien von Sterbeghettos à la „Brave New World" aus. Auch brachte man die „Sterbekliniken" fälschlicherweise doch wieder in Zusammenhang mit der unseligen Euthanasie-Debatte.

So kam es, dass die meisten Kirchen, Wohlfahrtsverbände, Krankenhausgesellschaften und fachkundigen Einzelpersönlichkeiten – wie der holländische Pastoraltheologe Paul Sporken – auf Befragen des Bundesgesundheitsministeriums die Errichtung eigener Sterbekliniken oder Sterbeheime in Deutschland ablehnten. Es bedurfte mehrfachen Nachfassens und geduldigen Erklärens in der weiteren Diskussion, um aus diesem Missverständnis und der sich damit abzeichnenden sozialpolitischen Sackgasse herauszufinden.

Den Durchbruch in der öffentlichen Diskussion um die „Sterbekliniken" bewirkte ein Aufsatz des Sozialmediziners Johann-Christoph Student aus Hannover in der Zeitschrift „Wege zum Menschen" mit dem Titel „Hospiz versus Sterbeklinik" (1985). Er macht darin deutlich: „Es geht bei Hospizen eigentlich nicht darum, neue Institutionen zu schaffen, sondern darum, alte Traditionen des menschlichen Umgangs mit Sterbenden wiederzuentdecken und sie in unsere veränderte Welt hineinzusprechen." „Hospiz“ wird so zu einem Programmwort für ein Konzept, einen Inhalt, eine Bewegung in der Begleitung Schwerkranker und Sterbender. Professor Student gelingt es, deutlich zu machen, welches die Grundprinzipien der Hospiz-Bewegung sind und wie eine Modellkonzeption ambulanter Hilfen für sterbende Menschen und ihre Angehörigen aussehen müsste.

IV. Grundsätze der Hospizarbeit in sieben Punkten

1. Der Patient steht gemeinsam mit seinen Angehörigen und Freunden im Zentrum aller Bemühungen. Es geht vor allem um seine Wünsche in körperlicher, seelischer, sozialer und religiöser Hinsicht.
2. Die dazu notwendigen zwischenmenschlichen Begegnungen und Bemühungen werden ermöglicht und unterstützt durch eine Gruppe oder ein Team professioneller Helfer; dazu gehören in der Regel Krankenschwestern und -pfleger, Ärzte, Sozialarbeiter und Seelsorger.
3. Hinzu kommen freiwillige Helfer für die Aufgaben, die nicht von den Angehörigen oder den Hospizmitarbeitern wahrgenommen werden können.
4. Das Hospiz-Team verfügt über spezielle Kenntnisse und Erfahrungen in der Therapie von Schmerzen und anderen das Sterben belastenden Körperreaktionen und setzt sie im Interesse des Patienten ein.
5. Dabei arbeitet das Hospiz-Team eng mit anderen bestehenden Einrichtungen, Kliniken und ambulanten Diensten zusammen.
6. Das Hospiz-Team gewährleistet Kontinuität in der Betreuung. Hierzu gehört, dass die Familie sicher sein kann, rund um die Uhr wenigstens einen kompetenten Mitarbeiter des Teams anzutreffen.
7. Den Angehörigen wird darüber hinaus auch eine Begleitung in der Phase der Trauer nach dem Tod ihres Angehörigen angeboten.

Auf der Grundlage dieser Grundsätze arbeiten in Deutschland inzwischen 28 Hospize, über 30 Palliativstationen und mehr als 350 ambulante Hospizdienste und Hospizinitiativen, die den Dienst übernommen haben, Schwerkranken, Sterbenden und ihren Angehörigen mit Rat und Tat zur Seite zu stehen. Sie arbeiten im Zusammenhang mit bestehenden Einrichtungen der Krankensorge (wie Krankenhaus, Pflegeheim, Sozialstation) oder auch selbständig ambulant und/oder stationär als ergänzende Einrichtung zum bestehenden Versorgungs- und Unterstützungssystem. Sie sind fast alle christlich orientiert und motiviert, verstehen sich aber überwiegend ökumenisch oder überkonfessionell.

Die Einrichtungen sind sehr stark auf ehrenamtliches Engagement und eine hohe Spendenbereitschaft angewiesen, weil die finanzielle und organisatorische Einpassung in das vorhandene System der Krankensorge (die ja auch eine Sorge für Schwerkranke und Sterbende ist!) noch nicht befriedigend gelöst ist. Es bleibt zu hoffen, dass hier entscheidende Schritte voran getan werden können bei staatlichen Stellen und den zuständigen Kostenträgern.

V. Die Situation in Schleswig

In Schleswig haben wir uns sehr auf die Vorbereitung von ehrenamtlichen Seelsorgehelfern konzentriert. Dazu gibt es ein Schulungsprogramm, das ich zusammen mit einer Projektgruppe in meiner Zeit als Seelsorgereferent in Hannover entwickeln konnte. Es umfasst einen Grundkurs in acht Schritten, ein Praktikum über sechs bis neun Monate und einen Vertiefungskurs wieder in acht Schritten. Die so vorbereiteten Helferinnen bilden den Ambulanten Hospizdienst Schleswig und kommen in die Häuser und Pflegeheime, wenn ihr Dienst gewünscht und erbeten wird.

Neben dem Ambulanten Hospizdienst Schleswig, der eigentlichen Dienstgruppe in der Hospizarbeit, besteht ein Freundeskreis Hospizdienst Schleswig, der sich zur Aufgabe gemacht hat, das Anliegen der Hospizbewegung in die Öffentlichkeit zu tragen und für diesen ehrenamtlichen Sozialdienst zu werben. Wir möchten auch alle Überlegungen und Entwicklungen unterstützen, die zu einer Ausweitung dieser Arbeit auch in den hauptamtlichen Bereich hinein führen.

Es gibt derzeit befristet bis 2002 die Stelle einer Hospizbeauftragten für den Kirchenkreis Schleswig. Gemeindeschwestern sollen als Hospizschwestern fortgebildet und ganz oder teilweise für diese besondere Aufgabe freigestellt werden. Schließlich planen wir, mittel- und langfristig ein oder zwei Hospizbetten als stationären Rückhalt unserer hauptsächlich ambulanten Arbeit vorzusehen.

Noch einmal erinnere ich an die Aufgabe, die im Jedermann auf plattdeutsch so eindrucksvoll vor Augen gestellt ist: Sind wir bereit, einem schwerkranken und sterbenden Menschen diesen Freundschaftsdienst zu tun, dass wir ihn begleiten bis an die Schwelle des Todes mit aller mitmenschlichen Aufmerksamkeit und allem medizinischen und pflegerischen Können, um ihn an dieser Schwelle, die wir selbst noch nicht überschreiten müssen, die aber auch auf uns wartet, in die Hände dessen zu empfehlen, der unser aller Leben in seiner Hand hält?

Deutungsrahmen für die Geschichte der Hospizbewegung

Vortrag zur Gründung der Hospiz Stiftung Kiel: Kraftvolle Unterstützung für eine Kultur des Erbarmens, vorgetragen im Ratssaal des Kieler Rathauses am 1. November 2005

Sie alle kennen die Geschichte vom barmherzigen Samariter, der nicht vorbeiging an dem unter die Räuber Gefallenen wie Priester und Levit, sondern ihm half: seine Wunden verband, ihn auf den Esel hob und in eine Herberge brachte.

Diese biblische Geschichte aus Lukas 10 ist mir Deutungsrahmen und hermeneutischer Schlüssel für die Hospizbewegung in Deutschland geworden, die heute mit der Gründung der Hospiz Stiftung Kiel wieder einen ihrer Höhepunkte feiern darf.

Erinnern wir uns: Die Schwerkranken und Sterbenden waren in Deutschland eine Zeitlang gewissermaßen unter die Räuber gefallen – man ließ sie liegen, kümmerte sich nicht in dem Maße um sie, wie es angemessen gewesen wäre. Die Hospizbewegung in Deutschland begann Ende der siebziger, Anfang der achtziger Jahre mit einer herben Kritik am medizinischen System und an der seelenlosen Apparatemedizin moderner Krankenhäuser. Viele starben einsam und alleingelassen und z. T. unter großen Schmerzen. Die Aufmerksamkeit der Medizin gehörte damals anderen Bereichen: der Geburt, der Notfallmedizin, der Unfallchirurgie.

Es waren Mitarbeitende eines Krankenhauses in Recklinghausen, denen auffiel, dass für die Geburt alles Mögliche getan wird, die Sterbenden aber nicht adäquat versorgt wurden. Der barmherzige Samariter stammte in diesem Fall also nicht aus fernen Provinzen, sondern aus dem inneren Raum des Medizinbetriebes selbst. Aber ehe er sich daran machen konnte, wie selbstverständlich zu helfen, Schmerzen zu lindern und für professionelle Hilfe wie ehrenamtliche Unterstützung zu sorgen, hatte es die Hospizbewegung in Deutschland mit dem „Vorübergehen der Experten" zu tun. Sie, die Experten, wurden gefragt, was sie denn von der „Sterbehilfe" in so genannten „Sterbekliniken" hielten.

Damit waren zu Beginn der achtziger Jahre zwei Begriffe in die Debatte eingebracht worden, die die Entwicklung der Hospizarbeit in Deutschland um etwa 10 bis 15 Jahre zurückwarfen. Aber wer weiß, vielleicht hat dieses anfängliche Zaudern und Vorübergehen von Priester und Levit in Gestalt der Ärzte und Seelsorger nur dazu beigetragen, die Begriffe zu klären und deutlich zu machen, worum es geht und worum es nicht geht.

Die Berührungsängste mit dem Thema Sterben und Tod mussten zunächst einmal abgebaut werden, all die Vorurteile und Ängstlichkeiten angesichts einer schwer belasteten deutschen Geschichte. „Sterbehilfe" – da dachte jeder gleich an Euthanasie und unangemessene Übergriffe auf die Patienten. „Sterbeklinik" – da kamen Ängste vor Abschiebung und Gettoisierung auf.

Es brauchte eine lange Zeit des geduldigen Erklärens bis klar war, dass unter Sterbehilfe nicht Hilfe *zum* Sterben, sondern Hilfe *beim* Sterben gemeint war. Und dass „Hospiz“ ein viel treffender Ausdruck für das Gemeinte war als „Sterbeklinik“. Nicht *durch* die Hand eines Menschen, sondern *an* der Hand eines Menschen sollte gestorben werden. Und die Hospizidee brauchte nicht in erster Linie kalte Mauern, sondern beherzte Menschen. Auch galt es das Vorurteil zu überwinden, als führe die Gabe von Morphinpräparaten zur Bekämpfung unerträglicher Schmerzen zwangsläufig zu Abhängigkeit und Sucht. Die orale Morphingabe nach einem festen Schema im unteren Bereich des Wirkungsspektrums erwies sich von Stund an als der Königsweg der Schmerztherapie.

Noch ehe das alles gründlich erforscht und erklärt war und Eingang gefunden hatte in neue Fachbereiche wie palliative Medizin, Pflege und Beratung, machten sich die ersten Pioniere auf den Weg, die vor allem aus England durch Dr. Cicely Saunders vermittelte moderne Hospizidee auch in Deutschland einzuführen. Diese Frauen und Männer der ersten Stunde blieben – im Bild unserer biblischen Geschichte gesprochen – stehen, gingen nicht vorüber, wendeten sich den Schwerkranken und Sterbenden aufmerksam zu und lernten von ihnen. Das Überwinden der Berührungsängste angesichts einer schwierigen Aufgabe war das entscheidende Ereignis in den Anfängen der Hospizbewegung in Deutschland. Die Namen der Mütter und Väter der Hospizbewegung und ihre besonderen Verdienste sind mehrfach öffentlich genannt und beschrieben worden. Ich will und kann sie hier nicht alle nennen. Sie gehören geehrt und geachtet in ihrem sozialen Engagement, das zu einer neuen Bürgerbewegung in Deutschland geführt hat und zu einer wirklich neuen „Kultur des Erbarmens“.

Die biblische Geschichte vom barmherzigen Samariter hilft uns nun, auf die Einzelheiten der Entwicklung zu achten und die einzelnen Schritte sehr genau wahrzunehmen.[13] Zunächst geht es in der Tat um ein Wahrnehmen der Situation Schwerkranker und Sterbender. Es war die nach Amerika ausgewanderte Schweizer Ärztin Dr. Elisabeth Kübler-Ross, die hier den entscheidenden Grundstein gelegt hat. Aber auch viele andere Namen wären noch zu nennen, die auf die besondere Lebens- und Erfahrungssituation der Schwerkranken und Sterbenden aufmerksam machten. Dieses Wahrnehmen löst ein Sich-Erbarmen aus, das zum Hingehen und Handeln führt. Viele Menschen haben ihre guten oder weniger guten Erfahrungen in der Begleitung von nahen Angehörigen zum Anlass genommen, sich in der Hospizarbeit zu engagieren. Sie wollten besser machen, was sie schmerzlich erlebt hatten, oder auch gute Erfahrungen weitergeben. Sie entdeckten die Gemeinschaft von Gleichgesinnten und gründeten Initiativen und Vereine.

---

[13] Vgl. dazu die Bilder von Kees de Kort aus: Der barmherzige Samariter. Reihe: Was uns die Bibel erzählt, Stuttgart: Deutsche Bibelgesellschaft 1977.

Das Überwinden von Einsamkeit und Isolation im Entdecken einer Gemeinschaftsaufgabe ist ein weiterer Schlüssel zum Verstehen der Dynamik der Hospizbewegung in Deutschland. Eine Ärztin sagte es mir einmal so: „Ich hatte die vielen Cocktail-Partys mit ihrem *small talk* so satt. Ich entdeckte endlich liebevolle und aufrichtige Gemeinschaft in der Zuwendung zu hilfsbedürftigen Menschen. Das Geheimnis des Sterbens ist das Leben. Wer vor den Ernst des Lebensabschiedes gestellt ist, legt seine Rollen und Masken ab und versucht, ganz ehrlich und wahrhaftig zu sein. Die Erfahrungen in unserer Hospizgruppe sind eine tiefe Bereicherung für mein Leben."

Wer hilft, dem wird geholfen – diese uralte christliche Weisheit verwirklicht sich auch und gerade in der Zuwendung zu den Schwerkranken und Sterbenden. Durch die Wiederentdeckung einer alten christlichen Aufgabe, die einmal die Bücherproduktion eines ganzen Zeitalters bestimmte (nämlich die *ars moriendi* im Mittelalter), fanden vor allem christlich engagierte Leute, die sich den Amtskirchen entfremdet hatten, einen neuen Zugang zu gelebtem Glauben. Aber auch die Kirchen selbst haben ihre anfänglich abwartende und skeptische Haltung gegenüber der Hospizbewegung längst revidiert und die Hospizarbeit als hilfreichen Weg in Diakonie und Seelsorge entdeckt und schätzen gelernt.

Die Hospizbewegung also kümmerte sich zuerst um die Sterbenden und ihre Angehörigen – goss Öl und Wein auf ihre Wunden und verband sie. Auch diesen Zug der biblischen Geschichte verstehe ich durchaus metaphorisch. Das Wichtigste am Anfang der Hospizbewegung war die Schmerztherapie. In immer neuen Anläufen versuchten Ärzte, Pflegekräfte, Psychologen, Seelsorger und Sozialarbeiter zu erklären, welche Dimensionen des Schmerzes sie wahrgenommen hätten und wie sie ihn zu lindern gedächten. Dabei entdeckten sie, wie sehr sie aufeinander angewiesen waren. Keine Profession konnte oder wollte sich über die andere erheben. Immer besser wurde verstanden, wie die verschiedenen Dimensionen des Schmerzes miteinander zusammenhingen und auf interdisziplinäre Hilfe und Krisenintervention angewiesen waren. Das „Verbinden der Wunden" weitete sich aus zu einem Verbinden der helfenden Kräfte untereinander, der Professionellen ebenso wie der Ehrenamtlichen.

Und dann ging es darum, all das bisher schon Erreichte „auf den Esel zu heben" und in eine Herberge zu bringen, dort nach allen Regeln der Kunst zu pflegen und auch die finanziellen Probleme zu lösen. Die Hospizbewegung machte sich öffentlich bekannt, gründete Zeitschriften, Vereine und Verbände. Nicht immer war deutlich, dass alle Beteiligten zu einem gemeinsamen Ziel unterwegs waren. Es gab auch viel „Gerangel um den besten Esel" und den richtigen Weg. Aber am Ende hat sich doch geklärt, nach welchen Standards und in welchem organisatorischen Rahmen Hospizarbeit anerkanntermaßen abläuft. Auch das im Einzelnen zu schildern ist hier nicht der Platz.

Es gibt bei allen Freien Wohlfahrtsverbänden inzwischen Ansprechpartner für die Hospizarbeit. Die Hospizvereine und -initiativen selbst haben sich in den Landesverbänden und in der Bundesarbeitsgemeinschaft Hospiz einen verbindlichen Rahmen der Zusammenarbeit, des Informationsaustausches und der Interessenvertretung gegeben. Stationäre und teilstationäre Hospize sind gebaut und Palliativstationen an den Krankenhäusern gefördert worden.

Gegenwärtig wird immer noch darum gerungen, die fundamentale Einsicht, dass Ehrenamt auch Hauptamt braucht, in gestaltbare und bezahlbare gesetzliche Regelungen zur Absicherung der ambulanten Hospizarbeit zu überführen. Noch wartet – um im Bild zu bleiben – der „Wirt" unserer biblischen Geschichte auf seine angemessene Bezahlung.[14] Aber es finden sich immer wieder Geldgeber und Sponsoren, die die Hospizarbeit in Deutschland möglich machen – nun auch in Kiel mit einer Hospiz Stiftung. Oft genug sind es die barmherzigen Samariter der Hospizbewegung selbst, die die fehlenden Groschen aus der eigenen Tasche bezahlen, um „ihren" Hospizdienst am Leben zu erhalten.

Mit der Übergabe des Schwerkranken und Sterbenden aus der „Ersten Hilfe" des barmherzigen Samariters in die bezahlte Obhut des Wirtes sind aber auch einige spezifische Probleme verbunden. Nach welchen Standards wird gepflegt und versorgt, welche Grundvoraussetzungen müssen die hauptamtlich Mitarbeitenden in der Hospizarbeit mitbringen, wer hält die Herberge instand und sorgt für einen Verbund mit anderen Einrichtungen und Hilfsstationen? In wessen Hände fließt das Geld, wie bleiben die Wünsche des Schwerkranken und Sterbenden im Mittelpunkt des Interesses, wenn Institutionalisierung und Routine einsetzen? Geht es am Ende für den Träger der Herberge um ein Geschäft und fällt so der Pflegebedürftige womöglich wieder in die Hände von Räubern? Die Hospizbewegung hat sich aus dem Charme charismatischer Aufbrüche und Einzelleistungen herausentwickelt und befindet sich gegenwärtig in einem spannenden Prozess der gesellschaftlichen Anerkennung und Normalisierung, die wieder neue Gefahren des „Vorübergehens der Experten" enthält. Sie wird stets darauf zu achten haben, dass der ursprüngliche Impuls einer diakonisch-helfenden Bewegung erhalten bleibt.

Was aus den Anfängen der Hospizbewegung in Deutschland bis heute geworden ist, kann sich auch im internationalen Maßstab sehen lassen. Ein „Wegweiser Hospiz und Palliativmedizin Deutschland 2005" gibt Auskunft über das bisher Erreichte. Noch gibt es Arbeit und manchen Streit.

Eine weitere biblische Geschichte soll uns deshalb helfen zu verstehen, welche ungewöhnlichen Wege zu gehen und welche Belastungen auszuhalten waren. Die Ge-

---

[14] Die Absicherung der stationären und ambulanten Hospizarbeit ist heute über eine Rahmenvereinbarung zum § 39a SGB V möglich, auch wenn immer noch hohe Eigenleistungen der Träger eingebracht werden müssen. Die ambulanten und stationären Hospizdienste nehmen überall im Land zu und halten hohe Standards in der Qualifizierung hauptamtlicher und ehrenamtlicher Kräfte ein.

schichte von der Heilung des Gelähmten in Markus 2 ist mir dabei zum Paradigma für die ungewöhnlichen Wege der Hospizarbeit in Deutschland geworden.

Diese Geschichte von der Heilung des Gelähmten spielt in einem Vorbereitungskurs für Ehrenamtliche in der Hospizarbeit, dem so genannten Celler Modell, eine besondere Rolle. Wir lernen anhand dieser Geschichte, vor allem über die Kinderbibelillustrationen, die der Holländer Kees de Kort dazu gestaltet hat[15], was Hospizarbeit im Team bedeutet.

Da tragen vier Helfende einen Gelähmten. Sie müssen nicht selber heilen, aber wissen, wo Heilsames zu finden ist.

Sie können nicht ins Haus des Heilers, weil alle Eingänge besetzt sind.

[15] Bilder von Kees de Kort aus: Jesus und der Gelähmte. Reihe: Was uns die Bibel erzählt, Stuttgart: Deutsche Bibelgesellschaft 1977.

Sie steigen „dem lieben Gott aufs Dach", um auf ihr Anliegen aufmerksam zu machen. Beim Überwinden der Treppe teilt sich die tragende Gruppe arbeitsteilig auf: eine Person läuft voran, eine schultert die Last, eine sichert und hält sich als Mittragende bereit, eine bildet die Nachhut.

Oben auf dem Dach angekommen, ergibt sich eine neue Arbeitsteilung: eine Person pflegt den Gelähmten, eine unterstützt ihn, eine löst den verhärteten Verbund der Dachsteine, eine deckt das Dach auf und findet die Perspektive, den Zugang zum Heilsamen.

In diesen Bildern habe ich schon oft mit anderen zusammen die verschiedenen Berufe am Bett eines Schwerkranken und Sterbenden entdeckt: die pflegende Krankenschwester, die unterstützende Helferin, den (Schmerz und Verkrampfung) lockernden Arzt, den nach vorn schauenden Seelsorger.

Übrigens: Wie wichtig es ist, im Sterben eine Perspektive nach vorn zu gewinnen, macht ein Vergleich mit der Geburt deutlich. Bei der Geburt gilt die Steißlage als eine Komplikation. Rückwärts gewandt hat es das Kind schwer, die enge Pforte des Geburtskanals zu passieren. In früheren Zeiten hat man versucht, diese Steißlage durch behutsames Drehen zu korrigieren, heute schreitet man deshalb eher zum Kaiserschnitt. Wichtig ist mir der Vergleich: Könnte es sein, dass viele Menschen heute in geistlicher Steißlage sterben, den Kopf nicht nach vorn richten können zu dem, was sie jenseits des Todes erwartet? Sie klammern sich mit aller Gewalt an das, was sie hier in diesem Leben vor Augen haben und weigern sich, den Blick in ein Jenseits des Todes zu richten – weil wir doch nichts Genaues darüber wissen können. Und so bleiben sie hoffnungslos, ungetröstet und können nicht mitatmen, mitarbeiten bei dem Weg, der auch im Sterben zu bewältigen ist.

Aber noch in einer anderen Hinsicht ist mir die Geschichte von der Heilung des Gelähmten zum Paradigma für das Engagement der Hospizarbeit in Deutschland geworden. Da sind also Hospizhelferinnen und Hospizhelfer, die tragen ihr Anliegen zum Haus des sozialen Engagements. Sie kommen etwas verspätet hinzu. Die Eingänge sind schon längst besetzt von den Frommen unseres Sozialsystems. Es ist nicht so leicht, an ihnen vorbei zu Geld, Förderung oder gesellschaftlicher Anerkennung zu kommen. Da steigen sie in ihrer Kühnheit dem Sozialstaat aufs Dach und klopfen sich einen ungewöhnlichen Zugang frei. Sie fallen direkt vor die Füße der politisch Verantwortlichen und erreichen doch tatsächlich, dass sie sich fröhlich erheben und an ihre Arbeit gehen dürfen.

Die etablierten Kräfte murren etwas über diesen ungewöhnlichen und verwegenen Auftritt. Sie sehen die Statik des ganzen sozialen Gebäudes in Gefahr und fragen sich, ob der Minister und die Kassen diese junge Bewegung mit einer so ungewöhnlichen Regelung (die berühmte 10 %-Eigenbeteiligung in der Rahmenvereinbarung zum § 39a SBG V) nach Hause ziehen lassen durften. Aber was soll's: „Er stand auf, nahm sein Bett und ging alsbald hinaus vor aller Augen, so dass sie sich alle entsetzten ..."

Für mich gehört es zu den besonders guten Erfahrungen im Einsatz für die Hospizarbeit in Deutschland, dass solche ungewöhnlichen Zugänge möglich gewesen sind. Ich sehe die Hospizarbeit in Deutschland so fröhlich und frei auf dem Weg, wie Kees de Kort den geheilten Gelähmten gemalt hat am Ende seiner Bildergeschichte.

Die Hospizbewegung hat noch einen weiten Weg vor sich. Sie muss sich konsolidieren, zeigen, dass auch die nachfolgende Generation die Liebe und das Engagement der Gründergeneration aufbringt; vor allem aber: dass es in allem nicht um Geld, Geschäft und Macht geht, sondern um die herzliche Liebe zu hilfebedürftigen Menschen. Dazu ist heute in Kiel ein weiterer wichtiger Schritt getan und Baustein gesetzt worden.

Die Hospizbewegung in Niedersachsen – Wurzeln, Entwicklungen und Perspektiven

Aus: hospiz bewegt niedersachsen. Die Landesarbeitsgemeinschaft stellt sich vor, Hannover 2001, S. 10-20 (zusammen mit Karin Wilkening).

Die Hospizbewegung ist jung und gleichzeitig sehr alt. Es sind noch keine 15 Jahre her, dass die ersten Initiativen in Deutschland neue Wege zur Begleitung Sterbender und ihrer Angehörigen forderten und dabei neue medizinische und gesellschaftliche Entwicklungen mit alten christlich-pflegerischen Traditionen zusammenbrachten. Es waren auch und besonders Stimmen aus Niedersachsen, die diese Entwicklung nachhaltig beeinflusst und gestaltet haben, wie im Vorfeld der Gründung der Landesarbeitsgemeinschaft Hospiz Niedersachsen weiter unten im einzelnen nachgelesen werden kann. Die Selbstverständlichkeit, mit der wir heute die Worte „Palliativmedizin", „Abschiedskultur", „Patientenverfügung" oder auch „Sterbebegleitung" und „Hospiz" verwenden, lässt oft vergessen, welch langer Weg es war, diese Elemente als notwendige Bestandteile der Versorgungskette Sterbender und ihres Umfelds bei uns zu etablieren.

Als 1971 im Londoner St. Christopher's Hospiz der Film „Noch 16 Tage" mit dem Untertitel „Bericht aus einer englischen Sterbeklinik" von dem Münchner Pater Iblacker gedreht und später im Zweiten Deutschen Fernsehen gezeigt wurde, entfachte er eine lebhafte Diskussion über das Pro und Kontra des Baus solcher „Sterbekliniken" in Deutschland. Diese Diskussion führte 1978 zunächst zu einer sowohl von kirchlichen als auch staatlichen Stellen bei uns geäußerten einmütigen Ablehnung stationärer Hospizeinrichtungen. Sie gründete sich vor allem auf eine Angst vor der Ghettoisierung Sterbender in diesen Spezialeinrichtungen sowie einer Überbelastung der dort hauptberuflich Tätigen. Leider wurde durch die Überbetonung der stationären Hospizthematik der Blick abgelenkt davon, welche vielfältigen notwendigen Gestaltungsmöglichkeiten es bei der Versorgung Sterbender im häuslichen Umfeld oder aber in den bestehenden Einrichtungen wie Krankenhäusern oder Altenheimen weiter zu entwickeln galt. So vielfältig auch die Tätigkeitsfelder und Arbeitsformen der Hospizbewegung inzwischen geworden sind, so lassen sich doch die Grundprinzipien und Wurzeln dieser Arbeit sehr einfach beschreiben und werden im folgenden der Darstellung der Entwicklungen und Perspektiven in Niedersachsen vorangestellt.

Wurzeln und Grundprinzipien der Hospizarbeit

Die medizinisch-pflegerischen Wurzeln der Hospizarbeit zeigen sich besonders deutlich in der Weiterentwicklung der Palliativmedizin, in der dem „Hightech" der hochtechnisierten Medizin und der Funktionspflege das „Hightouch" der ganzheitlichen Palliativpflege mit vielfältigen Aspekten der Berührung, der psychosozialen Zuwendung und nonverbaler Kommunikation entgegengesetzt wird. Mit Frau Dr. Muschaweck und Herrn Prof. Dr. Student waren es bereits Mitte der 80er Jahre zwei Ärzte aus Niedersachsen, die mit ihrer engagierten Arbeit bundesweit ein Umdenken in den Versorgungseinrichtungen Sterbender eingeleitet haben.

Die spirituellen Wurzeln der Hospizbewegung zeigen sich bereits im Namen. Die Übersetzung des lateinischen Wortes „hospitium“ mit „Gastfreundschaft, Herberge“ erinnert an den Freundschaftsdienst für Pilger auf einem Weg, der mit dem Tod noch lange nicht zu Ende ist. In diesen von Ordensleuten geführten Hospizen des Mittelalters war die spirituelle Begleitung ein unverzichtbares Element der Versorgung schwerkranker Menschen. Hier knüpft die Hospizbewegung mit der ganzen Bandbreite ihrer spirituellen Aspekte an.

Die dritte Wurzel liegt in den gesellschaftlichen Entwicklungen. Dem Unbehagen über die zu beobachtende Auslagerung des Sterbens in die Spezialeinrichtungen Krankenhaus und Altenheim folgt als logische Forderung die Wiedereinbindung von Tod und Trauer ins Alltagsleben. Damit einher geht der Wunsch nach einer „Entpathologisierung“ von Trauer als natürlicher Reaktion auf ein Verlusterlebnis. Hierzu gehören Formulierungen wie „Leben bis zuletzt“, „Neue Kultur des Helfens“, „Sprechbar machen von Tod und Sterben“ sowie „Hospiz als Euthanasieprophylaxe“. Neben den individuellen gesellschaftlichen Entwicklungsaspekten gehören zu diesen Wurzeln auch die staatlichen Versorgungspflichten der Sozialhilfeträger sowie der Pflegekassen und Krankenkassen. Die Notwendigkeit, das Zusammenwirken all dieser Wurzeln immer wieder einzufordern, veranschaulicht noch einmal besonders prägnant das folgende Zitat aus der Diakoniekorrespondenz 8/97 (Thema „Hospizarbeit – Grundsätze, Konkretionen, Perspektiven“, S. 38). Dort steht als explizite Aufgabe der Landesarbeitsgemeinschaften Hospiz: *„Sie wachen darüber, dass alle Initiativen in fairer Weise an der finanziellen und organisatorischen Unterstützung durch Staat, Kirche und Gesellschaft teilhaben“.*

Der oberste Grundsatz aller Hospizarbeit, den man nicht oft genug wiederholen kann, ist: *„Der Sterbende und seine Bedürfnisse stehen im Mittelpunkt“.* Nicht er hat sich nach den Strukturen der Institution zu richten, sondern die Strukturen müssen sich nach seinen Bedürfnissen orientieren. Dazu gehören im Einzelnen folgende weitere Grundprinzipien:

- Ganzheitliche Fürsorge für Sterbende und ihre Angehörigen (Schmerztherapie, psychosoziale und spirituelle Bedürfnisse),
- weder gewaltsame Lebensverlängerung noch Lebensverkürzung,
- Einbeziehung Ehrenamtlicher,
- Ausbau interdisziplinärer, kontinuierlicher Versorgungsnetze,
- Hinterbliebenenbegleitung,

- Begleitung der Begleiter,
- sprechbar machen von Tod und Sterben (Öffentlichkeitsarbeit).

Arbeitsformen

Wenn auch die Ausgestaltung des Hospizgedankens in England in Häusern begann und sich die Anfangsdiskussion in Deutschland viel mit dem Bau von Hospizhäusern beschäftigte, so ist die Umsetzung doch keinesfalls an ein Haus gebunden. Hospiz ist kein Haus, sondern eine Haltung. Diese Haltung kann in unterschiedlichen Arbeitsformen leben. Oberster Grundsatz bleibt, ein Sterben zu Hause oder wie zu Hause zu ermöglichen. Um Sterben wieder zu einem integralen Bestandteil des täglichen Lebens zu machen, braucht man in erster Linie eine bessere Ausgestaltung der ambulanten Dienste. Dies beinhaltet eine optimale Vernetzung aller Anbieter, eine Unterstützung der Angehörigen, eine bessere finanzielle Versorgung in der häuslichen Pflege, eine bessere Ausbildung von Professionellen und vor allem auch eine größere Aktivierung des sozialen Umfelds, d.h. Vorbereitung, Einsatz, Koordination und Begleitung Ehrenamtlicher in der häuslichen Sterbebegleitung. Darüber hinaus sind auch Tageshospize denkbar, die eine noch intensivere Entlastung pflegender Angehöriger in Zeiten der Überforderung darstellen können. Sollte aufgrund einer komplexen notwendigen schmerztherapeutischen Behandlung sowie eines nicht ausreichenden häuslichen Pflegeumfelds oder eines niedrigen Alters des Patienten keine Versorgung in den herkömmlichen Alten- oder Krankenpflegeeinrichtungen angezeigt sein, so bietet sich ein stationäres Hospiz als letzte Möglichkeit der Begleitung eines menschenwürdigen Sterbens an. Auch Palliativstationen in Krankenhäusern, auf denen keine operativen Eingriffe mehr vorgenommen werden, sondern auf Wunsch des Patienten nur noch schmerzlindernde Medizin (Palliativmedizin) zum Einsatz kommt, sind Orte, in denen der Hospizgedanke leben kann, wenn auch die Einbeziehung Angehöriger und Ehrenamtlicher zur Konzeption gehört.

Gleichzeitig mit dem Ausbau dieser neuen Strukturen sollten die Bedingungen zur Versorgung Sterbender in den herkömmlichen Einrichtungen wie Krankenhaus und Altenpflegeheim verbessert werden. Immer noch sind dies die Orte, in denen bis zu 90 % aller Menschen sterben, obwohl sie dort nicht sterben möchten und lieber zu Hause ihre letzten Stunden verbringen würden. Dabei reicht es zur Verbesserung der Abschiedskultur einer Einrichtung allerdings meist nicht aus, dass einzelne Mitarbeiter ihre individuellen Berührungsängste mit Tod und Sterben in externen Fortbildungen bearbeiten. Gemeinsame Aktionen im Sinn „lernender Organisationen" unter Einbeziehung des Heim-Umfelds sind gefragt, damit personelle, räumliche sowie konzeptionelle Bedingungen entstehen, in denen im Sinne der obigen Hospizgrundsätze ein hospizliches Sterben in gemeinsamer Verantwortung sowie ein pfleglicher Umgang der Angehörigen, Mitbewohner, Ehrenamtlichen und hauptamtlichen Mitarbeiter miteinander möglich wird.

Nicht immer passen die zur Versorgung Sterbender oben genannten Arbeitsformen der Hospizbewegung in die herkömmlichen „Schubladen" des bestehenden Gesundheitssystems. Für eine angemessene und zügige Umsetzung derselben ist es daher immer wieder wichtig, dass sich die Initiativen zusammenschließen und ihre vor Ort bereits etablierten und geplanten neuartigen Versorgungsstrukturen mit Kostenträgern und Verantwortlichen im Gesundheitswesen diskutieren und Finanzierungsperspektiven aushandeln. Neben der medizinisch-pflegerischen Versorgung ist vor allem auch die psychosoziale und spirituelle Begleitung schwerkranker Menschen und ihrer Angehörigen ein konzeptioneller Bestandteil der Hospizbewegung. Von daher ist die Betonung eines interdisziplinären Teams ein wichtiges Anliegen der Hospizbewegung. Hier schließt sich der Kreis zu einem ganzheitlichen Menschenbild, bei dem jeder Einzelne bis zuletzt ein Lebender mit Bedürfnissen auf allen Ebenen ist und bleibt.

Fragen des Lebensschutzes haben angesichts der neuesten Urteile zur Sterbehilfe eine neue Qualität gewonnen. Schon lange gelingt es einzelnen Ratsuchenden nicht mehr, die Argumente z.B. für oder gegen eine selbstbestimmte Verkürzungen des Lebens oder zum Thema Organspende – um nur einige Kontroversen der letzten Zeit anzusprechen – zu überblicken. Hier können nur der regelmäßige Austausch untereinander und die Einbeziehung von Fachleuten Klarheit und Entscheidungshilfen für den Einzelnen bringen. Ethische Fragen werden immer mehr Fragen der Allgemeinbildung, die nicht den Spezialisten von Medizin und Theologie oder Juristen überlassen werden können. Die Versorgung Sterbender und ihrer Angehörigen ist etwas, was uns alle angeht.

Die Entwicklung der Landesarbeitsgemeinschaft Hospiz Niedersachsen

Die Dynamik der Hospizbewegung und die Bewusstwerdung der miteinander verbundenen Aufgaben und Problembereiche brachte es mit sich, dass ein Zusammenschluss der Hospizinitiativen sowohl inhaltlich als auch organisatorisch immer drängender wurde. Im November 1991 trafen sich im Gemeindekolleg der VELKD in Celle zum ersten Mal bundesweit evangelische, katholische und ökumenische Hospizinitiativen – darunter auch viele niedersächsische Gruppen. Wir nahmen gegenseitig wahr, was gerade in Niedersachsen seinen Anfang genommen hatte:

- die 1984 von Prof. Dr. Johann-Christoph Student an der Evangelischen Fachhochschule Hannover gegründete Arbeitsgruppe „Zuhause sterben",
- die 1985 u.a. von Dr. Petra Muschaweck aus Hannoversch-Münden gegen die Bestrebungen der DGHS (Deutsche Gesellschaft für Humanes Sterben) gegründete Hospizinitiative „OMEGA – Mit dem Sterben leben",
- die seit 1989 auf Beschluss der Generalsynode der VELKD im Gemeindekolleg in Celle arbeitende Projektgruppe „Sterbende begleiten – Seelsorge der Gemeinde" unter der Leitung von Oberkirchenrat Peter Godzik,

- der seit Anfang 1991 bestehende „Hospizverein im Bistum Hildesheim“ der unter maßgeblicher Beteiligung von Ulrich Domdey, Hildesheim (Pastoralreferent im Generalvikariat Hildesheim) und Dr. Karin Wilkening (Diplompsychologin beim Caritasverband Hannover) zustande kam.

Die vielen regionalen und überregionalen Hospizinitiativen, die im November 1991 in Celle vertreten waren, kamen überein, eine gemeinsame Organisation der Hospizinteressen zu verabreden und auf den Weg zu bringen. Sie erhofften sich davon eine tatkräftige Vertretung ihrer spezifischen Interessen nach außen und die notwendige Information und Koordination nach innen. Die vom Diakonischen Werk der EKD für den Februar 1992 angekündigte Hospizkonsultation in Tübingen wurde von allen Seiten begrüßt, auch wenn bereits hier die ersten Befürchtungen laut wurden, die Kirchen und ihre Wohlfahrtsverbände könnten die junge Hospizbewegung vereinnahmen und ihrer spezifischen Kraft als einer „Bewegung von unten“ berauben.

Nach der Tübinger Konsultation, die als ein Durchbruch für den Hospizgedanken im evangelischen Bereich gelten darf, entwickelte sich eine neue Dynamik für die Hospizidee im Bereich der beiden großen Kirchen und ihrer Wohlfahrtsverbände, die hier nicht im einzelnen nachgezeichnet werden kann. Entscheidend war aber vor allem die Verabredung der Hospizinitiativen selbst, bis zu einem möglichen ökumenischen Hospizkongress (der dann tatsächlich in Kooperation von Caritas und Diakonie 1994 erstmals in Braunschweig stattfand) ein jährliches Treffen bei einer der großen Hospizinitiativen in Deutschland aus eigenen Kräften zu organisieren, immer mehr zusammenzuwachsen und dabei sowohl organisatorische als auch sozialpolitische Kompetenz zu gewinnen. Ein erstes gemeinsames Treffen fand Ende 1992 in Bremen auf Einladung der dortigen Hospizinitiative unter der Leitung von Pastor Dieter Tunkel statt. Bei diesem 1. Bremer Hospiztag verabredeten die dort vertretenen Delegierten bremischer und niedersächsischer Hospizinitiativen die Gründung einer niedersächsischen Landesarbeitsgemeinschaft Hospiz (die Bremer Gruppen verselbständigten sich 1996), die dann auf Einladung des Hospizvereins im Bistum Hildesheim im Jahr 1993 in Hannover bei einem ersten Treffen von über 13 Hospizinitiativen im Birkenhof-Wohnstift Hannover in die Tat umgesetzt wurde. Schon bald zeigten sich erste Erfolge: Der organisatorische Zusammenhalt wurde verbessert, Kriterien für eine qualifizierte Hospizarbeit wurden erarbeitet und die Entwicklung eines klaren Profils nach außen vorangebracht. Vereinzelt konnten Initiativen von intensiven Unterstützungen ihrer Arbeit durch kirchliche, staatliche und gesellschaftliche Stellen berichten.

Die Kirchen in Niedersachsen beteiligten sich intensiv an der Unterstützung der Hospizbewegung. Als Ergebnis der Aufbauarbeit im „Hospizverein im Bistum Hildesheim“ kam es bereits 1992 zu ersten ökumenischen Vorbereitungskursen von Ehrenamtlichen in der Sterbebegleitung, zur Initiierung zahlreicher neuer Regionalgruppen und schließlich zur Gründung und 1994 zur Einweihung des ersten stationären Hospizes in Hannover, dem Haus Luise in der Trägerschaft des Ordens der Vinzentinerinnen. Der Ev.-luth. Stadtkirchenverband Hannover stellte mit Frank Weiberg 1992 den ersten hauptamtlichen Hospizbeauftragten ein, und die Landeskirche Hannovers folgte 1997 mit der Beauftragung von Martin Ostertag für Hospizarbeit und Palliativmedizin im Zentrum für Gesundheitsethik (ZfG). Beide haben sich sehr für das „Celler Modell“ eingesetzt, das die inzwischen auch in Buchform vorliegenden Vorbereitungskurse für ehrenamtliche Helferinnen und Helfer in der Seelsorge an Schwerkranken und Sterbenden anbietet. Vorangegangen war die landeskirchliche Förderung der Hospizinitiativen von Burgdorf, Hannover, Celle, Göttingen, Hannoversch-Münden und Schneverdingen.

Die Liste der niedersächsischen Hospizinitiativen kann als ein *Who is Who* engagierter Christen beider Konfessionen gelesen werden, die – zum Teil in kritischer Distanz zur verfassten Kirche – über dieses wichtige Projekt christlicher Nächstenliebe immer wieder auf den diakonischen Geist urchristlicher Gemeinden und Gemeinschaften hinwiesen. Freilich soll nicht verschwiegen werden, dass die Hospizbewegung nicht einfach den Christen gehört, die hier ein Stück ihrer ureigensten Aufgabe wiederentdecken, sondern dass auch andere Motivationen religiöser und/oder humanistischer Art eine Rolle spielen. Gerade in der Hospizbewegung haben wir entdeckt, wie wichtig die Überwindung der Konfessionsgrenzen und eine Ökumene der Religionen im Dienst der Menschheit sein können. Auch ist wichtig zu erkennen und zu achten, dass inzwischen so gut wie alle traditionellen Einrichtungen der Krankensorge und Altenpflege im Raum der Kirchen sowie auch nicht-kirchlicher Wohlfahrtsverbände den Hospizgedanken aufgenommen haben und sich nach Kräften bemühen, zu einer aufmerksamen, liebevollen und fachlich qualifizierten Begleitung Schwerkranker und Sterbender beizutragen. Vorbehalte und Ängste gegenüber den „Neuerern“, die ihre Ideen so begeistert, kritisch, fordernd und alle bisherigen Rahmenvereinbarungen sprengend vorbringen, bauen sich allmählich ab und es entwickeln sich gemeinsame Gespräche, Mittun und Mittragen. Es gilt nun, im Miteinander Umsetzungsmöglichkeiten zu entwickeln. Uns allen ist bewusst, dass wir nach der begeisterten Anfangszeit nun in eine Konsolidierungsphase gehen, die noch erweisen muss, dass langer Atem vorhanden ist und die Bereitschaft, die Verantwortung für ein menschenwürdiges Sterben jenseits einer nächsten Generation von Helferinnen und Helfern zu vermitteln und vorzuleben.

Die anfängliche Organisationsform des losen, überregionalen Zusammenschlusses von Initiativen mit drei bis vier jährlichen Treffen zu einer Landesarbeitsgemeinschaft Hospiz Niedersachsen – vertreten durch einen vierköpfigen Sprecherrat – ist am 15. Februar 2000 auf Beschluss der damaligen Mitgliederversammlung in der Henriettenstiftung Hannover in die Struktur eines eingetragenen Vereins mit Namen „Hospiz Landesarbeitsgemeinschaft Niedersachsen e.V.“ überführt worden – ein Weg den bereits andere Hospiz-Landesarbeitsgemeinschaften bundesweit zur Verbesserung ihrer organisatorischen und finanziellen Strukturen gegangen sind. Heute hat der Verein 80 eingetragene Mitglieder, weitere 27 Initiativen stehen mit ihm in Kontakt oder sind im Aufbau befindlich. Auch am Ausbau des inzwischen basisorientiert organisierten Dachverbands der Bundesarbeitsgemeinschaft Hospiz sind derzeit Vertreter des niedersächsischen Landesvereins im Vorstand beteiligt und bundesweit aktiv.

Hospizarbeit hat stets spirituelle und gemeinwohlorientierte Wurzeln, sie ist aber nicht identisch mit den Inhalten und vor allem auch den bestehenden Angebotsformen kirchlicher sowie staatlicher Einrichtungen. Der ökumenische Ansatz ist für viele Hospizinitiativen ein Anliegen und auch die Begleitung nicht christlich eingebundener Menschen daher eine Selbstverständlichkeit. Viele Hospizmitglieder betonen zwar ihren christlichen Hintergrund, für einige ist es aber ebenso ein humanitäres und gesellschaftliches Anliegen, Menschen in Not nicht alleine zu lassen. So begrüßenswert es ist, wenn kirchliche oder staatliche Institutionen Hospizarbeit fördern, so ist es doch problematisch, wenn sie dies nur unter bestimmten „Bedingungen" tun. Eine Verknüpfung von Hospizangeboten mit klaren kirchlichen oder politischen Bekenntnissen ist eine Beschränkung der Toleranz Sterbenden gegenüber. So vielfältig wie die Sterbenden sollten auch die Begleiter sein. Diese Bandbreite der weltanschaulichen und religiösen Hintergründe zu ermöglichen gehört – bei einer gleichzeitigen Suche nach gemeinsamen Qualitätsstandards und einer Solidarität in Form der Vermittlung finanzieller Unterstützungen für Initiativen in der Anfangsphase – zum Selbstverständnis der Landesarbeitsgemeinschaft.

Inhaltliche Perspektiven der Hospizarbeit

Aus den eingangs genannten Wurzeln und Grundprinzipien der Arbeit ergeben sich die zukünftigen Perspektiven der Hospizbewegung, die in der vorliegenden Broschüre noch ausführlicher in den Beiträgen der einzelnen Initiativen dargestellt werden. Wir möchten uns daher auf eine stichwortartige Aufzählung einiger wichtiger Tätigkeitsfelder und Arbeitsschwerpunkte beschränken:

Schaffung arbeitsfähiger Strukturen (räumlich/ personell/ finanziell)

- Ambulante Hospizinitiativen
- Stationäre Hospize (mit Hauptamtlichen)
- Festlegung auf konkrete Zielgruppen und Tätigkeitsbereiche

Integration des Hospizgedankens in bestehende Einrichtungen

- Krankenhäuser
- Altenpflegeheime
- Ambulante Pflegedienste
- zur Förderung interdisziplinärer Kommunikation

Einheitliche Interessenvertretung und Finanzierungskonzepte

- Fachtagungen zum Erfahrungsaustausch
- eigene Info-Materialien/ Publikationen/ Hospizzeitschrift
- Vorreiterrolle im „Social Sponsoring“
- neues Ehrenamt
- gemeinsame Gespräche mit Kostenträgern

Erhalt der Bandbreite von Hospizarbeit

- Basisorientierung (z.B. bei Vorbereitungskursen)
- eigene „Qualitätsstandards“ (Selbstverpflichtung) in LAG/BAG
- keine unangemessene „Professionalisierung“ Ehrenamtlicher

Öffentlichkeits- und Bildungsarbeit

- Weiterführung der Basisinformationen zur Hospizarbeit
- Verdeutlichung der Hospiz-Arbeitsweisen
- „Sterbeaufklärung“ bei besonderen Zielgruppen (z.B. Kindern)
- Ausbau berufsspezifischer Kommunikation mit Polizei, Feuerwehr, etc.
- Sprechbar machen von Tod und Trauer in den Medien

Beobachtung der Beerdigungs- und Trauerkultur

- Förderung von Vorsorge- und Bestattungskultur
- Wiederentdeckung und Entwicklung von Abschiedsritualen
- Erarbeitung von Trauerbegleitungskonzepten
- Warnung vor Pathologisierung/ Kommerzialisierung von Trauer.

Wie soll die Umsetzung dieser oben genannten Aufgaben geschehen? Wer soll sie finanzieren? Hospiz ist kein Dienstleistungsunternehmen, sondern Hospiz ist eine Haltung. Eine Haltung, die sowohl von Ehrenamtlichen als auch von Hauptamtlichen in diesen genannten Aufgabenbereichen eingenommen werden kann. „Hospizmenschen“ sind Menschen, die Leiderfahrungen erlebt und gemeinsam aufgearbeitet haben und die aufgrund dieser gemeinsamen Lebens- und Glaubenserfahrungen sensibilisiert dafür sind, bei vielen dieser Fragen konstruktiv mitzudenken. Nicht jedes Mitdenken und die Konsequenz des Mitdenkens kosten Geld. Manchmal sind es eher kleine Veränderungen, die in einer Institution oder in einem Gesetzestext genügen, damit die Würde des Menschen noch besser gewahrt wird. Geld ist zwar ein untergeordnetes Problem der Hospizarbeit, doch es gibt einige Dinge, für die man es braucht: Die Vorbereitungskurse für die Ehrenamtlichen kosten Geld; Räumlichkeiten, Telefon, Portokosten, Fahrtkostenerstattung, dies sind ebenfalls Nebenkosten, die beim Einsatz Ehrenamtlicher anfallen. Die finanzielle Entlohnung von Ehrenamtlichen ist hierbei kein Thema. Es geht darum, die Bedingungen für die Arbeit Ehrenamtlicher so zu gestalten, dass diese nicht auch noch finanziell draufzahlen, wenn sie schon ihre Zeit für andere Menschen einsetzen. Hier ist im Sinne einer „neuen Ehrenamtlichkeit" eine Kultur des Helfens entstanden, in der die Hospizarbeit eine wegweisende Rolle spielt. Ehrenamtliche in der Hospizarbeit sind keine Lückenbüßer zur Vertuschung des Pflegenotstands, sondern ein konzeptioneller Bestandteil der Arbeit. Sie haben zum einen die Aufgabe, die Normalität des Lebens ans Bett des Sterbenden zu bringen, und zum anderen, Tod und Sterben bei der Rückkehr zu ihren Familien und an den Arbeitsplatz wieder sprechbar zu machen. Sie sind auf diese Weise die besten Garanten für eine Enttabuisierung von Tod und Sterben und verhindern gleichzeitig auch eine „Überprofessionalisierung" der Betreuung Sterbender.

Die Hospizarbeit ist zu einer Bürgerbewegung geworden, die nicht allein durch die finanzielle Unterstützung kirchlicher Institutionen getragen werden kann. Staatliche Stellen müssen sowohl im Bereich der Selbsthilfebewegung als auch im Bereich der Erwachsenenbildung sowie in vorbereitenden Gremien zu Gesetzgebungen weiterhin die bestehenden Möglichkeiten ausschöpfen und gezielte Bildungsangebote sowie die Öffentlichkeitsarbeit der Initiativen unterstützen, damit auf breiter Ebene ein Bewusstsein für notwendige Unterstützung der Schwachen in unserer Gesellschaft – eine notwendige Solidarisierung – unterstrichen wird. Vor allem auch die Verbände der freien Wohlfahrtspflege sind hier angesprochen, sich eindeutig zur Hospizarbeit zu bekennen und sie nicht als Konkurrenz, sondern als innovatives Potential für die Ausgestaltung ihrer Angebote zu verstehen. Auch in Gesprächen mit Kostenträgern des Gesundheitswesens und Bestattern hat bereits ein „hospizlicher Gedankenaustausch" stattgefunden. Letztlich geht es dabei nicht um Konkurrenz, sondern um eine Auseinandersetzung mit gemeinsamen Anliegen, zu denen die Hospizbewegung Einiges zu sagen hat. Die vom Landesverband organisierte erste gemeinsame Fachtagung der BAG Hospiz und der Deutschen Alzheimer Gesellschaft zu Fragen künftiger organisatorischer und inhaltlicher Begegnungsebenen zu den Themen „Hospiz" und „Demenz" im März 2001 in der Ev. Akademie Loccum ist ein lebendiges Zeichen für solche neuen Wege – Wege, die der Landesverband allerdings nur weiter gehen kann, wenn er eine breite Unterstützung nicht nur der gesellschaftlichen und kirchlichen, sondern auch gesundheitspolitischen Strukturen vor Ort findet.

Wir freuen uns, dass in allen nachfolgenden Einzelbeiträgen und Grußworten dieses breite Bekenntnis zur Hospizbewegung anerkannt und eingefordert wird. Die erste ökumenische Bundestagung Hospiz 1994 in Braunschweig, an deren Vorbereitung Mitglieder der Landesarbeitsgemeinschaft Niedersachsen intensiv mitgearbeitet hatten, stand unter dem Motto: „Alles beginnt mit der Sehnsucht". Ausdruck einer Sehnsucht – dies ist vielleicht eine der besten Beschreibungen der Hospizbewegung und nur, wenn wir in anderen diese Sehnsucht, diese Rückbesinnung auf die eigentlichen Werte ihrer Profession oder auch „Professionalität" wieder erwecken können, dann kann Hospizarbeit gelingen. Damit erübrigen sich dann vielleicht auch Fragen einer externen Qualitätskontrolle und eines Gegenüberstellens von Professionellen und Ehrenamtlichen. In der Hospizbewegung wird gern von „professionellen Ehrenamtlichen" und „ehrenamtlichen Professionellen" gesprochen. Die Balance zwischen Behutsamkeit und Wahrhaftigkeit, zwischen Aufbruchstimmung und Rückblick ist nicht nur in der Begleitung Sterbender eine Kunst. Auch im Miteinander der von der Hospizidee Bewegten sind Mut, Beharrlichkeit und Anpassungsvermögen gleichermaßen immer wieder gefragt. Das Zitat von Daniela Tausch aus dem Buch „Spiritualität in der Sterbebegleitung" kann als eine Art gemeinsames Leitmotiv über den nachfolgenden Beiträgen stehen: *„Daher wünschen wir der Hospizbewegung, dass sie ihrem eigenen Ringen treu bleibt, die unbequemen Wege nicht scheut und sich immer wieder neuen Einsichten und Herausforderungen stellt."*

Wichtige Daten zur Geschichte der Hospizarbeit in Schleswig-Holstein

1988 *Vortrag* zum Thema „Hospizarbeit" in Flensburg von Prof. Dr. Eberhard Klaschik (Bonn).

1989 *Kuratoriumsmitglieder* des St. Franziskus-Hospitals und weitere Mitglieder des Malteserordens reisen nach London zu Cicely Saunders. Elisabeth von Spieß reist im Auftrag der Malteser auf den Spuren der Hospizbewegung in Deutschland.

Eine Arbeitsgruppe (u.a. mit Wiebke Thomsen) aus dem Diakonissenkrankenhaus Flensburg macht unter Leitung von Oberarzt Dr. Peter Lorenzen drei Studienreisen, um in Deutschland vorhandene und entstehende Hospizarbeit kennenzulernen; Stationen: München, Stuttgart, Köln, Recklinghausen, Aachen, Bethel, Hannoversch Münden, Hannover.

Das Diakonische Werk Schleswig-Holstein (Wolf-Dietmar Szepan) lädt zu einer Hospiz-Studienreise nach Skandinavien ein; Stationen: Kopenhagen, Vejle, Lund (Ingemar Nordlund).

1990 *Vortrag* von Prof. Dr. Johann-Christoph Student (Hannover) in Flensburg „Arbeitsgruppe Hospiz Flensburg" (Elisabeth und Wilderich von Spieß, Wiebke Thomsen, Karin Witte) in Verbindung mit den Verantwortlichen der beiden beteiligten Krankenhäuser: Dr. Claus-Hinrich Feilcke und Karl Ferdinand von Thurn und Taxis.

Erster Einführungskurs nach dem Celler Modell (Leitungsteam: Andreas Ebert, Peter Godzik, Burkhard Straeck, Doris Hetzler; Teilnehmerinnen u.a.: *Willy Boysen, Sibilla Schäfer, Elisabeth von Spieß, Wiebke Thomsen, Karin Witte).*

Schmerzstation der Klinik für Anästhesiologie und Operative Intensivmedizin des UKSH, Campus Kiel (Direktorat: Prof. Dr. Jürgen Wawersik[16]).

Hospiz-Initiative Rendsburg (Norbert Schmelter).

---

[16] Die Entwicklung der Schmerztherapie in Kiel ist in besonderer Weise mit dem Namen von Christoph Maier verbunden. Er leistete zusammen mit wenigen engagierten Mitarbeitern der Klinik die Vorarbeit, die 1985 zur Institutionalisierung einer anästhesiologischen Schmerzambulanz führte. Dem folgte am 31. Januar 1990 die Einrichtung einer anästhesiologischen Schmerzstation, die, soweit ersichtlich, die erste an einer deutschen Universität war, wenn man von dem bereits seit langem bestehenden Schmerzzentrum in Mainz absieht. (Quelle: http://www.uni-kiel.de/anaesthesie/, Klinikgeschichte)

1992 *Wiebke Thomsen*[17] *und Norbert Schmelter*[18] berichten über ihre jeweiligen Initiativen bei der Klausurtagung „Hospiz" des DW-EKD in Tübingen.

Eröffnung Katharinen Hospiz am Park[19] in Flensburg einschl. Förderverein (ärztl. Leiter: Dr. Michael Cremer; später: Ingemar Nordlund, Dr. Hermann Ewald).

Lübecker Hospizbewegung (Ursula Wülfing-Koch, Mechthild Hoppe).

Freundeskreis Hospiz in Meldorf *(Kurt und Gisela Knorr, Ursula Nancekievill).*

Gespräche zur Vorbereitung der Nordischen Hospiztage.

1993 *Erste Nordische Hospiztage* in der Akademie Sankelmark in Kooperation mit dem Katharinen Hospiz Flensburg und dem Diakonischen Werk Schleswig-Holstein (Wolf-Dietmar Szepan); weitere Hospiztage: 1994, 1996, 1998, 2000, 2002, 2004, 2006, 2008, 2010.[20]

Gespräche zur Gründung einer Interessenvertretung der Hospizgruppen im Land Schleswig-Holstein; ein Landesverband (wie in Bayern) wird einer Landesarbeitsgemeinschaft (wie in Niedersachsen und Nordrhein-Westfalen) vorgezogen.

Ambulanter Hospizdienst Rendsburg (*Maja Lunau;* Michael Busch).

Hospizverein Bad Segeberg (*Henning Steinberg;* Elke Hoffmann).

---

[17] www.pkgodzik.de/fileadmin/user_upload/Hospizarbeit/Klausurtagung_1992.pdf, S. 51 ff.

[18] www.pkgodzik.de/fileadmin/user_upload/Hospizarbeit/Klausurtagung_1992.pdf, S. 61 ff.

[19] In der Präambel des Gesellschaftsvertrags der GmbH „Katharinen Hospiz am Park" in Flensburg heißt es: „Ausgehend von dem Leitgedanken,

- dass alle Menschen ein Abbild Gottes sind (unabhängig von ihrem körperlichen, seelischen, geistigen Zustand) und vom Moment ihrer Entstehung an Rechte erhalten haben, welche Gültigkeit bis zur Stunde des Todes haben, wie das Recht auf Menschenwürde, auf Individualität, auf Beziehungen;
- dass Kranksein, Abschiednehmen und Tod elementare Erfahrungen jedes Menschen sind; Geburt und Sterben Tore des Lebens sind;
- dass alle Mitarbeiter die Patienten und deren Angehörige einen christlichen Geist spüren lassen sollen nach der Art, wie er von Jesus Christus und seinem Umgang mit Menschen bekannt ist: wahrhaftig, annehmend, versöhnlich, ermutigend, aufrichtend, glaubend, froh,

schließen die Parteien diesen Gesellschaftsvertrag."

[20] Die bisherigen Programme finden sich im Internet unter: http://www.pkgodzik.de/fileadmin/user_upload/Tagungen/NHT_Programme.pdf

1994 *Einführungskurse* für Multiplikatoren in der Hospizhelfer-Ausbildung nach dem Celler Modell in Rendsburg und Osterbunsbüll durch das Team Peter Godzik und Wiebke Thomsen (bis 2001).

Wochenendseminar für Hospizmitarbeitende in Lügumkloster durch das Team Peter Godzik und Marion Loh (bis 2005).

Hospiz-Gruppe Elmshorn *(Barbara Ritschel;* Hinrich Köhncke).

Hospizgruppe Pinneberg-Uetersen *(Ute Dieterich).*

Hospiz-Initiative Neumünster (Irmgard Gillert).

OMEGA-Regionalgruppe in Norderstedt (im DRK-Haus) (Dr. Helga Berg).

1995 *Schleswig-Holsteinischer* Hospizverband (jetzt: HPV-SH). (erste Vorsitzende und jetzige Ehrenvorsitzende: Wiebke Thomsen).

Ambulanter Hospizdienst Schleswig. (Peter Godzik, Margret Krueger, Martina Baumann-Dahm).

Hospiz-Initiative Kiel (Dorothea Paulsen).

Hospizgruppe Ratzeburg (Christa Steinkamp; Brigitte Clauhsen).

Peter Godzik und Wiebke Thomsen zeitweilig Mitglieder im Fachbeirat Hospiz des DW-EKD (PG: 10/95-10/98).

1996 *Freundeskreis* Hospizdienst Schleswig.

Hospizverein Preetz (Erna-Dorothea Lohmann, Harm Fölster).

Sylter Hospizverein (Gisela Scholz, Ingeborg Müller, Gisela Dahl).

Hospiz-Gruppe Bad Bramstedt (Anja Balzereit).

Freundeskreis Hospiz Geesthacht (Meena Willfang, Helga Spanier).

Stationäres Hospiz Haus Porsefeld in Rendsburg (Angelika Thaysen).

1997 *Hospizverein* Südtondern (Christel Tychsen).

Hospizgruppe Itzehoe/Glückstadt (Helga Rademaker-Kofen, Theodor Rademaker; Maren Lang).

1997 *Hospizinitiative* Eutin (Martina Wendler, Hannelore Radloff).

Palliativstation am Friedrich-Ebert-Krankenhaus in Neumünster (Dr. Hajo Wetzel †; Dr. Klaus Wittmaack).

Hospizbeauftragte im Kirchenkreis Schleswig: Iris Schreiber.

Zeitweilige Mitglieder im Vorstand der BAG Hospiz: Dr. Helga Berg (03/97-10/02) und Peter Godzik (12/97-10/00).

§ 39 a SGB V: Stationäre Hospizversorgung.

1998 *Hospizgruppe* Kappeln und Umgebung unter dem Dach von FRANKA *(Helga Brusgatis,* seit 2004 selbständig).

Hospiz Ahrensburg (Dr. Peter Knorn).

Hospizbewegung Oldesloe und Umgebung (Angelika Reichel).

Hospiz-Initiative Eckernförde (Ulla Bruhn-Rath).

Palliativstation in der Klinik für Strahlentherapie des UKSH, Campus Kiel (Dr. Hermann Ewald).

1999 *Hospizbewegung* Heikendorf (Ellen Faber).

Hospizdienst Eiderstedt (Andrea Schacht).

JUH Ambulanter Hospizdienst Quickborn (Heike Ruch).

Hospiz Rickers-Kock-Haus Lübeck (Ursula Vieth).

2000 *Plöner* Hospizinitiative (Prof. Dr. Friedhard Zastrow).

Ambulanter Hospiz-Dienst Husum und Umgebung (Isolde Brendler).

Trauerkurse nach dem Celler Modell in Neukirchen (Hannelore Ingwersen, Alice Martins).

2001 *Ökumenischer* Hospizdienst Fehmarn (Lutz Buchheister, Christiane Klinge)

Ambulanter Hospizdienst Reinbek (Tina Maria Hoffmann).

DRK Hospizgruppe Henstedt-Ulzburg und Umgebung (Anngret Redeke)

§ 39 a, Abs. 2 SGB V: Ambulante Hospizversorgung.

2002 *Hospizgruppe* Wedel (Kirsten Wilke).

2003 *Umbenennung* des HV-SH in Hospiz- und Palliativverband SH.

Ambulanter Hospizdienst Wedel (Susanne Huchzermeier-Bock).

Hospizgemeinschaft Wagrien (Gisa Zeiss).

2004 *Hospizdienst* Nieharde & Gelting (Frauke Kuhl).

2005 *Interdisziplinäre* Schmerz- u. Palliativstation des UKSH, Campus Kiel.

Hospiz Stiftung Kiel und Hospiz Kieler Förde.

Hospizverein Lütjenburg (Helga Sielmann).

Ambulanter Hospizdienst Neustadt (Ute-Maria Bleicker).

Ehrenpreis des DHPV für Wiebke Thomsen, Flensburg.

Erstes Ostsee-Anrainerstaaten Symposium Palliativmedizin in Lübeck. in Verbindung mit der Stiftung „In Würde alt werden“ (Prof. Dr. Eberhard Klaschik, Dr. Katri Elina Clemens, Propst em. Manfred Kamper).

Antrag im Schleswig-Holsteinischen Landtag zu Palliativmedizin und Hospizarbeit vom 9.11.2005 (DS 16/357).

Landtagsdebatte in Schleswig-Holstein über die palliativmedizinische Versorgung am 10.11.2005 (PP 16/14, S. 928-934).

2006 *Bericht* der Landesregierung: Schleswig-Holstein soll Vorreiter in der Palliativmedizin und Hospizversorgung werden. Antrag der Fraktionen der FDP, CDU, SPD, BÜNDNIS 90/DIE GRÜNEN und der Abgeordneten des SSW, Drucksache 16/357.

Landtagsdebatte in Schleswig-Holstein über den Ausbau von Palliativmedizin und Hospizversorgung am 23.2.2006 (PP 16/23, S. 1552-1564).

Ministerium für Soziales, Gesundheit, Familie, Jugend und Senioren, Eckpunkte für ein Rahmenkonzept „Palliativmedizin und Hospizversorgung in Schleswig-Holstein", Umdruck 16/649 vom 02.03.2006.

Förderverein Häusliche Hospiz Büdelsdorf (Helmut Bauer).

Kinder auf Schmetterlingsflügeln (Karlheinz und Petra Adler).

Palliativzentrum am St. Elisabeth-Krankenhaus in Eutin (Dr. Susanne Naß).

1. Schleswig-Holsteinischer Hospiz- & Palliativtag in Eutin; weitere Hospiztage: 2007 Heide, 2008 Rendsburg, 2009 Kiel, 2010 Geesthacht, 2011 Niebüll.

2007 *Hospiz-Initiative* Föhr-Amrum (Hella von Fehrn).

Hospizbeauftragte im Kirchenkreis Stormarn: Frauke Niejahr.

§ 37 b SGB V: Spezialisierte ambulante Palliativersorgung (SAPV).

2008 *Nordelbischer* Beauftragter für die Begleitung Sterbender (Hospizarbeit und Palliativmedizin): Peter Godzik (bis 06/2011).

9. Nordische Hospiz- und Palliativtage in Sankelmark: Ambulante Palliativversorgung in Schleswig-Holstein – Herausforderung zu gemeinsamem Handeln.

Netzwerk Palliative Care im Kreis Herzogtum Lauenburg.

Palliativnetz Kiel.

Palliative-Care-Team-Lübeck (jetzt: Palliativnetz Travebogen).

Hospiz- und Palliativnetz Neumünster.

Palliativnetz östliches Holstein.

Palliative Care Team Steinburg-Pinneberg-Dithmarschen.

Palliative Netz Nord Schleswig Flensburg und Nordfriesland.

Palliativnetz Rendsburg.

Ehrenpreis des DHPV für Dr. Helga Berg, Norderstedt.

2009 *Johannis* Hospiz Elmshorn (Neubau).

Auxilium Hospiz Geesthacht (Dr. Hans-Bernd Sittig).

Peter Godzik/Carsten Berg: Hospizarbeit und Palliativversorgung in Schleswig-Holstein. Position des Diakonischen Werkes Schleswig-Holstein, Rendsburg: Februar 2009.

Verdienstkreuz am Bande des Verdienstordens der Bundesrepublik Deutschland für Helga Rademaker-Kofen und Theodor Rademaker[21] aus Itzehoe.

2010 *Dörte Christens-Kostka*, Hospiz- und Palliativversorgung in Schleswig-Holstein. Vortrag im Rahmen der 10. Nordischen Hospiz- und Palliativtage in der Akademie Sankelmark).

Einführungskurs „Sei nahe in schweren Zeiten" (Trauerbegleitung) für Leitungsteams (DW-SH: Peter Godzik, Barbara Wagner).

Wilhelminen-Hospiz Niebüll (Christel Tychsen).

---

[21] Verleihung am 13. März 2009. Helga Rademaker-Kofen und Theodor Rademaker aus Itzehoe gehören zu den Pionieren der Hospizarbeit in Deutschland. Gemeinsam gründeten sie 1986 die erste evangelische Hospizstation in der Trägerschaft des Diakoniezentrums Herborn in Hessen. Seit ihrem Eintritt in den Ruhestand bringen sie ihre Erfahrungen in die ehrenamtliche Hospizarbeit ein.
Vgl. dazu: www.pkgodzik.de/fileadmin/user_upload/ Hospizarbeit/Klausurtagung_1992. pdf, S. 58 ff.

Sterbende begleiten – von den Anfängen der Hospizarbeit in Schleswig

Vortrag zum Hospizjubiläum Schleswig am 5. Mai 2006 (gekürzt)

„Und jedem Anfang wohnt ein Zauber inne, der uns beschützt und der uns hilft zu leben ...", so lesen wir im Gedicht „Stufen" von *Hermann Hesse*. Und *Paul Sporken* schreibt zum Thema „Begleiten": „Begleiten heißt den anderen ein Stück weit auf seinem Lebensweg begleiten, so dass er imstande ist, seinen eigenen Weg nach dem von ihm bestimmten Ziel selbst zu gehen." Das Geheimnis des Sterbens ist ja das Leben.

Ich freue mich, wieder im Hohen Chor des Schleswiger Domes zu sein – in Gegenwart so vieler vertrauter und liebgewordener Gesichter. Ich darf mich heute zusammen mit Ihnen an den Zauber eines Anfangs erinnern und 10jährigen Geburtstag mit Ihnen feiern: des *Freundeskreises Hospizdienst Schleswig e.V.* Ich habe Sie ein Stück weit begleitet, bis Sie selbst den Weg gehen konnten in eine noch immer kraftvolle und segensreiche Tätigkeit des Ambulanten Hospizdienstes und seines Freundeskreises.

Als ich im Juli 1993 aus Hannover, wo ich als Seelsorgereferent im Lutherischen Kirchenamt gearbeitet hatte, als Pastor in die Domgemeinde nach Schleswig kam, brachte ich mein gerade erschienenes Buch mit: Verlass mich nicht, wenn ich schwach werde. Vorbereitungskurs für ehrenamtliche Helferinnen und Helfer in der Seelsorge an Schwerkranken und Sterbenden, erschienen im EB-Verlag Hamburg.

Ich fand damals einen sehr interessierten Gesprächskreis im Gemeindehaus auf dem Michaelisberg vor: „Mit dem Sterben leben". Diesem Gesprächskreis gehörte u.a. auch *Margret Krueger* an, mit der nun eine spannende Zeit der Zusammenarbeit begann. Wir beide konnten den Gesprächskreis nicht davon überzeugen, eine Dienstgruppe zu werden. Wir mussten neue und andere Menschen finden, um das Projekt „Sterbende begleiten – Seelsorge der Gemeinde" auch in Schleswig durchführen zu können.

Wir durchforsteten unsere Kalender, schmiedeten Pläne und luden mit folgender Grundüberlegung die ersten Kursteilnehmerinnen und Kursteilnehmer zu diesem aufwendigen Vorhaben ein:

„Es ist kein Werk der Barmherzigkeit größer, als dass dem kranken Menschen in seinen letzten Nöten geistlich und sein Heil betreffend geholfen wird", heißt es in einem spätmittelalterlichen Buch über heilsames Sterben.

Über viele Jahrhunderte hat es zu den selbstverständlichen Pflichten der christlichen Gemeinde gehört, ihre Schwerkranken und Sterbenden auf dem letzten Weg zu begleiten. Ein reiches Brauchtum gab den Angehörigen und Freunden, den Nachbarn und Pfarrern, ja der ganzen Gemeinde Verhaltenssicherheit und geistliche Orientierung. Im Zuge der Säkularisierung und der Verdrängung des Todes aus dem Erleben des modernen Menschen ist viel von dieser Verhaltenssicherheit verloren gegangen.

Mühsam versuchen wir heute, alte Fähigkeiten in der Begleitung von Schwerkranken und Sterbenden wiederzuentdecken. Besuchsdienste in Kirchengemeinden und ambulante Hausbetreuungsdienste von Hospizinitiativen haben es sich zur Aufgabe gemacht, den Schwerkranken und Sterbenden sowie ihren Angehörigen und Freunden beizustehen, wenn es gilt, die letzte Wegstrecke des Lebens liebevoll und menschlich zu gestalten.

Sie arbeiten dabei vertrauensvoll mit den Ärzten, Schwestern und Pflegern zusammen, die ihre berufliche und menschliche Qualifikation einbringen, um die Schwerkranken und Sterbenden auf ihrem Weg nicht allein zu lassen und ihnen die Schmerzen zu nehmen. Ehrenamtliche Helferinnen und Helfer sind besonders in ihren mitmenschlichen, kommunikativen und geistlichen Fähigkeiten gefordert, wenn sie ihren ergänzenden Dienst anbieten wollen.

Die Domgemeinde Schleswig bietet dazu einen (ersten) Vorbereitungskurs an, der einen Grundkurs, ein Praktikum und einen Vertiefungskurs umfasst. Er ist als Handbuch unter dem Titel „Verlass mich nicht, wenn ich schwach werde" im E.B.-Verlag Rissen erschienen und hat sich bereits in der Praxis vielerorts bewährt.

Im Grundkurs, der sich in seiner Struktur an das Modell biblischer Seelsorge anlehnt, wie es uns in der Emmaus-Geschichte (Lukas 24,13-35) überliefert ist, werden Grundhaltungen seelsorgerlichen Verhaltens eingeübt: wahrnehmen, mitgehen, zuhören, verstehen, weitergehen, bleiben, loslassen, aufstehen.

Im Praktikum werden die so erworbenen Fähigkeiten einer ersten Praxisbewährung unterzogen, schrittweise weiter eingeübt und im gemeinsamen Gespräch überprüft und befestigt.

Im Vertiefungskurs, der sich in seiner Grundstruktur an der inneren Dynamik der Beichte orientiert, geht es um Tiefendimensionen des eigenen seelsorgerlichen Engagements: gerufen, gefragt, bedacht, bekannt, gelöst, erfüllt, gesegnet, begabt.

So vorbereitet und zugerüstet gehen die Teilnehmerinnen und Teilnehmer des Vorbereitungskurses daran, ihre Dienste im Rahmen eines ambulanten Hospiz-Hausbetreuungsdienstes im Bereich der Stadt Schleswig für zunächst ein Jahr anzubieten. Sie werden in dieser Zeit von den Leitern des Hausbetreuungsdienstes regelmäßig unterstützt und begleitet.

Der erste Vorbereitungskurs fand statt von April 1994 bis Februar 1995. Die Leitung hatten: *Margret Krueger* und *Peter Godzik*. Es nahmen zwölf Personen teil. …

Im Februar 1995, nach Abschluss unserer Ausbildung, gründeten wir den *Ambulanten Hospizdienst Schleswig*. *Margret Krueger* entwarf dafür einen Prospekt: „Nicht alleingelassen – Ambulanter Hospizdienst Schleswig" mit einem Bild, nämlich dem Relief „Heimsuchung" (Begegnung zwischen Maria und Elisabeth) von *Egino Weinert* (Ronde aus einem Zyklus der Rosenkranzgeheimnisse). In dem Prospekt heißt es:
Was ist ein „Hospiz"?

Das Wort „Hospiz“ kommt aus dem Lateinischen und bedeutet Herberge. Im Mittelalter errichteten Nonnen und Mönche an den großen Pilgerstraßen Europas Hospize, in denen Wanderer Zuflucht fanden und Hilfe erfuhren, wenn sie krank wurden oder in Not gerieten.

Die Hospizbewegung unserer Tage greift die Idee der mittelalterlichen Hospize wieder auf. Sie sieht den Lebensweg des Menschen als eine Wanderschaft an, bei der besonders der kranke und sterbende Mensch auf der letzten Wegstrecke seines Lebens Geborgenheit und Zuwendung braucht.

Nicht allein gelassen.

Angesichts des nahenden Todes ist die begleitende Nähe eines Mitmenschen ein Zeichen, dass Gottes Liebe uns auch im Sterben trägt.

„Hospiz ist weniger ein Ort oder ein Platz, sondern eine bestimmte Art, seine letzte Lebenszeit zu erleben, also eine Art Lebenseinstellung“, sagte Cicely Saunders, Gründerin des ersten modernen Hospizes in London.

Die Grundgedanken der Hospizarbeit:

- *Im Vordergrund steht der Wunsch des Menschen, zu Hause zu sterben und nicht allein gelassen zu werden.*
- *Die Würde und Mündigkeit des kranken Menschen soll bis zuletzt gewahrt werden.*
- *Der Kranke soll möglichst schmerzfrei die letzte Lebensphase verbringen können,*
- *damit die Zeit des Abschiednehmens zu einer intensiv gelebten Zeit werden kann, auch im Zusammenleben mit Angehörigen und Freunden.*

Wer wir sind:

Der Ambulante Hospizdienst Schleswig ist eine Gruppe christlich orientierter Menschen aus unterschiedlichen Alters- und Berufsgruppen. Er wird getragen und finanziell unterstützt von der Ev.-Luth. Domgemeinde Schleswig und arbeitet zusammen mit der Gemeindeschwesternstation im Christophorushaus.

Wir sind Frauen und Männer,

- *die durch Erfahrung an sich selbst und in ihren Familien auf Themen wie „Leiden, Sterben und Tod“ in besonderer Weise aufmerksam wurden;*
- *die durch einen einjährigen Kursus zur Begleitung Schwerkranker und Sterbender und ihrer Angehörigen vorbereitet worden sind;*
- *die fortlaufend selbst in einer Gruppe begleitet werden;*
- *die in ihrem ehrenamtlichen Einsatz der Schweigepflicht unterliegen.*

Wie können wir helfen?

Wir sehen unsere Aufgabe an als Ergänzung und Unterstützung der hauptamtlich tätigen Mitarbeiterinnen und Mitarbeiter und der Angehörigen in der Begleitung sterbender Menschen.

Wir kommen, wenn wir gerufen werden. Dabei lassen wir uns leiten vom Einfühlungsvermögen in die Person des Sterbenden und ihre Situation.

Wir versuchen herauszufinden, was sie in diesem Augenblick braucht und was der Würde des Menschen entspricht:

- *Ob wir still an ihrem Bett sitzen – sei es in der eigenen Wohnung oder im Heim,*
- *ob wir kleine Handreichungen tun,*
- *ob wir ihre Hand halten,*
- *ob wir miteinander sprechen, singen oder beten –*

für all das gibt es keine festen Regeln, nach denen zu handeln wäre.
Wir richten uns nach den Bedürfnissen und Wünschen der sterbenden Menschen.

Wer kann sich an uns wenden?

- *Schwerkranke und sterbende Menschen, besonders auch Alleinstehende;*
- *Angehörige und Freunde von Kranken und Sterbenden;*
- *Mitarbeiterinnen und Mitarbeiter aus medizinischen, pflegerischen, sozialen und seelsorgerlichen Berufen*

Unsere Anschrift:

Ambulanter Hospizdienst Schleswig, c/o Gemeindeschwesternstation im Christophorushaus, Königstr. 1b, 24837 Schleswig

Wir sind zu erreichen:

Telefonbereitschaft montags bis freitags jeweils von 8-14 Uhr. Außerhalb dieser Zeiten werden Ihre Wünsche auf Band aufgezeichnet: Tel. 9630-51
Darüber hinaus geben Auskunft: Pastor Peter Godzik, Tel. 25331; Margret Krueger, Tel. 28268.

Wir bieten an:

- *Vermittlung der ambulanten Hospizmitarbeiterin,*
- *Vorbereitung für die Hospizmitarbeit,*
- *begleitende Gesprächskreise (Supervision) für die ehrenamtlich Tätigen.*

Was Sie tun können:

- *Besuchen Sie unsere öffentlichen Informationsveranstaltungen.*
- *Unterstützen Sie Gedanken und Ziele der Hospizbewegung, die Sterben und Tod als zum Leben gehörig anerkennt.*

- *Werden Sie ehrenamtlich in der Hospizarbeit tätig.*
- *Unterstützen Sie unsere Arbeit durch Spenden (Spendenbescheinigungen können ausgestellt werden).*

Spenden-Konto:

Kirchenkreisamt Schleswig Kto-Nr. 3832 bei der Sparkasse Schleswig-Flensburg BLZ 216 501 10, Kennwort: „Hospizdienst der Domgemeinde“.

Und auf der Rückseite dieses Prospektes setzte *Margret Krueger* das bekannte Gedicht von *Friedrich Karl Barth* und *Peter Horst* aus dem Singspiel „Uns allen blüht der Tod“ von *Peter Janssens*[22]. Es drückt wie kaum ein anderer Text das Selbstverständnis unserer Aufgabe in der Begleitung von Schwerkranken und Sterbenden aus:

im angesicht des todes
wenn es soweit sein wird mit mir
brauche ich den engel in dir
bleibe still neben mir in dem raum
jag den spuk der mich schreckt aus dem traum
sing ein lied vor dich hin das ich mag
und erzähle was war manchen tag
zünd ein licht an das ängste verscheucht
mach die trockenen lippen mir feucht
wisch mir tränen und schweiß vom gesicht
der geruch des verfalls schreck dich nicht
halt ihn fest meinen leib der sich bäumt
halte fest was der geist sich erträumt
spür das klopfen das schwer in mir dröhnt
nimm den lebenshauch wahr der verstöhnt
wenn es soweit sein wird mit mir
brauche ich den engel in dir

Wenn es so weit sein wird ... Es war aber noch lange nicht so weit. Wir wurden zunächst gar nicht gerufen. Es dauerte eine Weile, bis wir bekannt wurden, Menschen Vertrauen fassten und wir die ersten Nachfragen nach Begleitungen bekamen. Und dann waren wir da: in langen Nächten, über Tage und Wochen, sporadisch manchmal und dann wieder ganz intensiv – wenn es mit dem irdischen Leben zu Ende ging.

Frau S. wurde z.B. gerufen, hingebracht – sie blieb lange und intensiv. Nachdem ihre Begleitung getan war, wurde sie wieder abgeholt und bekam für den Rest des Tages frei. Sie hatte wirklich genug getan.

---

[22] „Wenn es so sein wird“, Text: Friedrich Karl Barth, Peter Horst; Musik: Peter Janssens, aus: „Uns allen blüht der Tod“, 1979; © Peter Janssens Musik Verlag, Telgte-Westfalen.

Ich selber habe in einer Nacht einem unruhig Sterbenden das Abendmahl gereicht – ganz einfach, ohne vorherige Absprache, weil Worte schon nicht mehr möglich waren, aber im Einverständnis des Tuns und in einem großen Frieden, der sich über uns beide legte.

Inzwischen sind es über 30 Begleitungen pro Jahr, die von den Helferinnen und Helfern des *Ambulanten Hospizdienstes Schleswig* geleistet werden.

Im März 1995 begann dann bereits ein zweiter Vorbereitungskurs im Gemeindehaus auf dem Michaelisberg. Dazu luden wir folgendermaßen ein:

Gemeindeglieder aus der Domgemeinde und auch aus den Nachbargemeinden machen sich wieder gemeinsam auf den Weg, Schritte der Seelsorge an Schwerkranken und Sterbenden zu lernen. Diese Schritte heißen u.a.: wahrnehmen, mitgehen, zuhören, verstehen, weitergehen, bleiben, loslassen, aufstehen.

Sie folgen einem bewährten Ausbildungsmodell, das im Rahmen des Gemeindekollegs der Vereinigten Evangelisch-Lutherischen Kirche Deutschlands (VELKD) von einer Projektgruppe entwickelt wurde und bereits in vielen Kirchengemeinden und christlichen Hospizinitiativen in Deutschland eingesetzt wird. Ein erster Vorbereitungskurs nach diesem Modell lief in der Domgemeinde bereits im vorigen Jahr und konnte im Februar 1995 erfolgreich abgeschlossen werden.

Nach einem Jahr der intensiven Vorbereitung in einem Grundkurs (8 Abende), einem Praktikum (6 Monate mit einer wöchentlichen Belastung von ca. 4-6 Stunden) und einem Vertiefungskurs (5 Abende und 1 Abschlusswochenende) wollen die ehrenamtlichen Helferinnen und Helfer besonders den Angehörigen und Freunden von Schwerkranken und Sterbenden, aber auch den Mitarbeitern von Pflegeheimen und Krankenhäusern anbieten, sie bei der Begleitung Schwerkranker und Sterbender zu unterstützen.

Unter Anleitung von Frau Margret Krueger, der ehemaligen Leiterin der Familienbildungsstätte, und Herrn Pastor Godzik, dem Seelsorger des Pfarrbezirks Dom-West, wird sich die Vorbereitungsgruppe Ende März 1995 auf den Weg machen.

Eine erste Vorbesprechung zum Kennenlernen des Projekts findet am Mittwoch, den 1. März 1995, um 20.00 Uhr, der Einführungsabend für die Kursteilnehmerinnen und -teilnehmer am Mittwoch, den 15. März 1995, um 20.00 Uhr im Gemeindehaus auf dem Michaelisberg statt. Noch sind einige Kursplätze frei.

Wer Interesse hat, an dieser inhaltlich sehr herausfordernden und persönlich sehr bereichernden Vorbereitung zur ehrenamtlichen Helferin bzw. zum ehrenamtlichen Helfer (männliche Kursteilnehmer sind jetzt noch besonders willkommen!) in der Begleitung Schwerkranker und Sterbender teilzunehmen, wende sich bitte an Herrn Pastor Godzik (Tel. 25331) oder Frau Krueger (Tel. 28268).

Und wir ergänzten diese Einladung mit einem wichtigen Hinweis aus unserem Teilnehmer-Handbuch:

„Die Begegnung mit Sterbenden macht uns unter Umständen Angst. Wir sollten dennoch nicht vor ihr zurückschrecken, denn sie birgt eine große Chance in sich: Durch diese Begegnung kann unser Leben an Bewusstheit und Tiefe gewinnen und unser Glaube gestärkt werden. Durch den bewussten Umgang mit Hoffnungsworten der Bibel kann in uns Ruhe und Gewissheit wachsen. Sie können sich auf den Sterbenden übertragen und ihm helfen, die Todesfurcht zu überwinden. Wir sind bei dieser Begegnung Empfangende und Gebende zugleich.“[23]

Der zweite Vorbereitungskurs fand also statt von März 1995 bis Februar 1996. Die Leitung hatten wieder: *Margret Krueger* und *Peter Godzik*, zeitweilig unterstützt von *Renate Orthmann-Zwirner*. Es nahmen 10 Personen teil. …
Nun kommen wir aber endlich zur Gründung des *Freundeskreises Hospizdienst Schleswig* im April 1996. Gründungsmitglieder waren 14 Personen, darunter *Margret Krueger* und *Peter Godzik*.

Die Satzung bestimmt im § 2 über den Zweck des Vereins:

1. Der Freundeskreis Hospizdienst Schleswig e.V. hat den Zweck, den Hospizgedanken zu fördern. Dieses schließt den Aufbau und die Führung eines geschulten freiwilligen Hilfsdienstes zur Betreuung von unheilbar Kranken und Sterbenden sowie ihrer Angehörigen und Freunde ein.

2. Der Verein beabsichtigt, für diesen Zweck sowohl ambulante als auch stationäre Einrichtungen zu schaffen.

3. Der Freundeskreis Hospizdienst Schleswig e.V. lehnt jede Form der aktiven Sterbehilfe ab.

4. Der Zweck des Vereins soll insbesondere durch folgende Aktivitäten und Mittel verwirklicht werden:

    a) Begleitung und Betreuung von unheilbar Kranken und Sterbenden sowie Unterstützung ihrer Angehörigen und Freunde.
    b) Angebote für die Betreuung und Versorgung von unheilbar Kranken und Sterbenden, soweit dies ihnen bzw. den Angehörigen notwendig oder wünschenswert erscheint.
    c) Fortbildung von Ärzten, Pflegepersonal, Seelsorgern, Sozialarbeitern und anderen Interessierten.
    d) Vermittlung von Kenntnissen der Schmerzbehandlung.
    Beschaffung von Finanzmitteln.

---

[23] Aus: Andreas Ebert/ Peter Godzik (Hg.), Verlass mich nicht, wenn ich schwach werde. Handbuch zur Begleitung Schwerkranker und Sterbender im Rahmen des Projekts „Sterbende begleiten – Seelsorge der Gemeinde“, Hamburg: Erwachsenenbildungsverlag Rissen 1993, S. 5.

f) Zusammenarbeit mit öffentlichen und kirchlichen Stellen sowie mit privaten Organisationen – insbesondere solchen mit gleicher Zielsetzung.
g) Öffentlichkeitsarbeit.

Ich wurde am 15. April 1996 zum 1. Vorsitzenden gewählt, Frau *Reinhild Pohl* zur 2. Vorsitzenden.

In einem Vortrag vor *rotarischen Freunden* führte ich am 25. November 1996 über die Hospizarbeit in Schleswig folgendes aus:
In Schleswig haben wir uns sehr auf die Vorbereitung von ehrenamtlichen Seelsorgehelfern konzentriert. Dazu gibt es ein Schulungsprogramm, das ich zusammen mit einer Projektgruppe in meiner Zeit als Seelsorgereferent in Hannover entwickeln konnte. Es umfasst einen Grundkurs in acht Schritten, ein Praktikum über sechs bis neun Monate und einen Vertiefungskurs wieder in acht Schritten.

Zweimal konnte dieser Vorbereitungskurs in Schleswig schon gegeben werden. Die so vorbereiteten Helferinnen bilden den Ambulanten Hospizdienst Schleswig und kommen in die Häuser und Pflegeheime, wenn ihr Dienst gewünscht und erbeten wird. Einen Prospekt zum Selbstverständnis und zum Angebot dieses Ambulanten Hospizdienstes habe ich Ihnen mitgebracht.

Als nächsten Schritt planen wir die Einbeziehung zweier Schwestern aus der Gemeindeschwesternstation in den nächsten Vorbereitungskurs, der im März 1997 beginnen soll. Für dieses Vorhaben, das einschließlich der Praxisbegleitung während der mindestens einjährigen Einsatzphase ca. 6.000,- DM kosten wird, erbittet der Freundeskreis Hospizdienst Schleswig Ihre Unterstützung.

Neben dem Ambulanten Hospizdienst Schleswig, der eigentlichen Dienstgruppe in der Hospizarbeit, haben wir noch einen Freundeskreis Hospizdienst Schleswig gegründet, der sich zur Aufgabe gemacht hat, das Anliegen der Hospizbewegung in die Öffentlichkeit zu tragen und für diesen ehrenamtlichen Sozialdienst zu werben.

Wir möchten auch alle Überlegungen und Entwicklungen unterstützen, die zu einer Ausweitung dieser Arbeit auch in den hauptamtlichen Bereich hinein führen. Es gibt Überlegungen, die Stelle eines Hospizbeauftragten für den Kirchenkreis Schleswig zu schaffen, zwei Gemeindeschwestern als Hospizschwestern fortzubilden und ganz oder teilweise für diese besondere Aufgabe freizustellen und schließlich langfristig ein oder zwei Hospizbetten als stationären Rückhalt unserer hauptsächlich ambulanten Arbeit vorzusehen.

Im Januar 1997 wandten wir uns wieder per Gemeindebrief an mögliche Interessenten für einen dritten Vorbereitungskurs für ehrenamtliche HospizhelferInnen. Diesmal ging ein neues Leitungsteam an den Start: *Peter Godzik* und *Marion Sander*.

Ich schrieb damals:

Sehr geehrte Damen und Herren, im April 1997 werden Schwester Marion Sander und ich im Auftrag der Domgemeinde Schleswig mit einem (dritten) Vorbereitungskurs für ehrenamtliche HospizhelferInnen beginnen. Ziel ist der Aufbau und weitere Ausbau eines ambulanten Hospiz-Hausbetreuungsdienstes, der befähigt ist, schwerkranke und sterbende Menschen in dieser letzten Phase ihres Lebens mitmenschlich zu begleiten und evtl. weitere pflegerische und medizinische Hilfen zu vermitteln.

Die ehrenamtlichen Helferinnen und Helfer, die wir nach einem bewährten Modell kostenlos vorbereiten, werden nach Abschluss der etwa einjährigen Vorbereitung gebeten, nach Maßgabe ihrer kräftemäßigen und zeitlichen Möglichkeiten einen ehrenamtlichen Dienst in dem ambulanten Hospiz-Hausbetreuungsdienst zu leisten. Der Einsatz dieser „Sozialzeit" wird nicht finanziell abgegolten, sondern durch eine kostenlose Vorbereitung, eine begleitende Supervision und durch den Rückhalt in einer interessanten Dienstgruppe aufgewogen. Einsatzbedingte Auslagen wie Fahrtkosten und Telefongebühren können selbstverständlich erstattet werden.

Die beiliegenden Unterlagen informieren Sie über den zeitlichen und sachlichen Rahmen dieser geplanten Vorbereitung für ehrenamtliche HospizhelferInnen. Sollten Sie Interesse an der Mitarbeit in diesem Projekt haben, bitte ich Sie um Rückgabe des ausgefüllten Fragebogens und um ein persönliches Gespräch, in dem weitere Einzelheiten abgeklärt werden können.

Eine erste Vorbesprechung für mögliche Interessenten an der geplanten Vorbereitung findet statt am

Dienstag, den 4. März 1997, um 19.30 Uhr
in der Gemeindeschwesternstation im Christophorushaus, Königstr. 1b.

In der Hoffnung, mit diesem Vorhaben Ihr Interesse und Ihre Bereitschaft zur Mitarbeit geweckt zu haben, grüße ich Sie ganz herzlich, Ihr Peter Godzik.

Am 3. März 1997 gab ich als Vorsitzender des Fördervereins einen Tätigkeitsbericht für das Jahr 1996. Es sollte der erste und zugleich letzte Tätigkeitsbericht für den Förderverein werden; aber das wusste ich damals noch nicht. Denn die Anfrage, für das Propstenamt in Ratzeburg zu kandidieren, kam am 1. April 1997. Ich berichtete damals u.a.:

Von einem weiteren größeren Projekt ist abschließend zu berichten: Der Kirchenvorstand der Domgemeinde hat beim Kirchenkreis die Errichtung einer Hospizbeauftragten-Stelle beantragt. Der Kirchenkreisvorstand hat diesem Projekt am 18.11.96 zugestimmt und die Übernahme von einem Drittel der Personalkosten auf fünf Jahre zugestimmt. Die übrigen zwei Drittel der Personalkosten sind beim PEP-Fonds der NEK und beim Verein „Pastoren helfen Pastoren" beantragt. Wenn alles gut geht, erwarten wir eine Entscheidung darüber im Mai 1997. Der „Freundeskreis Hospizdienst Schleswig e.V." hatte seinerzeit zugesagt, die anfallenden Sachkosten zu übernehmen. ...

Was habe ich in Sachen Hospizarbeit inzwischen gemacht? Seit 1994 habe ich zusammen mit der Gestalttherapeutin *Marion Loh* Einkehrwochenenden für Hospizmitarbeiterinnen auf Landesebene gegeben: vier noch von Schleswig aus, sieben von Ratzeburg aus (mit einem Jahr Pause wegen meiner Reise nach Papua-Neuguinea), und zwar zu den Themen: Baum, Engel, Kind, Wege, heilende Kräfte, Wasser, Rose, Wüste, Tür und Tor, Herz und Berg. Über diese elf Seminare wird in den nächsten Tagen ein Buch erschienen, wieder im EB-Verlag Hamburg: „Zum eigenen Leben finden – in Bildern, Texten und Symbolen". Es kostet 19,80 €.

Ich habe ferner regelmäßig Einführungskurse für das Celler Modell gehalten zusammen mit *Wiebke Thomsen*, der Ehrenvorsitzenden des Schleswig-Holsteinischen Hospizverbandes. Ich war zeitweilig Mitglied des Bundesvorstandes der BAG Hospiz. Ich habe verschiedene Vorträge gehalten und Aufsätze veröffentlicht. Interessierte können das alles auf meiner Homepage www.pkgodzik.de nachlesen.

Im Schwahl des Schleswiger Domes gibt es eine wunderbare mittelalterliche Darstellung des Marientodes: Die sterbliche Hülle der Mutter Jesu liegt auf dem Sterbebett in Jerusalem. Zu ihren Häupten und Füßen haben sich die Apostel versammelt. Sie beten und lesen aus der Schrift, sie halten ein Sterbekreuz vor und besprengen den Leib mit Weihwasser. In diesen Abschied von der Welt erscheint Christus und nimmt die kleiner dargestellte Geistseele seiner Mutter zu sich und trägt sie in den Himmel.

Früher fanden sich solche Darstellungen häufig an den Westportalen der Kirchen. Sie wollten die Gläubigen darüber belehren, wie rechte Sterbebegleitung zu geschehen habe, und sie gleichzeitig darüber aufklären, welche Hoffnung Christen über den Tod hinaus haben: Der Geist kehrt zurück zu Gott, von dem er einst ausgegangen ist; der Leib wird in die Erde gebettet zur Bestattung. Er wartet dort auf seine Verwandlung.

Sind wir Zeugen eines Nichtungsprozesses, der uns nur seufzen und klagen lässt, oder sind wir Zeugen eines Übergangs, einer Geburt, die zwar mit körperlichen Beschwerden verbunden ist, die Seele aber hinübergehen lässt in ein Licht, in einen weiten Raum bei Gott? …

Das Sterben ist eigentlich anzusehen wie eine Geburt: Wir streifen die Hülle unser vorherigen Existenz ab, sie wird nicht mehr gebraucht und zerfällt in der Erde oder wird verbrannt; unsere Geistseele aber bricht hindurch in einen weiten Raum bei Gott, in dem Wärme, Nähe und Anschauung herrscht, wenn wir uns dem Licht zuwenden können – der uns frieren und verloren sein lässt, wenn wir darauf beharren, in ewiger Abgewandtheit von Gott zu existieren. Himmel und Hölle – das bereiten wir uns selbst schon hier auf Erden und erst recht im Jenseits durch unsere Einstellung zu Gott. Aber wer weiß: Vielleicht akzeptiert Gott im Himmel nicht unsere ewige Abwehrhaltung, sondern überwindet uns mit seiner alles verwandelnden Liebe. Wir wohnen beim Sterbevorgang nicht dem Auslöschen oder der Vernichtung eines menschlichen Lebens bei, was uns nur hilflos und wütend sein lässt, sondern wir begleiten einen Menschen bei seinem Übergang in eine andere Welt. Wir sind am Sterbebett „Geburtshelfer" in „Wehen", die wir wie andere Wehen auch durch unser Dasein, durch hilfreiche Handreichungen, durch unser bewusstes Mitatmen und Mitbeten erleichtern können.

Gronemeyer-Interview mit Peter Godzik (gekürzt)

am 25. Oktober 2006 in Ratzeburg

Interviewer: Prof. Dr. Reimer Gronemeyer, Michaela Fink
Länge der Audiodatei: 1:18:58
Transkription: Thorsten Euler
Korrektur und Formatierung: Michaela Fink

Inhalt des Interviews:

- Biographisches
- Wie Peter Godzik zur Hospizarbeit gekommen ist.
- Die Anfänge der Hospizbewegung in Deutschland (Debatte um Gettoisierung, Rolle der Kirchen, erste offizielle Stellungnahme der Kirche, erste Tagungen/ Veröffentlichungen/ Arbeitsgruppen, Personen und Organisationen etc.).
- Das Celler Modell (hier: gekürzt).
- Literatur (hier: gekürzt).
- Die Rolle der Theologie in der Hospizbewegung.
- Die Hospizbewegung als Bürgerbewegung.
- Kritik an der gegenwärtigen Entwicklung (Gefährdung des Ehrenamts durch Professionalisierung, Marginalisierung der Theologie).

Reimer Gronemeyer: Wir würden gerne beginnen damit, dass wir Sie bitten, einfach ein Stück Ihrer Lebensgeschichte, vielleicht zugespitzt schließlich dann auch auf die Frage, was Sie mit der Hospizbewegung verbindet, am Anfang von Ihnen zu hören.

Peter Godzik: Ich heiße Peter Godzik. Ich bin jetzt 60 Jahre alt. Die ersten 20 Jahre habe ich in Flensburg verbracht, dort Abitur gemacht und dann in Kiel und Hamburg Theologie studiert und bin Pastor geworden. Ich war 12 Jahre lang Gemeindepastor in Büdelsdorf bei Rendsburg und bin dann 1987 für sechs Jahre in das Lutherische Kirchenamt nach Hannover gegangen – ausgeliehen von der Nordelbischen Kirche als Referent in das Lutherische Kirchenamt – und da hatte ich dann zu tun mit drei Stücken:

- mit der Seelsorge an Schwerkranken und Sterbenden, unter anderem auch Hospizarbeit;
- mit der Fortbildung der Pfarrerinnen und Pfarrer und
- mit dem Dialog mit den religiösen Gemeinschaften.

Das waren meine Tätigkeiten. Nach diesen sechs Jahren bin ich dann wieder ins Pfarramt gegangen, an den Dom in Schleswig, da war ich viereinhalb Jahre lang tätig; und jetzt seit etwa neun Jahren Propst des Kirchenkreises Herzogtum Lauenburg.

Inzwischen hatte ich geheiratet und habe mit meiner Frau vier Töchter, ein Adoptivkind aus Kolumbien – wir waren ein Jahr lang mal in Bogotá, der Hauptstadt von Kolumbien, tätig – und haben dann 1975 unsere erste leibliche Tochter bekommen, die sehr schwer behindert zur Welt gekommen ist, und ich hatte seitdem immer mit dem Thema Krankheit, Behinderung, Tod zu tun. Dann haben wir aber 1984 noch mal Zwillinge bekommen, die gesund und munter zur Welt gekommen sind und nun also 22 Jahre alt sind und studieren, die eine Biomedizin und die andere Jura.

Ja, das ist es so im Groben. Der Hintergrund ist natürlich diese Auseinandersetzung mit Krankheit, Sterben, Tod, Behinderung zu Beginn meiner Gemeindepfarrertätigkeit in Büdelsdorf. Und natürlich hatte ich dort auch einen Besuchsdienst, ein paar Damen, die mich begleitet oder mir geholfen haben, die Älteren in der Gemeinde zu besuchen. Und mit denen habe ich Fortbildungen gemacht, unter anderem auch „Interviews mit Sterbenden" von Elisabeth Kübler-Ross. Und so könnte man sagen, dass der Reihe nach alle ihre Bücher für mich immer die Impulse gewesen sind, mich mit dem Thema zu beschäftigen.

Als ich dann nach Hannover gegangen bin und 1988 meinen ersten Aufsatz schrieb über Bücher zum Thema, da habe ich mir ihre Veröffentlichungen – die von Elisabeth Kübler-Ross – als Leitfaden genommen. Das ist sozusagen die Gliederung, nach der ich vorgegangen bin. Zum Schluss ging es zum Beispiel um AIDS oder davor um Kinder, oder es ging um die Sprache der Sterbenden, was wir noch tun können. Und das kann man so richtig – in einer Art Gliederung der Auseinandersetzung, Beschäftigung mit dem Thema „Sterben und Tod" – aufhängen an den Büchern von Elisabeth Kübler-Ross.

Ja, und dann passierte es, als ich 1987 nach Hannover ging, bekam ich einen Brief auf meinen Schreibtisch von Renate Wiedemann aus Buchholz in der Nordheide. Die war damals die Vorsitzende der Deutschen Hospizhilfe. Sie schrieb mir und wollte gerne von mir wissen, ob die Kirchen nun dazu positiv oder negativ denken. Und es gab zu der Zeit noch viel negative Äußerungen zur Hospizbewegung – so nach dem Motto: Gettoisierung, Institutionalisierung, Überlastung der Mitarbeitenden, niemand wollte das. Da war ja eine Tagung in einer katholischen Akademie (sc. Stuttgart) gelaufen, in der es darum ging, die Experten zu befragen, was halten die davon, und da gab es viel Kritik und Negatives.

So, nun machten wir uns daran, zu erklären oder vorzubereiten eine lutherische Generalsynode 1988 in Veitshöchheim bei Würzburg, die sich mit dem Thema „Von der Begleitung Sterbender" beschäftigte. Und unter den vielen Themen (es waren insgesamt sieben) war eines „Hospiz – ein eigenes Haus für das Sterben?" Damals hieß das noch „Haus". Und wir versuchten natürlich, deutlich zu machen: Hospiz ist kein Haus, sondern eine Idee, ein Konzept. Und die Hauptparole hieß nicht „durch die Hand eines Menschen sterben", also Euthanasie, vorzeitige Beendigung von Leben, sondern „an der Hand eines Menschen sterben" – also gut begleitet.

Nun zu den sieben Arbeitsbereichen, die hießen zum Beispiel:

- „Sterbebeistand als Hilfe zum Leben",
- „Geistliche Angebote zur Sterbebegleitung",
- „Sterbehilfe – Tötung auf Verlangen?",
- „AIDS – niemanden allein lassen",
- „Hospiz – ein eigenes Haus für das Sterben?",
- „Wenn Kinder sterben" und
- „Hoffnung über den Tod hinaus".

Diese sieben Themen haben wir bearbeitet, allerlei dazu entwickelt und entworfen. Jede Arbeitsgruppe bekam einen Reader, in dem aufgearbeitet war, was bis dahin an Literatur, an Thesen da war, und den Entwurf einer Stellungnahme.

Das war die Arbeit eines Referenten im Lutherischen Kirchenamt, Generalsynodale in den Stand zu versetzen, ein Thema ordentlich bearbeiten zu können. Natürlich waren das zum Teil auch selber große Experten: Seelsorger, Krankenhausseelsorger, Leiter und Leiterinnen von diakonischen Einrichtungen, Ärzte, Krankenschwestern, Pfleger, Psychologinnen, Psychologen – die Berufe, die eben so einschlägig sind an dieser Stelle. Und man muss sagen: Besonders die Frauen der Generalsynode hatten das Thema transportiert, weil natürlich das Thema Pflege und Begleitung von Schwerkranken und Sterbenden ein eher von Frauen wahrgenommenes Thema ist. Aber es gibt auch einige Männer, die sich darum kümmern.

So, und nun ist es dann immer spannend für einen Referenten zu erleben: Was davon wandert unbesehen in den Orkus, in den großen Rundordner, und was wird aufgenommen, fast unverändert übernommen und an welchen Texten wird so gearbeitet, dass man sie wenigstens noch etwas wiedererkennt? Und so ist es mir dann gegangen: Diese Synode brachte ein Büchlein heraus – das war das erste von sechs Büchern, die inzwischen von mir erschienen sind, an denen ich beteiligt war –: die Dokumentation dieser Generalsynode. Und die hat, weil das ein Unterthema war, das ganze Thema „Hospizarbeit" für mich in die Gänge gebracht. Und dann war es so, dass ich in der Vorbereitung dieser einen von sieben Arbeitsgruppen die entscheidenden Leute kennen lernte, entweder durch Literatur oder durch Besuche, Vorgespräche und auch durch Einladungen zur Generalsynode.

Ich lernte bei dieser Gelegenheit zum Beispiel Dr. Petra Muschaweck kennen, aus Hannoversch-Münden von „Omega – mit dem Sterben leben e.V.", lud sie ein, mitzuarbeiten auf der Generalsynode. So lernten wir uns kennen und haben dann in der Folge der Generalsynode ein Buch herausgebracht – dieses: „Lasst mich doch zuhause sterben!", im Gütersloher Verlagshaus erschienen. Bei der Gelegenheit wieder das Kennenlernen von verschiedenen interessanten Menschen, Autoren, die mitgearbeitet haben, einer davon war Professor Student, der aber ein Manuskript ablieferte, das so lang war, dass meine Mitherausgeberin Petra Muschaweck es kurzer Hand ablehnte, das abzudrucken. Es wurde dann ein eigener Sonderdruck. Ich hab das immer sehr bedauert, weil der kleine Sonderdruck dieser Arbeitsgruppe „Zuhause sterben“ in Hannover bald besser gelaufen ist als unser Buch, und wenn wir Student dringelassen hätten, wer weiß, ob dieses Buch dann nicht noch mehr Furore gemacht hätte. Aber so lernt man dann auch: Wie macht man ein Buch, welche Texte gehen, welche nicht. Man muss auch mal Kompromisse machen und manches bedauern. Und trotzdem ist das eine schöne Angelegenheit geworden. Bei der Gelegenheit habe ich auch Franco Rest kennen gelernt. Also: ich kannte Renate Wiedemann, ich kannte Petra Muschaweck, ich kannte Franco Rest.

Reimer Gronemeyer: Jens Bruder ist auch dabei gewesen?

Peter Godzik: Ja, Jens Bruder, der war auch dabei. Und natürlich Daniela Tausch-Flammer, dann Helmuth Beuthel und Ursula Lesny zum Beispiel, die in Stuttgart diese Sitzwachengruppen begründet hat. Und so weiter und so fort – viele, viele sehr interessante Leute.

Ein anderes Thema im Zusammenhang mit unserer Generalsynode zum Thema „Sterbende begleiten“ war ja, ob man Unterrichtsmaterial machen könnte für die Ausbildung von Ehrenamtlichen – „Sterbebeistand als Hilfe zum Leben“. Und damit verbunden waren Musterseminare, Kurse, die wir im Gemeindekolleg in Celle gaben. Daraus ist dann entstanden das so genannte „Celler Modell“ zur Begleitung von Schwerkranken und Sterbenden „Verlaß mich nicht, wenn ich schwach werde!“ Und das orientiert sich in seiner didaktischen Grundstruktur für die ehrenamtlich Helfenden – also das Missverständnis war dann ja immer, als würden wir Sterbende pädagogisch-didaktisch begleitet sterben lassen wollen. Das ist natürlich Unsinn. Aber diejenigen, die sie menschlich begleiten, die brauchen eine gute Vorbereitung, und da kommt man ohne Erwachsenenpädagogik und didaktische Dinge nicht aus. Da haben wir dieses Konzept entwickelt, dass sich sehr gut gemacht hat. Eigentlich ist das so das Standard-Ausbildungsprogramm geworden in Deutschland. Vor allen Dingen, als die Katholiken mit ihren Malteser-Werken – die waren ja im Entstehen zur Trägerschaft von katholischen stationären Hospizeinrichtungen, aber auch ambulanten – sagten: Wir übernehmen dieses Ausbildungsmodell. Das ist manchmal in der katholischen Kirche bekannter gewesen, als in der evangelischen.

In der evangelischen handelte es mir dann auch die Kritik von Reimer Gronemeyer ein, der einen in seinen spitzen Bemerkungen ja klassischen Satz gebraucht hat, nämlich er nannte das den „orthothanatologisch gesicherten Abgang“. Das werde ich nie vergessen! (lachend) Eine heftige Kritik an unserm Celler Modell, und wir mussten uns Mühe geben zu sagen: Ja Leute, die Menschen sollen nicht „orthothanatologisch gesichert“ abgehen, sondern sie sollen menschlich begleitet werden. Aber die, die sich ehrenamtlich bereit finden, die sollen nicht nur mit heißem Herzen daran gehen, das auch, aber doch auch ein bisschen was können und wissen und sich vorbereiten, auf

Gruppen einlassen, vor allen Dingen, weil wir denken: Wer nur mit heißem Herzen kommt, der macht wohlmöglich auch viel falsch, ist nicht zurückhaltend genug oder setzt sein Tun nicht der Kritik, der Supervision anderer aus, was soll das also? Wir wollten die Ehrenamtlichen gerne vorbereiten.

So ist dann also ein Riesenunternehmen entstanden – im Zusammenhang eigentlich nicht so sehr mit der eigentlichen Hospizarbeit, sondern zunächst einmal für mich mit der Entwicklung dieses Ausbildungs- oder Vorbereitungsmodells. Wir haben dann doch lieber „Vorbereitung“ statt „Ausbildung“ gesagt, weil wir dem Missverständnis, es handele sich um irgendwie staatlich anerkannte Ausbildungsmodelle, nicht dienen wollten, sondern deutlich machen: Das ist Vorbereitung. Und es war ursprünglich gedacht als „Seelsorge der Gemeinde“. Da gibt es ein Gemeindekolleg in Celle. Und gerade die Gemeinden sollten in den Stand versetzt werden, das zu tun, was sie früher getan haben, nämlich Schwerkranke und Sterbende kompetent begleiten zu können. Dann stellte sich heraus: Die Hospizbewegung hat sich dieses Konzeptes angenommen, und es ist sozusagen eine Zeitlang *das* Vorbereitungs- oder Ausbildungsmodell innerhalb der Hospizbewegung geworden.

Zum Thema Hospizarbeit selber war es so, dass wir damals einen ersten Arbeitsbericht geschrieben haben für die Generalsynode im Nachhinein, weil die Erklärung, die damals abgegeben werden konnte, sehr schwach war. Eigentlich sind mehr Fragen gestellt, als Antworten gegeben worden. Um das mal deutlich zu machen: Auf zwei Seiten in diesem Dokumentationsbändchen wird erst mal die Grundlage beschrieben und dann gesagt: „Es zeichnet sich ab, dass das Hospiz verstärkt eine Aufgabe der Kirche werden wird. Wegen der vielfältigen und noch nicht ausgewerteten Erfahrungen, die wesentlich aus dem angelsächsischen Raum kommen, stellen wir den Antrag, eine Gruppe zu berufen, die sich längerfristig umfassend informiert und bei der nächsten Synodaltagung berichtet.“

Also das, könnte man ja etwas spöttisch sagen, übliche Verfahren auf Synoden bei heißen Themen: Da setzt man erst mal einen Ausschuss ein. Das geschah, und wir haben dann – der war übrigens ökumenisch besetzt, also Vertreter der katholischen Kirche waren da drin und interessante Leute aus der damaligen Hospizbewegung und Hospizarbeit – 1990, also zwei Jahre nach der Synode, diesen Bericht abgegeben, und damit war klar: Wir klinken uns ein in die internationale Hospizbewegung, wir verstehen ihr Anliegen, wir beschreiben, worauf es ankommt.

Und das ist dann die erste offizielle kirchliche Stellungnahme positiv zur Hospizbewegung geworden. Danach kamen die Katholiken häufiger: also die Bischofskonferenz hat sich geäußert, Caritas und Malteser haben sich geäußert, der Papst hat sich geäußert. Aber die erste kirchliche Stellungnahme waren wir mit diesem Text. Und daran haben übrigens mitgewirkt zum Beispiel der Dr. Ulrich Eibach; Dr. Petra Muschaweck war dabei; Dr. Hermann Barth, der jetzige Präsident des Kirchenamtes der EKD; Wolf-Dietmar Szepan vom Diakonischen Werk in Rendsburg; zwei Ärztinnen, Frau Dr. Böning und Frau Dr. Delbrück; eine Diakonin und der Landespfarrer für Diakonie Dr. Minke aus Oldenburg. Prof. Klaschik wurde eingeladen als Experte, den habe ich auch bei dieser Gelegenheit kennen gelernt. Das kann man ja dann nachlesen, was damals dabei herausgekommen ist (Texte aus der VELKD 39/1990).

Seit '87 war ich damit beschäftigt im Kirchenamt; Vorbereitung der Synode, die war dann '88; die Erklärung war '90; und besonders in den folgenden Jahren habe ich mich u. a. immer wieder mit diesem Thema beschäftigt: 1992 gab es eine Art „Dokumentation über die Hospizbewegung in der Bundesrepublik Deutschland", eine der ersten, die die Geschichte der Hospizbewegung erzählt: Texte aus der VELKD 47/1992. Das war eine Dokumentation, die vor allen Dingen auch den Versuch machte, die damals vorhandenen Adressen endlich allen zugänglich zu machen. Das Problem war nämlich: Renate Wiedemann von der Deutschen Hospizhilfe in Buchholz rückte nicht alle Adressen raus, sondern nur nach Postleitzahlen sortiert, so dass sie eine Art Monopol hatte auf alle Adressen. Wir haben uns dann die Mühe gemacht, mal zusammenzustellen, wen gibt es da alles, wer macht was, wie heißt die Adresse? Und das ist eine Art Bestandsaufnahme geworden: Das gibt es, das ist die Geschichte, die dahinter steckt.

Um mal ein paar Anfänge zu notieren: Pfarrer Türks, dann Volontieri, Daniela Tausch und all diejenigen vom Hospizverein in München. Der Christophorus-Hospizverein ist ja der erste in Deutschland gegründete Verein 1985 mit dem Pater Iblacker. Also, es ging um die verschiedenen Impulse. Zielinski war ja der erste, aus seinen brasilianischen Erfahrungen heraus, der ist später da wieder hingegangen …

Angefangen hatte das für mich alles mit dem Film, den Iblacker mitbrachte aus London und kommentierte: „Noch 16 Tage", und der hatte den Untertitel: „Eine Sterbeklinik in London". Der lief 1971, und das hat uns zehn Jahre gekostet, weil wir erst mal dagegen angehen mussten und sagten: Wir wollen keine „Sterbekliniken". Das galt als schrecklich in Deutschland.

1978 gab es diese Anfrage vom Bundesministerium für Jugend, Familie und Gesundheit: Was halten die Wohlfahrtsverbände, die Kirchen von der Einrichtung? Ob der Bau von Sterbekliniken in Deutschland nach englischem oder schwedischem Muster befürwortet wird? Und da fand dann eine Tagung der katholischen Akademie Stuttgart statt „Sterbekliniken oder was brauchen Sterbende?" – mit Heinz Lothar Jelen, der war Ministerialrat im Bundesministerium; mit Paul Sporken, dem katholischen Moraltheologen; auch Zielinski war beteiligt. Und danach ging es darum – den klassischen Aufsatz dazu hat ja Christoph Student geschrieben –: „Hospiz versus Sterbeklinik".

Ich habe damals besonders den Beitrag von Johann-Christoph Student hervorgehoben und eine Person in meiner Dokumentation damals nicht so berücksichtigt, wie ich das hätte tun sollen. Er hat mir dann später mal etwas bitter dazu geschrieben, nämlich durch seine Frau Gisela Rest-Hartjes. Also, Franco Rest habe ich damals nicht richtig aufgenommen und zwar, weil mir zu dem Zeitpunkt nicht alle Leute bekannt waren von Angesicht zu Angesicht. Ich kannte einige, und ansonsten habe ich ganz viel mit Literatur gearbeitet. Und wahr ist, er kümmerte sich um Pflegeeinrichtungen, er war ja an der Fachhochschule Dortmund für Pflegende zuständig und hat da wunderbare Sachen geschrieben, aber diese Institution oder dieses Projekt „Hospizarbeit“ war nicht im Fokus seiner Aufmerksamkeit, so kam es mir jedenfalls damals vor. Aber das hat sich geändert, das wäre dasselbe, als würde man Reimer Gronemeyer für einen strikten Gegner von Hospizarbeit halten, weil er mal vom „orthothanatologisch gesicherten Abgang“ gesprochen hat. Inzwischen ist er schwer bekehrt und forschend und begleitend und weiß ich wie tätig.

Ganz so schlimm war es bei Franco Rest eigentlich nie. Er hat sich eher bedeckt gehalten, aber auch kritisch geäußert, er ist ja auch ein kritischer Geist, der immer sieht: Stimmt das da eigentlich mit den Werten und der Menschlichkeit? Und was soll das immer, statt einfach zu sein, menschlich zu sein? Das ist ja eigentlich auch Ihr Anliegen, Herr Gronemeyer. Jedenfalls, ich würde, wenn ich es heute noch mal schreiben müsste, eine Klammer einfügen: „Er (sc. Student 1985) stützte sich dabei auf folgende Befürworter …“, und dazu gehört dann auch Franco Rest.

Das habe ich hier schon mal notiert, aber ich bin ja nie in die Verlegenheit gekommen, das noch mal machen zu dürfen. Und das, was ich vorgestellt habe an Geschichte der Hospizbewegung, das war mal ein Vortrag, den habe ich gehalten in Sankelmark in der Akademie. Als ich nämlich zurückkehrte aus Hannover nach Schleswig-Holstein, hier nach Nordelbien, da habe ich mitgeholfen den Hospizlandesverein und -verband mitzugründen und war an den Vorbereitungen der Nordischen Hospiztage beteiligt und habe dann zugesagt, nicht nur einmal im Jahr im Frühjahr diese Hospiztage mit vorzubereiten, sondern im Herbst ein Fortbildungswochenende für Ehrenamtliche zu machen mit jemandem zusammen. Daraus ist auch noch eine eigene Welt geworden. Aber in Sankelmark habe ich dann mehrfach vorgetragen, unter anderem auch über die Geschichte der Hospizbewegung, und dabei passierte es mir, dass ich eben den Brief kriegte von Gisela Rest-Hartjes, die sagte, das nächste Mal dürfte ich Franco nicht vergessen. Das habe ich dann auch nie wieder getan, und wir sind uns bei vielen Gelegenheiten begegnet, und besonders schön war es, glaube ich, in Braunschweig auf dem ersten Ökumenischen Hospizkongress, wo wir dann einen Hospizchor gründeten und Franco und ich fröhlich und gerne darin gemeinsam sangen.

Man könnte sagen, die Auseinandersetzung mit der Hospizarbeit ist das beständige Kennenlernen von Menschen gewesen, Frauen wie Männern, die einem ihre Liebe zu einer bestimmten Art von Arbeit, Werten, Projekten, vermittelten, und das konnte ich nur nachvollziehen oder entdecken: Was ist da Tolles los? Ich bin froh, dass ich ein Teil davon bin und meinen kleinen Beitrag, nämlich das „Celler Modell“, vorstellen und einbringen und ein bisschen weiter daran mitarbeiten konnte, dass die Kirchen sich weiter differenziert und positiv dazu äußerten. Das ist so mein Eindruck.

Und das Ganze fand dann einen gewissen Höhepunkt darin, dass ich für das Diakonische Werk in Stuttgart mit anderen zusammen mal so ein Grundsatzheft gemacht habe: „Hospizarbeit in den Einrichtungen des Diakonischen Werkes". Das hing damit zusammen: ich war ja als Referent im Lutherischen Kirchenamt von Hannover von '87 bis '93 sozusagen so gut wie der einzige evangelische offizielle kirchliche Ansprechpartner für dieses Thema.

Als ich aus Hannover wegging, war klar, meine Stelle würde so nicht wieder besetzt werden im Lutherischen Kirchenamt. Sie war sowieso eine Sonderstelle und fiel wieder zurück in ihre früheren Teile und Ursprünge und mir war klar, es gibt ein einziges Thema, das muss weitergehen auch über mein Ausscheiden hinaus, und das ist das Thema „Hospizarbeit". Und damals habe ich dann Briefe geschrieben an den Diakoniepräsidenten Neukamm, dreimal, und beim dritten Mal hat er endlich den Schwiegersohn des württembergischen Landesbischofs, der sein Referent war, geschickt, und dann durften wir einen ersten Hospizkongress machen in Tübingen, im „DIFÄM", im Deutschen Institut für ärztliche Mission. Und also nahm sich das Diakonische Werk der Sache an, beschrieb Grundsätze, stellte Geld zur Verfügung, richtete eine Pfarrstelle ein mit Frau Kottnik. Roswitha Kottnik wurde dann in meiner Nachfolge die Koordinatorin auf der evangelischen Seite für die Hospizarbeit in Deutschland. Und ich vermachte ihr alle Bücher, die ich im Lutherischen Kirchenamt zum Thema „Sterbende begleiten" angeschafft hatte. Mit Einverständnis des Finanzreferenten gaben wir die als Dauerleihgabe (oder vielleicht auch als Geschenk?) an das Diakonische Werk nach Stuttgart, so dass die Leute erstens eine Ansprechpartnerin hatten, eine die mitarbeitete zu den Grundsätzen der Hospizarbeit, und zweitens eine, die auch Auskunft geben konnte über Literatur. So ist also eigentlich, als ich aus Hannover wegging, das Ganze nach Stuttgart gewandert.

Ich kam aber ja nun zurück nach Schleswig-Holstein und engagierte mich auf Landesebene bei den Nordischen Hospiztagen. Und nun muss ich ein Geständnis machen. Es ist ja einfach fällig in so einer Situation. Sie hatten beim ersten Ökumenischen Hospizkongress in Braunschweig vorgetragen. Ich war draußen und schimpfte etwas, weil ich fand, man müsste nicht so einen scharf formulierenden Kritiker der Hospizbewegung sich einladen, und war gar nicht damit einverstanden. Die anderen fanden das aber alle hinreißend, und inzwischen bin ich ja auch viel versöhnter damit. Aber als ich nach Schleswig-Holstein kam und dann die Akademie in Sankelmark nichts Besseres zu tun hatte, als gleich wieder mit Reimer Gronemeyer zu planen, sagte ich: „Jetzt macht das mal alleine. Ich will da nicht mehr groß mitarbeiten." Das war auch mehr ein Anlass, man kann ja nicht so viel auf einmal tun, und ich bin froh, dass ich erstens meine Kritik persönlich loswerden durfte, und zweitens denke ich, dass wir inzwischen ganz versöhnt miteinander sein können. Und ganz klar ist, die Hospizarbeit muss auch kritische Impulse hören, verstehen, integrieren – also, nur um das mal deutlich zu sagen. Aber dann ergab sich für mich Folgendes: Auf einmal sollte ich neben

den Nordischen Hospiztagen (immer im Frühjahr) im Herbst jeweils ein Wochenendseminar machen für Hospizarbeitende auf Landesebene zusammen mit – ja, mit wem? Ich fand eine Gestalttherapeutin namens Marion Loh und habe 11 Jahre lang mit ihr jeweils im Herbst ein Seminar für Hospizmitarbeitende gemacht. Einmal musste sie fehlen aus Krankheitsgründen und schickte eine sehr kompetente befreundete Kollegin als Vertreterin, mit der ich das auch sehr schön gestalten konnte. Und dann haben wir zuerst in Lügumkloster, dem Refugium der dänischen Volkskirche, später in Angeln auf dem Hof Ruhe in Osterbunsbüll und einmal, weil wir dort nicht unterkommen konnten, auch in Rickling, unsere Seminare gehalten als eine Art Geschenk für die ehrenamtlich Mitarbeitenden in der Hospizarbeit, so eine Art Rekreation, ein subventioniertes Seminar – sie mussten schon auch Eigenanteil bezahlen – und ein wenig Fortbildung zu symbolisch interessanten Themen. Und daraus ist jetzt ein Buch geworden, und zwar „Zum eigenen Leben finden" heißt das. –
Noch ein bisschen zum „Celler Modell". Das Gemeindekolleg in Celle entwickelt Kurse zu bestimmten Themen, die in den Gemeinden behandelt und nachgemacht werden können, richtige Modelle z.B. „Gottesdienst leben", „Neu anfangen", oft auch Projekte, die aus anderen lutherischen Kirchen Skandinaviens oder Nordamerikas zu uns nach Deutschland geholt, übersetzt, adaptiert und neu herausgegeben wurden: „Wort und Antwort", „Gottesdienst leben", „Neu anfangen" und so weiter und so fort. Wenn man sich darüber informieren will, das Gemeindekolleg in Celle hat eine Homepage, und da kann man sehen, was da für Projekte angeboten werden.

Jetzt war unser Projekt insofern besonders: ohne Vorbild aus dem Ausland, komplett von vorne bis hinten neu gemacht und eigentlich eins, das nicht im Bereich von „Glauben weitergeben" liegt, sondern ein diakonisch-seelsorgerliches Projekt. Und die Regel war, man macht eine Konsultation, dann eine Vorbereitungsphase, dann gibt's eine Projektentwicklungsphase, und wenn man das Projekt fertig hat, gibt's eine Projektbegleitphase. Und die Materialien werden nicht veröffentlicht, sondern die kann man immer nur durch Teilnahme an den Kursen in Celle bekommen. Von diesem Grundsatz ist man inzwischen abgewichen, andere Projekte „Wort und Antwort" z. B. sind auch längst erschienen, aber wir waren damals die ersten, die in die Situation kamen, dass wir sahen: noch ehe überhaupt groß Kurse gelaufen waren, wollte schon jemand das zu einem Buch machen. Und zwar durch die Bilder von Ferdinand Hodler zum Sterben seiner Geliebten Valentine Godé-Darel.[24]

Leider sind die Bilder in diesem Buch nicht abgedruckt, weil sie abzudrucken zu teuer gewesen wäre. Es gibt aber eine Diaserie als Begleitmaterial zu dem Buch, da sind diese Bilder alle enthalten. Und ich habe mir ein Exemplar gemacht, da sind sie

[24] Ein Maler vor Liebe und Tod. Ferdinand Hodler und Valentine Godé-Darel. Ein Werkzyklus. Katalog und Ausstellung von Jura Brüschweiler, Genf: Kunsthaus Zürich 1976.

integriert, das zeige ich Ihnen nachher gleich. Jedenfalls: Der Projektsekretär dieses Projektes, Burkhard Straeck, Pfarrer in Hannover, war Nachfolger von Wolfgang Longardt für die Redaktion von „Was und Wie?“ im EB-Verlag Hamburg. Und er schrieb für diese Zeitschrift „Was und Wie?“ einen kleinen Artikel über dieses Projekt. Das sah der Verleger Dr. Brandt und sagte: „Ich möchte gerne daraus ein Buch machen.“ Und da haben wir ihm dann die Materialien zur Verfügung gestellt, und das ist dann das Buch geworden.

Und ich danke eigentlich besonders dem Nachfolger von Alfred Seiferlein, der unser erster Referent war im Gemeindekolleg in Celle, nämlich Andreas Ebert, der ja das Enneagramm herausgebracht hat von Richard Rohr, der viele Bücher übersetzt, viele geschrieben hat, dass daraus ein Buch wurde. Denn das eine sind Arbeitsmaterialien, und das andere ist ein Manuskript, und da ist, wie ich inzwischen gelernt habe, der Weg zu einem Buch noch relativ weit. Aber er hat es geschafft, die 2 mal 8 Schritte aus dem Grundkurs und dem Vertiefungskurs so in ein Manuskript zu fassen, dass daraus ein Buch werden konnte. Und der Kompromiss war damals: Nur das Teilnehmermaterial erscheint öffentlich, so dass man das kaufen kann, und das so genannte Leitungshandbuch mit den ganzen didaktischen Anweisungen, wie man's denn macht, die gibt es nur im Gemeindekolleg in Celle gegen Teilnahme. Das war sehr mit der heißen Nadel genäht, dieses erste Leitungshandbuch (von dem ich inzwischen nur noch ein von einer Freundin zurückgegebenes Exemplar fest gebunden besitze, alles andere hat sich aufgelöst; wir hatten nämlich Ringordner für das Teilnehmermaterial; ich habe das Leitungshandbuch aufgeschnitten, gelocht und dann auch in den Ringordner hineingetan). Das war so mit der heißen Nadel genäht, dass wir einige Zeit später noch eine zweite Auflage (sc. mit Ergänzungen und Korrekturen) machen mussten. Und so ist dann eben die zweite Auflage des Leitungshandbuches entstanden. … Aber ich muss erst noch … erzählen, wieso wir die zweite Auflage kriegten und überhaupt dazu kamen, das Buch neu zu machen. …

Der Vertiefungskurs hat auch 8 Schritte und die sind an der Beichte orientiert. Wie es dazu kam? Es gab zur damaligen Zeit einen liturgischen Entwurf zur Beichte: Anrufung, Verkündigung, Besinnung, Beichte, Lossprechung, Dank. Ich dachte, ich könnte das nehmen als Struktur für den Vertiefungskurs. Da hat mir meine Vorbereitungs- und Projektgruppe gesagt: Mit diesen erschlagenden Hauptworten wollen wir nichts zu tun haben! Da habe ich versucht, diese Struktur zu übersetzen, und habe damals so eine Meditation gemacht zum Thema und bin darauf gekommen, das Ganze umzubenennen. Da heißt es dann: gerufen, gefragt, bedacht, bekannt, gelöst, erfüllt, gesegnet, begabt. Partizip, Perfekt, Passiv.

Daraufhin hat die Projektgruppe gesagt: Das nehmen wir, das ist ja wunderbar, das changiert ein bisschen, sowohl den Schwerkranken und Sterbenden betreffend – der wird ja auch gerufen, sozusagen ans Ende seines Lebens – als auch den ihn Begleitenden, der was lernen soll: der ist auch zwischen „gerufen“ und „begabt“, arbeitet an sich. Denn das Material, das wir zum Arbeiten mitbringen, sind wir selbst. Etwas anderes an Handwerkzeug haben wir ja nicht anzubieten oder mitzubringen, nur uns. Also: Wir arbeiten in dem Vertiefungskurs nicht mehr an aktiven Verben, sondern an Haltungen, inneren Haltungen. Trotzdem war das sehr umstritten, weil es im Grundkurs eine biblische Geschichte als Leitmotiv gibt und im Vertiefungskurs nur die mit einer Hilfskonstruktion (also Übergang von den Hauptworten zu Partizip Perfekt Passiv-Wendungen) gemachte Meditation der Beichte.

Das war nicht so leicht zu vermitteln und klang ein wenig fromm: „gesegnet“, „begabt.“ Und bei „begabt“ war die Gabe dann auch noch das Abendmahl. Das führte schon beim Entstehen des Projektes dazu, dass man den Vertiefungskurs am liebsten ganz weggelassen hätte. Gott sei Dank haben wir das nicht getan, denn das war, wie gesagt, der Schlüssel dazu, dass die Katholiken sagten: Das ist ein so geistlich profiliertes Modell, das die Beichte thematisiert. Am Ende des Lebens geht es um so etwas wie Lebensbilanz – so nennen das andere, die Anthroposophen machen Biographiearbeit[25], man muss es nicht immer Beichte nennen; aber es geht doch darum – Elisabeth Kübler-Ross hatte das genannt: das „Erledigen unerledigter Geschäfte“. Dazu Hilfen zu geben, also selbst das zu tun und aufmerksam zu werden, wie mache ich das eigentlich, wie helfe ich anderen, die vor dieser Herausforderung stehen – das sollte der Vertiefungskurs bringen, brachte er auch.

Es gab Hospizgruppen, die haben dreimal den Grundkurs gemacht, ehe sie sich einmal an den Vertiefungskurs wagten, wenn sie den aber einmal sich getraut hatten zu machen, dann haben sie nie wieder darauf verzichtet, weil der tiefer sitzt, innerer, innerlicher.

Nun gab’s aber von den mehr säkularisierten Leuten oder weniger kirchlich Verbundenen immer wieder viel Kritik, und Celle nahm das auf und hat den Vertiefungskurs umgebrochen, die Hälfte stehen lassen und einen andern Schluss gemacht. Ich kann den nicht auswendig …, das müssen Sie einfach mal nachlesen. Das Buch gibt’s nun zu kaufen, das heißt „Sterbende begleiten lernen“[26] und nicht mehr „Verlass mich nicht, wenn ich schwach werde“. Da kommt das „orthothanatologisch gesicherter Abgang“ und „Pädagogisierung“ stärker zum Ausdruck als in unserm Buch.

Nachdem ich dieses Buch gesehen hatte und traurig war („das ist ja eigentlich das Leitungshandbuch, das zum Buch gemacht worden ist, und die Teilnehmermaterialien sind auf CD-ROM“), habe ich das nur überlebt, indem ich meine eigene zweite Auflage „Verlass mich nicht, wenn ich schwach werde – Handbuch zur Begleitung Schwer-

[25] Vgl. dazu: Peter Godzik (Hg.), Biographiearbeit. Eine Einladung zur Lebensbilanzierung, Schleswig: 1994; im Internet: http://www.pkgodzik.de/fileadmin/user_upload/Entwuerfe/biographiearbeit.pdf

[26] Elke Schölper (Hg.), Sterbende begleiten lernen. Das Celler Modell zur Vorbereitung Ehrenamtlicher in der Sterbebegleitung. Mit CD-ROM (2004), Gütersloh: Gütersloher ^{2}2007.

kranker und Sterbender, korrigiert und ergänzt 2004“, noch einmal gemacht habe, DIN A 4-Größe, mit den Bildern von Hodler! …

Meine letzte Arbeit für die VELKD war „Sterbenden Freund sein – Texte aus der Tradition der Kirche“, mittelalterliche Ars moriendi[27]. Was wir machen ist ja nicht neu, ist ganz alt, aber es ist nicht zugänglich, und es ist vor allem nicht praktisch-theologisch zugänglich. Und ich habe gesagt: Es wird Zeit, die alten Texte mal wieder ans Licht zu ziehen. …

Meine höchste Form (sc. der Veröffentlichung), die ich erreicht hatte: Es gab gemeinsame Texte von katholischer Bischofskonferenz und evangelischer EKD „Kirche und Sterben, Tod und Trauer in unserer Gesellschaft“; und der hintere Teil über „Sterbebegleitung in Gemeinde und Hospizbewegung“, der stammt von mir – auch das ist nicht selbstverständlich, dass man sozusagen in die offiziellen Verlautbarungen von EKD und katholischer Deutscher Bischofskonferenz mit einem Text kommt: „Umfangen vom Leben. Gemeinsames Wort für das Leben“ (1996). …

Letzter großer Bogen: Bei der Generalsynode in Veitshöchheim ging es auch um das Thema „Hoffnung über den Tod hinaus“. Man konnte sich auf eine Erklärung damals nicht wirklich einigen, machte eine, aber die holperte noch und hatte so schwierige Stellen. Und es wurde (sc. von den Synodalen) auch wieder gebeten, die Bischofskonferenz damit zu beschäftigen, also die leitenden Theologen. Und klar war, die Referenten mussten natürlich jetzt dafür eine Vorarbeit machen. Reinhard Brandt war der theologische Grundsatz-Referent und Peter Godzik der Seelsorge-Referent, Professor Ulrich Kühn der Systematische Theologe aus Leipzig. Wir haben damals Texte entworfen, die sind veröffentlicht worden: „Hoffnungsbilder gegen den Tod“. Und eine Rezension hat dazu geschrieben: „Hilfreiches im Westentaschenformat“. Was wir hier machen, ist nämlich: die Ganztod-Theologie mit dem Thema „Unsterblichkeit der Seele“ konfrontieren. Für alle Katholiken und alle Orthodoxe ist doch klar, dass, wenn einer stirbt, seine Seele nicht stirbt; die ist unsterblich. Für die Evangelischen ist das platonisch und griechisch und falsch: Wir sterben mit Körper, Seele und Geist ganz und gar – das nennt man die so genannte „Ganztod-Theologie“ – und werden von Gott neu geschaffen, neu gemacht, danach. Die Frage war immer: Was ist dann mit der eigenen Identität? Wo bleibt die eigentlich? Im Gedächtnis Gottes?

Wie kann man biblisch legitim von der Unsterblichkeit der Seele reden? Das ist nichts, was an uns natürlicherweise haftet, dann brauchten wir Christus ja nicht, wären natürlicherweise unsterblich. Sondern, mit Luther gesprochen, der Mensch ist unsterblich, solange Gott mit ihm redet. Solange Gott mit uns redet, im Zorn oder in der Liebe, sind wir unsterblich, weil er kein anderes Wort als ein unsterbliches Wort für uns hat. Also: Unsere Unsterblichkeit ist eine geliehene, von Gott geschenkte, zugeeigne-

[27] Texte aus der VELKD 55/1993. Vgl. dazu auch: Wolfgang Weiß, Im Sterben nicht allein. Hospiz – ein Handbuch, Berlin: Wichern 1999.

te, aber eben: solange er mit uns redet. Und ich habe tapfer gegen den theologischen Grundsatz-Referenten, der die Ganztod-Theologie vertritt, aber sehr klug, aus seelsorgerlichen Gründen die andere Theorie hochgehalten und dabei das Erbe und Vermächtnis meines lutherischen Oberkirchenratskollegen Fritz Heidler verteidigt.

Fritz Heidler, verstorbener Oberkirchenrat im Lutherischen Kirchenamt in Ost-Berlin, hat geschrieben „Luthers Lehre von der Unsterblichkeit der Seele“ und „Die biblische Lehre von der Unsterblichkeit der Seele“. Und ich bin in gewisser Weise geistig sein Nachfolger. Ich bin ihm nur ein einziges Mal begegnet auf der Treppe des Lutherischen Kirchenamtes in Hannover. Ich lud ihn ein zu einem nächsten Seminar nach Celle, und in der Vorbereitung auf dieses Seminar ist er gestorben. Er kam da nicht mehr zum Referat. Aber ich fühle mich immer in seinem Vermächtnis, in seiner Nachfolge, diese Thesen vertretend.

Und das haben Reinhard Brandt und ich in einer sehr exzellenten Weise, finde ich, aufeinander zugeschrieben. Leider hat sich die Bischofskonferenz damit nicht befassen können. Der Grund: Wir kamen auf eine Bischofskonferenz, da gab es nur ein einziges Thema: Die Wiedervereinigung zwischen Ost und West musste kirchlich bewältigt werden und da hatte man keine Zeit für solche schönen Themen. Aber unsere Ausarbeitung und das Referat von Prof. Kühn durften veröffentlicht werden.

Das hat jetzt eine Folge: Ich bin in den Beirat des Vereins „Kinder auf Schmetterlingsflügeln e.V.“ in Pansdorf berufen worden, der südlich von Bosau am Großen Plöner See gerade ein Grundstück erworben hat, mehrere Hektar, und der dort ein Familienhospiz errichten will. Für Kinder, die sterben, und für Kinder, deren Eltern sterben. Und da wird das ganze Familiensystem aufgenommen. Und deren Signet ist der Schmetterling – mit Elisabeth Kübler-Ross gesprochen: als Symbol der unsterblichen Seele. „In allem, was zu Ende geht, zeigt sich etwas, was weiter wächst und sich entfaltet“, sagt Cicely Saunders. Und die haben mich gebeten, nachdem sie mein Symbolbuch kennen gelernt haben, ihnen ein Buch über Schmetterlinge zu schreiben. Und das ist im Entwurf fertig und wird heißen: „Was weiß die Raupe schon vom Schmetterling? Ein Handbuch für Kinder und Erwachsene, die vor den schwierigen Fragen von Leben, Tod und Auferstehung stehen“. Und da rede ich natürlich nicht nur naturwissenschaftlich über Schmetterlinge, sondern über den Schmetterling als Symbol für das, was danach kommt. Ich hoffe, dass das nächstes Jahr erscheint irgendwann. Wir bearbeiten gerade die Abdruckrechte für fremde Texte, also da kommen Gedichte und Geschichten über den Schmetterling vor von Ina Seidel über Hermann Hesse, Goethe, Elisabeth Kübler-Ross und wer da alles noch etwas dazu beigebracht hat.

Letzte Kleinigkeit: Wir haben mal eine kleine Handreichung gemacht: „Erste Hilfe für Eltern, die ihr Baby verlieren und alle, die sie unterstützen wollen“. Dazu habe ich einen kleinen Text gemacht: „Der Trost des christlichen Glaubens“. Damit habe ich folgende Erfahrung gemacht: Es gibt Menschen, die haben ein Kind verloren und gestalten dann eine Internet-Gedenkseite. Hin und wieder wird gerade dieser Text genommen als tröstlich. Auch das ist ein schönes Gefühl: Wenn man so etwas formuliert, denkt man nicht, dass mal Leute (ohne dass sie einen fragen, die sind nur durch das Internet darauf gekommen) das nehmen und sagen: „Darin finden wir uns wieder“ und drucken das ab als Gedenkblatt für ihr Kind. Das Heft ist übrigens eine Kurzfassung von Hannah Lothrops tollem Buch. So, jetzt weiß ich nichts mehr zu erzählen, außer Fragen zu beantworten. (Pause)

Reimer Gronemeyer: Ich meine, ich versuche diese Frage jetzt einigermaßen intelligent zu formulieren. Also ich finde, wenn ich es mal sehr subjektiv sage, dass die Hospizbewegung vielleicht einen Prozess der Säkularisierung durchläuft, die ich im Übrigen bedenklich finde oder bedauernswert, sagen wir mal lieber. Also die Frage noch einmal: Aus Ihren Worten ist sehr deutlich geworden, dass sich eigentlich die Hospizbewegung aus christlich orientierten Betrachtungs- und Umgangsweisen entwickelt. Kann man das so sagen, dass das eigentlich der Kern der Sache gewesen ist?

Peter Godzik: Ja, mit der Einschränkung: christlich orientierte engagierte Menschen, aber nicht die Kirche! Die Kirche als Institution war eher zögerlich, die hat es mit diakonischen Einrichtungen zu tun, mit Macht, mit Geld, mit Claims, mit Rücksichtnahmen Institutionen gegenüber. Die Hospizbewegung ist eine Bürgerbewegung, die kommt von unten. Ich habe den Eindruck gehabt, als würde die Urgemeinde noch mal wieder erfunden. Also, alles fängt von vorne an, über einer wichtigen Frage entdeckt man, worauf es ankommt, liest in heiligen Schriften, stützt sich gegenseitig, und das ist ein zutiefst geistlicher Vorgang. Das ist wahr. Ich bin einer, der über die ehrenamtliche Schiene kommt, ich bin in der Hospizarbeit nicht hauptamtlich tätig gewesen, immer nur ehrenamtlich. Ich habe meine hauptamtliche Tätigkeit als Theologe in den Dienst dieser ehrenamtlichen Bewegung gestellt und versucht, sie zu verstehen, zu übersetzen und geistliche Impulse so zu geben, dass ich gesagt habe: „Ich bin begeistert, ich schütze das, ich stütze das, aber ich entdecke auch: das gab es schon mal, und ich erzähle euch davon, von der Ars-Moriendi des Mittelalters“. Und in der Ausbildung geht es ohne geistliche Dimension meiner Meinung nach nicht.

So, und wenn man jetzt sieht: Wir sind in einer Situation der zweiten, der dritten Hospizgeneration, der Konsolidierung, der Professionalisierung, wir müssen Qualitätsmerkmale erbringen, es geht plötzlich auch um viel Geld und wir müssen Standards halten. Und auf einmal spürt man, aha, zwei Berufsgruppen kommen weiter nach vorne:

- Die Ärzte, und zwar Palliativmediziner. Jetzt heißen die Hospizvereine oder -verbände gar nicht mehr Hospizverband, sondern Hospiz- und Palliativverband. Und überwiegend übernehmen jetzt wieder Palliativmediziner die Führung.
- Und Schwestern, die sich als Palliative Care-Schwestern ausbilden lassen

und Palliativpflege als Schwerpunkt haben. Also z. B. Gerda Graf ist für mich so ein Beispiel dafür. Eine hochprofessionelle Krankenschwester, Pflegekraft, Pflegedirektorin, die ihre Berufsleidenschaft hineinbringt.

Und natürlich habe ich als Theologe niemals etwas gegen die Berufsleidenschaft anderer Berufe. Es ist toll, wenn der Arzt das mit Begeisterung macht. Es ist toll, wenn die Schwester das mit Begeisterung macht. Aber ich habe ein Bedenken, das habe ich in Sankelmark erlebt. Wenn über Schmerztherapie am Krankenbett geredet wird und mit Leidenschaft Arzt und Schwester ihre Mittel der Wahl, ihre Methoden zur Schmerzlinderung vortragen und dabei kein Theologe überhaupt auch nur vorkommt, dann ist das nicht mehr multidisziplinär genug und ignoriert einen Teil des Schmerzbereiches, eine Dimension des Schmerzes, der muss vorkommen! Es geht um Abschied und es geht auch darum: Wohin geht es?

Ich habe das mal in ein Bild gekleidet, das war ja auch der Grund, weshalb ich die Vortragseinladung nach Wien bekam. Ich sagte: „Die Leute sterben in geistlicher Steißlage", wenn Sie verstehen, was ich meine. Bei der Geburt ist Steißlage eine Komplikation und man versucht, das Kind zu drehen, in Kopflage zu bringen, dann ist es leichter für Mutter und Kind. (Ich habe übrigens gelernt: Der Druck ist so groß, dass man natürlich auch ein Kind in Steißlage gebären kann. Und dass es ausgerechnet die Ehefrau von dem Wiener Professor Andreas Heller ist, die ein Kind in Steißlage geboren hat, und ich erzähle als Mann etwas über die geistliche Steißlage, das war nicht so toll, in Klammern. Ich war der einzige Mann unter ganz vielen Frauen und erzähle da etwas über Steißlage bei der Geburt. Man soll sich als Mann in bestimmte Themen nicht einmischen.) Egal, was ich meine ist, Menschen sterben, indem sie zurück in ihr Leben gucken, keine Idee und Perspektive haben, nach vorne zu schauen, was kommt, darüber nichts wissen und sozusagen klammern, halten. Die sterben trotzdem. Man wird durch seine geistliche Steißlage im Sterben hindurchgerissen.

Ich möchte gerne als Theologe dazu beitragen, dass Leute in eine geistliche Kopflage kommen. Das heißt nicht Verkopfung, sondern heißt zu wissen: Was kommt danach? Es gibt ein wunderschönes Bild von Kees de Kort aus seinem Bilderbuch von der Heilung des Gelähmten.[28] Die Freunde tragen den doch da rauf aufs Dach. Und da liegt dieser Gelähmte da oben und es gibt vier Personen, die handeln. Und ich habe immer gesagt, das sind die typischen Professionen – habe ich auch beschrieben in diesem einen Büchlein von der „Hospizarbeit in Kirche und Diakonie" – in der Hospizarbeit. Jemand ist am Kopf des Patienten zugange, pflegend, durststillend. Ein anderer ist da, kommt hinzu hilfreich mit einer Decke, das ist der Ehrenamtliche, das andere ist die Schwester sozusagen. Dann steht da jemand und konzentriert sich komplett mit

[28] Jesus und der Gelähmte. Reihe: Was uns die Bibel erzählt, Stuttgart: Deutsche Bibelgesellschaft 1977.

einer Stange auf das Lösen der Steine des Daches. Dazu habe ich immer gesagt: das ist der Arzt, der Palliativmediziner, der hat eine spezielle Aufgabe, der muss nämlich die Verkrampfung lösen. Schmerztherapie heißt lockern, Druck wegnehmen, das ist natürlich metaphorisch gemeint. Der konzentriert sich nur auf eine ganz spezielle Aufgabe: Wie kriegt man den Verband wieder gelockert, der so verhärtet ist und der Schmerzen macht? Und ein Vierter ist tätig, der nimmt Dachpfannen oder Steine weg und öffnet ein Loch. Da sag ich immer: Das ist der Theologe. Der soll gefälligst mal sagen, wo das hingeht. Der könnte sich natürlich auf Paulus berufen: „Wir sollen fröhlich sein mit den Fröhlichen und weinen mit den Weinenden“ und dann meinen, den Arzt verdoppeln zu müssen, oder den Ehrenamtlichen verdoppeln wollen oder vielleicht auch die Pflegekraft – das ist aber alles nicht seine Aufgabe. Der soll mal das Loch zeigen, durch das es jetzt geht. Das hätte ich gerne, wenn wir das wieder entdeckten, nie vergäßen. Dann ergibt sich – also, wenn der andere weiß, dahin geht es, dahin könnte es gehen und dahin begleite ich ihn auch – Mitatmen, Beten, Nahesein, dann kriegt das eine geistliche Dimension und die brauchen wir. Und wenn die verloren gehen sollte, dann fände ich das sehr schade für die Hospizarbeit. Ich hab' also zwei Sorgen: Erstens, dass die Profis das Übergewicht über die Ehrenamtlichen bekommen. Zweitens dass man die geistliche Dimension zwar nennt, aber nicht wahrhaft kundig betreibt, mit einbezieht.

Reimer Gronemeyer: Das ist natürlich zugleich im Grunde genommen auch eine Äußerung über die Zukunft. Also – wenn das geschieht, dann ist die Hospizbewegung, sagen wir mal, etwas geworden, was sie am Anfang jedenfalls nicht wollte.

Peter Godzik: Naja, um die Zukunft ist mir insofern nicht bange, es gibt die entsprechenden Paragraphen im SGB V …

Reimer Gronemeyer: 39a.

Peter Godzik: Da gibt es Gelder, es gibt Qualitätsstandards, es kommt vor, es gibt Einrichtungen und es geht nicht ohne Ehrenamtliche, es geht nicht ohne Vereine, die Rückendeckung geben. Also, die Hospizbewegung hat auf ihrem Wege eine gewisse Mischung hergestellt, die stimmt, das ist gewissermaßen „unkaputtbar“, würde ich mal so sagen. Insofern bin ich zuversichtlich. Und es ist vor allen Dingen auch gelungen zu sagen: Es ist ein Ort, wo gelernt wird. Es müssen nicht alle Leute im Hospiz sterben. Das werden sie nicht tun. Aber es ist der Ort, wo exemplarisch daran gearbeitet wird. Die Mischung muss stimmen, Arzt, Pflegekraft, Ehrenamtlicher, Psychologe oder Geistlicher, und es wird so sein. Die Hospizbewegung muss nur aufpassen, dass, wenn es wieder schief wird, wenn die Gewichte sich verschieben, Selbstkorrektur eintritt, und auch da hoffe ich, dass die Kräfte kräftig und deutlich genug sind, diese Balance immer wieder herzustellen. Also, wenn man etwas schwer vermisst, muss es wiederhergestellt werden. Ich bin da eher sehr optimistisch, dass wir nicht falsch werden können, weil der Anfangsimpuls richtig sitzt. Also, wenn man sich dann erinnert, wie war das doch gemeint, dann muss man doch die Irrtümer alle wieder eingestehen und korrigieren. Das ist in der Kirche genauso. Wenn wir in der Kirche auf einem falschen Weg sind, lesen wir in der Bibel und merken, aha, falscher Weg. Wenn die Hospizbewegung auf dem falschen Weg ist, brauchen wir nicht in der Bibel nachzulesen, sondern wir lesen in unseren eigenen Grundsätzen, die wir formuliert haben und die korrekt sind und die komplett sind, nach und stellen fest: Aha, da liegt der Hase im Pfeffer, und dann kriegen wir das auch wieder hin.

Reimer Gronemeyer: Das war ein wunderbares Gespräch! Das sage ich jetzt nicht nur so, sondern es war ein Gespräch, bei dem wichtige Inhalte da waren.
(Aufnahme-Stopp).

Ausgewählte Literatur zum Thema „Geschichte der Hospizarbeit"

Bautsch, Renate, Sterben in der Großstadt. Ein Beitrag zur Hospizgeschichte in Frankfurt am Main, Frankfurt/M.: Mabuse 2008.

Bickel, Lis/Tausch-Flammer, Daniela, Woher wir kamen und was wir fanden. Von den seelischen und spirituellen Grundlagen der Hospizbewegung, in: dies., Spiritualität der Sterbebegleitung. Wege und Erfahrungen, Freiburg: Herder 1999, S. 9-20.

Böning, Ursula, Sterbende brauchen mehr Zuwendung. Gedanken zur überkonfessionellen „Omega"-Vereinigung, in: Lutherische Monatshefte 27 (1988) 451-452.

Dingwerth, Paul, Lebenshilfe im Sterben. Von den Anfängen der Hospizbewegung und von ihren Zielen, in: Bibel und Kirche 47 (1992) 78-86.

Drescher, Antje/Jungwirth, Helga/Beck, Thorsten (Hg.), OMEGA – Mit dem Sterben leben. 1985-1995: Eine Idee wächst. Sonderausgabe des OMEGA-Rundbriefes anlässlich der Zehn-Jahres-Feier im Oktober 1995, Hann. Münden: OMEGA 1995.

Eibach, Ulrich, In der Erfahrung der Ohnmacht. Hospizbewegung hilft unheilbar Kranken und Sterbenden, in: Lutherische Monatshefte 28 (1989) 155-157.

Fahr, Uwe, Sterbebegleitung und Hospizbewegung, in: Pflege aktuell 10/1996, S. 656-658.

Frenz, Lothar, Die Hospiz-Bewegung, in: ders., Wenn es zu Ende geht. Hilfe beim Sterben, Niedernhausen: Falken 1996, S. 78-106.

Fried, Anne, Wo man in Frieden sterben kann. Die Hospiz-Bewegung, Wuppertal: R. Brockhaus 1988.

Godzik, Peter (Hg.), Die Hospizbewegung in der Bundesrepublik Deutschland. Eine Dokumentation (Texte aus der VELKD 47/1992), Hannover: Luth. Kirchenamt ^{3}1992.

Godzik, Peter, In Würde sterben. Die Hospizbewegung in der Bundesrepublik Deutschland, in: Nachrichten der Evang.-Luth. Kirche in Bayern 47 (1992) 410-412.

Gronemeyer, Reimer, Sterben in Deutschland. Wie wir dem Tod wieder einen Platz in unserem Leben einräumen können, Frankfurt: Fischer 1998.

Gulke, Stefanie, Leben bis zuletzt – Die Versorgung von Schwerkranken und Sterbenden im Sinne der Hospizarbeit in Deutschland. Diplomarbeit, München: Grin 2006 [ISBN (E-Book): 978-3-638-56150-1].

Heller, Andreas/Pleschberger, Sabine, Zur Geschichte der Hospizbewegung, in: Günther Bernatzky/Reinhard Sittl/Rudolf Likar, Schmerzbehandlung in der Palliativmedizin, Wien: Springer ²2006, S. 10-15.

Herder Korrespondenz, „Indiskret bleiben". Fragen zur Hospizbewegung in Deutschland an den Sozialmediziner Johann-Christoph Student, in: Herder Korrespondenz (1996) 396-401.

Homann, Norbert, Hospiz zum hl. Franziskus in Recklinghausen-Süd. Grundgedanken über die Gründung und die Praxis eines Hospizes, Recklinghausen: Verlag Internationales Gesundheitswesen 1989.

Hospiz Stuttgart (Hg.), Einblicke. 5 Jahre stationäres Hospiz. Jahresbericht 1998, Stuttgart: Hospiz Stuttgart 1999.

Jordan, Isabella, Hospizbewegung in Deutschland und den Niederlanden: Palliativversorgung und Selbstbestimmung am Lebensende, Frankfurt: Campus 2007.

Kanitz, Hans, Wo Sterben sein eigenes Haus hat. Die englische Hospizbewegung fasst in Deutschland Fuß, in: Lutherische Monatshefte 26 (1987) 490-491.

Kirschner, Janbernd, Die Hospizbewegung in Deutschland am Beispiel Recklinghausen. Mit einem Vorwort von Eduard Seidler, Frankfurt: Peter Lang 1996.

Kulbe, Annette, Geschichte der Hospizbewegung, in: dies., Sterbebegleitung. Hilfen zur Begleitung Sterbender, München: Urban & Fischer 2008, S. 114-115.

Leiter, Karin E., Lebensbegleitung bis zum Tod. Wir brauchen Hospize. Mit einem Vorwort von Dr. Franz Kardinal König und einem Nachwort von Dr. Rudolf Kirchschläger, Innsbruck/Wien: Tyrolia ²1994.

Lesny, Ursula, Sitzwache in Pflegeheimen. Ein Erfahrungsbericht, in: Evangelische Impulse 5/1988, Seite 17-19.

Michels, Irmgardis, Ein Hospiz macht seine ersten Gehversuche, in: Krankendienst 63 (1990) 159-160.

Müller, Monika, Hospizarbeit und Palliativmedizin – zum Stand der Entwicklung (Gesundheitsberichte NRW. Spezial, Band 2), Bielefeld: lögd 2007, S. 6-14.

Muschaweck, Petra-R., Die Hospizbewegung in Deutschland, in: Reinhard Schmitz-Scherzer (Hg.), Altern und Sterben (Angewandte Alterskunde, Band 6), Bern: Huber 1992, S. 117-137.

Pera, Heinrich/Stienemeier, Rudolf (Hg.), Endlich leben – wahrnehmen, annehmen, begleiten. Festschrift zum 10jährigen Jubiläum der Hospizdienste in Halle (Saale), am 15. und 16. September 1995, Halle 1995.

Pleitner, Henning, Von Kleinasien über Celle nach Tübingen und weiter ... Diakonisches Werk und Hospizbewegung, in: Diakonie. Theorien – Erfahrungen – Impulse. Themenheft „Hospiz – dem Sterben Raum gegeben“, Heft 4, Juli/August 1992, S. 240-243.

Rest, Franco H.O., Kleine Dokumentation der wissenschaftlichen Vorarbeiten des Forschers zugleich zur Geschichte des Hospizgedankens in Deutschland, in: ders., Leben und Sterben in Begleitung. Vier Hospize in Nordrhein-Westfalen – Konzepte und Praxis. Gutachten im Anschluss an eine wissenschaftliche Begleitung, Münster: LIT 1995, S. 19-32.

Roß, Josef, Hospize in Deutschland – Erfahrungen der BAG Hospiz, in: Reimer Gronemeyer/Erich H. Loewy (Hg.), Wohin mit den Sterbenden? Münster: LIT 2002, S. 146-157.

Schreiber, Hermann, Am Ende nicht allein, in: ders., Das gute Ende. Wider die Abschaffung des Todes, Reinbek: Rowohlt 1996, S. 179-199.

Seitz, Oliver und Dieter, Die moderne Hospizbewegung in Deutschland auf dem Weg ins öffentliche Bewußtsein. Ursprünge, kontroverse Diskussionen, Perspektiven, Herbolzheim: Centaurus 2002.

Stempin, Lothar, Hospize – eine Antwort auf den Wunsch nach aktiver Sterbehilfe? In: Friedrich Weber (Hg.), Beim Sterben helfen, Hannover 2006, S. 73-81.

Student, Johann-Christoph, Neue Wege der Sterbebegleitung – Die Anfänge der Hospizbewegung in Deutschland, in: Zeitschrift f. Allgem. Medizin 66 (1990) 549-552.

Volontieri, Franco W., Die Hospizbewegung in der Bundesrepublik Deutschland, in: Pro Senectute/Institut für interdisziplinäre Alternsforschung der Universität Bremen (Hg.), Altern in unserer Zeit V (5. Öffentliche Vortragsreihe vom Oktober 1990 bis April 1991), Bremen 1991, S. 11-30.

Weiß, Wolfgang, Im Sterben nicht allein – Hospiz, Berlin: Wichern 1999.

Westrich, Angelika, Wie alles begann. Geschichte der Hospizbewegung, in: Gustava Everding/Angelika Westrich (Hg.), Würdig leben bis zum letzten Augenblick. Idee und Praxis der Hospiz-Bewegung, München ^{3}2000, S. 9-16.

Wiedemann, Renate, Die Hospizbewegung in Deutschland 1989, in: Johann-Christoph Student (Hg.), Das Hospiz-Buch, Freiburg: Lambertus ^{3}1994, S. 31-42.

Zielinski, Helmut R., Palliative Therapie und Hospizbewegung in der Bundesrepublik Deutschland (Prüfsteine medizinischer Ethik 13), Saarbrücken-Scheidt: Rita Dadder 1993.

II. Praktische Impulse für die Hospizarbeit

Fragestellung und Arbeitsaufgabe für die Arbeitsgruppen während der Generalsynode der VELKD

Aus: Peter Godzik/ Jürgen Jeziorowski (Hg.), Von der Begleitung Sterbender. Referate und Beschlüsse der Generalsynode der VELKD in Veitshöchheim 1988, Hannover 1989, S. 133-139.

Arbeitsgruppe 1: Gemeinde – Sterbebeistand als Hilfe zum Leben

Die Frage, ob die christliche Gemeinde insgesamt den Auftrag hat, sich der Sterbenden in ihrer Mitte oder in ihrer Umgebung anzunehmen, ist gewiss positiv zu beantworten. In der Geschichte der Kirche hat es auch immer wieder Zeiten gegeben, in denen dieser Aufgabe besondere Aufmerksamkeit gewidmet wurde. Trotzdem hat sich durch die gesellschaftliche Entwicklung in unseren Tagen die Tatsache ergeben, dass Sterben entweder in einem institutionellen Rahmen oder in privater Zurückgezogenheit geschieht. Die damit verbundenen Lasten und Probleme sind der Gemeinde oft unbekannt und werden nur selten geteilt.

Hier gilt es nun, neu zu entdecken und neu zu lernen, wie die seelsorgerliche Begleitung von Sterbenden und ihren Angehörigen einschließlich notwendiger diakonischer Hilfen über die Verantwortung des Seelsorgers und der Gemeindeschwester hinaus als Aufgabe der ganzen Gemeinde verstanden und gelebt werden kann. Es geht um „Hilfen zum Leben“, die auch das Sterbegeschick des Menschen mit einbeziehen, Betroffene begleiten, Lasten mittragen helfen und Sterbende mit einer Liebe und Fürsorge umgeben, die Ausdruck unseres Glaubens sind.

Arbeitsgruppe 2: Trost – geistliche Angebote zur Sterbebegleitung

Wer sich auf den Weg macht, andere Menschen in ihren Dunkelheiten zu begleiten, sollte ein Licht mitnehmen – etwas, das ihn selber gestärkt und getröstet hat auf seinen Wegen.

Die christliche Tradition bietet viele Hilfen an, wenn uns eigene Worte oder Gesten fehlen, um bei einem Sterbenden oder seinen Angehörigen zu bleiben. Sie sollen gewiss nicht ersetzen oder überdecken, was uns als Menschen ausmacht – im Fragen, Zweifeln, Schweigen. Aber sie wollen uns an die Hand nehmen, trösten, gewiss machen und stärken.

„Herr, wohin sollen wir gehen?“ hat Simon Petrus gefragt und dann bekannt: „Du hast Worte des ewigen Lebens; und wir haben geglaubt und erkannt, dass du bist Christus, der Sohn des lebendigen Gottes.“ (Johannes, 6, 68-69)

Auf der Suche nach den heilenden Quellen des Glaubens werden wir Worte und Gesten entdecken, die uns und andere zu trösten vermögen. Manche, die Sterbende begleitet haben, haben dabei die Erfahrung gemacht, dass sie nicht nur die Gebenden sind, sondern auch Empfangende. Denn Gott ist uns besonders nahe, wenn wir loslassen müssen und seines Trostes bedürfen.

Arbeitsgruppe 3: Sterbehilfe – Tötung auf Verlangen?

Aus Angst vor dem Ausgeliefertsein an ein unerträgliches und künstlich verlängertes Leiden werden zunehmend Stimmen laut, die eine auch juristisch abgesicherte „Freiheit zum Sterben“ fordern.

Dabei werden Grenzen angerührt und Zumutungen ausgesprochen, die uns in Widerspruch zu göttlichem Gebot bringen können und die Menschlichkeit unseres Zusammenlebens gefährden.

Hier darf die Kirche nicht schweigen, sondern muss immer wieder zu einer ethischen Besinnung beitragen, die Klarheit schafft in den umstrittenen Fragen der Sterbehilfe und zu einer Überzeugung führt, die wir auch in kritischen Situationen bereit sind durchzuhalten. Denn das ist die Aufgabe der christlichen Ethik: uns zu befähigen, nicht „kopflos“, d. h. von der andrängenden Problematik der Situation überwältigt, zu reagieren, sondern besonnen und also verantwortlich zu handeln.

Das schließt nicht aus, dass wir bei Beachtung fundamentaler Grenzen Verständnis denen gegenüber bewahren, die in einer schwierigen Ausnahmesituation persönlich zu einer anderen Entscheidung gelangen. Denn es geht nicht darum, den Stab über jemandem zu brechen, sondern uns gegenseitig Rechenschaft abzulegen über die Gründe unseres Handelns und „der Hoffnung, die in uns ist“ (1. Petrus 3,15).

Arbeitsgruppe 4: AIDS – niemanden allein lassen

Kaum eine Krankheit konfrontiert uns so sehr mit unseren Ängsten wie gerade AIDS. Tabu-Bereiche wie Sexualität und Tod werden hier in zugespitzter Weise berührt. Wir reagieren darauf häufig mit Abwehr, Vermeidung und Flucht. Randgruppenprobleme, die Neigung unserer Gesellschaft zur Ausgrenzung von Außenseitern und viele lebensfeindliche Tendenzen in unserem Lebensstil werden hier auf einmal deutlich sichtbar und fordern uns zur Umkehr auf.

Ängste werden abgebaut, wenn wir lernen, genauer hinzuschauen und uns zu informieren. Die eigentliche Herausforderung liegt aber da, wo es gelingt, Menschlichkeit zu bewähren und der Liebe zu vertrauen, die stärker ist als Tod und Schuld, die Freiheit schenkt von Angst und Verzweiflung und die zu verantwortlichen und liebevollen Beziehungen untereinander ermutigt.

Es ist dabei wichtig, uns derer zu erinnern, die uns den Weg zu den Alleingelassenen vorausgegangen sind, die standgehalten haben in großen Ängsten und Gefahren, um von ihnen zu lernen: nämlich quälende Fragen zu überwinden und „zu wirken, solange es Tag ist“ (Johannes 9, 4).

Arbeitsgruppe 5: Hospiz – ein eigenes Haus für das Sterben?

Vor Jahren noch lehnten Fachkundige aus beiden großen Kirchen die Gründung von „Sterbekliniken" ab. Es wurde eine Abschiebung und Ghettoisierung der Sterbenden befürchtet. Inzwischen werden trotz dieser Bedenken auch bei uns in der Bundesrepublik Deutschland an mehreren Orten „Hospize" für Sterbende gegründet.

Die Befürworter weisen darauf hin, dass „Hospiz" etwas anderes ist als Klinik, dass die Verbindung zu den Angehörigen gerade da aufrechterhalten und gestärkt werden soll, wo das noch möglich ist. Das Hospiz sei ein Ort der Begegnung und des Lernens – und für Einsame ein Ort der Gastfreundschaft und der Hilfe auf dem letzten Stück des Lebensweges.

Ob es neben der Klinik, dem Pflegeheim und dem eigenen Zuhause nicht doch auch einen Ort der Sterbebegleitung geben muss, an dem wir lernen, besonders auf die Bedürfnisse sterbender Menschen einzugehen? Was soll denn sonst mit denen geschehen, die kein Zuhause mehr haben und sich im Sterben noch etwas anderes wünschen als perfekte medizinische und pflegerische Versorgung, nämlich menschliche Zuwendung und liebevolle Begleitung auf dem letzten, beschwerlichen Stück des Lebensweges?

Und: Ist es nicht ein hoffnungsvolles Zeichen, wenn immer mehr, auch jüngere Menschen, sich dieser Aufgabe annehmen und sie nicht den bewährten Institutionen allein überlassen? Eine Klärung dieser Fragen könnte uns alle aufmerksam machen für das, was Sterbende wirklich brauchen.

Arbeitsgruppe 6: Wenn Kinder sterben

Es gehört zu den größten Herausforderungen unseres Lebens, das Sterben von Kindern annehmen zu müssen. Hilflos stehen wir davor, können nicht ins Leben geleiten, wie wir gern möchten, sondern müssen vorzeitig den Tod akzeptieren.

Kinder spüren oft die Ratlosigkeit und Verlegenheit der Erwachsenen und werden in ihrer Offenheit auch unter Schmerzen und Ängsten zu Lebensbegleitern der Eltern, Ärzte und Pflegepersonen. Es ist eine andere Art des Lernens, die hier geschieht, ein gegenseitiges Geben und Nehmen, das nur gelingt im Vertrauen auf den, der uns in allen Zumutungen hält.

Nichts mehr machen zu können, sondern geschehen zu lassen und darin zu reifen als Mensch begleitet von anderen, die uns lieben und nahe sind – das ist die Aufgabe, die es zu bewältigen gilt, wenn Kinder sterben.

Arbeitsgruppe 7: Christliche Hoffnung – Hoffnung über den Tod hinaus

Wohin gehen wir, wenn wir sterben? Was geschieht mit uns – unserem Leib, unserer Seele? Es gibt Erfahrungen von Menschen, die bis an die Schwelle des Todes geführt wurden und Leichtigkeit empfanden, Licht und Wärme spürten. Was ist davon zu halten?

Es gibt die Antworten unseres Glaubens, die sich niederschlagen in Bildern der Hoffnung. Sie werden kommentiert, ergänzt, in Frage gestellt von den Vorstellungen und Überzeugungen anderer. Was bedeutet das für meinen Glauben? Worauf verlasse ich mich im Leben und im Sterben?

Bei allem geht es ja nicht um das, was mir einleuchtet, sondern was mir zugesagt und verheißen ist. Kann ich das hören, dem glauben, vertrauensvoll meine Hand danach ausstrecken?

Irgendwann einmal muss ich mich selber loslassen und bedingungslos vertrauen. Was hilft mir, Vergangenes abzustreifen und voller Vertrauen in eine unbekannte Zukunft zu gehen? Was ermöglicht mir, in mein Sterben einzuwilligen?

Es gehört viel Offenheit dazu und auch ein Stück Vertrauen, solche Bilder der Hoffnung miteinander zu teilen. Und es erfordert Mut, die Verheißungen des neuen Lebens einfühlsam und zuversichtlich anderen mitzuteilen.

Entwürfe für die Stellungnahmen der Arbeitsgruppen

Stand: 7. Oktober 1988; bisher unveröffentlicht[29]

Arbeitsgruppe 1: Gemeinde – Sterbebeistand als Hilfe zum Leben

Wer die Möglichkeiten der christlichen Gemeinde bei der Begleitung Sterbender erkennen will, muss sich der Tatsache bewusst werden, dass die überwiegende Zahl der Menschen heute im Krankenhaus (ca. 60 %), in Pflegeheimen oder anderen Institutionen (ca. 30 %) stirbt. Nach neuesten Informationen dürfte die Zahl der Sterbenden zu Hause im Jahr 1988 nur noch bei etwa 5 % liegen.

Dem steht gegenüber, dass sich die allermeisten Menschen wünschen, zu Hause sterben zu dürfen. Nur sehr wenige Menschen äußern aufgrund bestimmter Umstände den Wunsch, ihr Leben in einem Krankenhaus oder Heim beschließen zu dürfen. Von daher stellen sich zwei Fragen:

- Wie können die Bedingungen für sterbende Menschen im Krankenhaus verbessert werden?
- Wie können wir dem Wunsch todkranker Patienten, zu Hause sterben zu können, wieder stärker entgegenkommen?

Beide Fragen fordern das Engagement der christlichen Gemeinde heraus, und zwar sowohl auf der Ebene des gesellschaftspolitischen und bewusstseinsbildenden Einflusses der Kirche, als auch auf der Ebene tatkräftiger Hilfe und Unterstützung der pflegenden und begleitenden Angehörigen vor Ort.

Wenigstens einige (die wichtigsten) Forderungen zur Verbesserung der Bedingungen für sterbende Menschen im Krankenhaus sollen hier genannt werden:

- *Patientenorientierte Medizin*
  Für eine patientenorientierte Medizin ist der Dialog zwischen Arzt, Schwester, Pfleger und Patient Kernstück des Selbstverständnisses. Die Grundeinstellung erfordert ein Miteinander im Umgang, nicht eine „Behandlung“, die den Patienten zum Objekt macht.

- *Ergänzung der Ausbildung*
  Es ist wichtig, dass Ärzte, Pfleger, Krankengymnastinnen, Seelsorger und Sozialarbeiter befähigt werden, die Signale Sterbender wahrzunehmen und hilfreich darauf zu reagieren. Deshalb sollte ihre Ausbildung auf die

---

[29] Die vierte Tagung der siebten Generalsynode der VELKD fand vom 16.-21. Oktober 1988 in Veitshöchheim bei Würzburg statt. Die dann tatsächlich beschlossenen Stellungnahmen der 7 Arbeitsgruppen können nachgelesen werden in: Peter Godzik/ Jürgen Jeziorowski (Hg.), Von der Begleitung Sterbender. Referate und Beschlüsse der Generalsynode der VELKD in Veitshöchheim 1988, Hannover: Lutherisches Verlagshaus 1989, S. 140-178.

Auseinandersetzung mit der Sinnfrage von Phänomenen wie Krankheit, Schmerz, Leiden, Verlust, Trennung, Trauer, Sterben und Tod nicht verzichten.

- *Einbeziehung der Angehörigen*
  Wenn die Krankenstation einen Angehörigen in den Dienst am Patienten stark zu integrieren versucht, wird er vielleicht den eigentlichen Sterbebeistand leisten können. Offene Besuchszeiten für diesen Angehörigen sind eine wichtige Voraussetzung für seinen Dienst. Eine Übernachtungsmöglichkeit sollte erwogen und angeboten werden.

Einen eigenen Beitrag zur Verbesserung der Situation sterbender Menschen in Krankenhäusern leistet die Kirche durch die Krankenhausseelsorge. Der eigens dafür ausgebildete Krankenhausseelsorger begleitet aufmerksam die kranken und sterbenden Patienten, achtet auf ihre besonderen Bedürfnisse und vermittelt sie den medizinischen Helfern. Bei Bedarf wird er einen ehrenamtlichen Besuchsdienst ins Leben rufen, ihn anleiten und kritisch begleiten und für eine hilfreiche Einbindung in das Krankenhausteam sorgen. Das Krankenhaus und andere Einrichtungen dürfen aber auf Dauer nicht die einzigen Orte bleiben, an denen in der Regel gestorben wird. Es ist Aufgabe der Gesellschafts- und Sozialpolitik, auch darüber nachzudenken, wie Bedingungen geschaffen werden können, die es Angehörigen eher ermöglichen, ihren Sterbenden in die häusliche Gemeinschaft aufzunehmen. Fragen, die sich in diesem Zusammenhang stellen, lauten:

- Lässt sich Wohnraum finanziell fördern, wenn alte Eltern von der Familie ihrer Kinder im häuslichen Bereich aufgenommen werden?
- Ist eine berufliche Freistellung – ganz oder teilweise – eines pflegenden Angehörigen denkbar?
- Wie weit sind Lohnausfall und Sozialleistungen zu finanzieren?
- Ließe sich der Anspruch auf den Arbeitsplatz erhalten?

Häufig können Angehörige die Betreuung eines zu Hause Sterbenden nicht allein bewältigen. Sie sind auf die unterstützende und begleitende Hilfe des Hausarztes und/oder der Gemeindeschwester angewiesen.

Sozial- und Diakoniestationen mit einem gut funktionierenden ambulanten Pflegedienst sind heute weithin eine Voraussetzung dafür, dass todkranke Menschen ihrem Wunsch entsprechend zu Hause sterben dürfen. Ohne die Unterstützung eines solchen Dienstes sind die Angehörigen fast immer überfordert. Die ambulante Krankenpflege ist daher nach Möglichkeit auszubauen. Dabei ist darauf zu achten, dass der lebendige Kontakt zur Gemeinde erhalten bleibt und gefördert wird.

Da für die Betreuung der Hauskranken die ambulante Krankenpflege und der Hausarzt zusammengehören, sollten sich beide Seiten um eine sachgerechte Kooperation bemühen. Auch die Zusammenarbeit Krankenhaus-Sozialstation ist wichtig. Die Entlassung eines Patienten, der die vielleicht letzten Wochen seines Lebens zu Hause verbringen möchte, ist vom Krankenhaus dann leichter zu vertreten.

Neben der direkten Betreuung der Kranken durch ambulanten Pflegedienst bemühen sich die Sozialstationen um einen ehrenamtlichen Helferkreis in der Gemeinde. Der Dienst freiwilliger Helfer kann auch in der Unterstützung der Angehörigen eines zu Hause Sterbenden häufig eine notwendige Entlastung sein.

Die christliche Gemeinde insgesamt hat den Auftrag, sich der Sterbenden in ihrer Mitte oder in ihrer Umgebung anzunehmen. Das geschieht zunächst auf den Wegen, die heute üblich sind:

- Die Gemeinde wird aktiv, wenn christliche Angehörige, Freunde und Nachbarn dort einspringen, wo sich in ihrer Umgebung die Notwendigkeit zur Hilfe ergibt.
- Wo christliche Ärzte und Schwestern ihren medizinischen und wissenschaftlich begründeten Sterbedienst in humaner Weise versehen, ist in ihnen auch verborgen der Dienst der Gemeinde Jesu Christi zur Stelle.
- Die Gemeinde wird aber auch direkt durch diakonische und theologische Mitarbeiter tätig. Auch sind immer wieder Gemeindeglieder dort zur Hilfe bereit, wo niemand sonst da ist und weder geeignete Nachbarn noch Angehörige zur Stelle sein können.

Für diesen vielfältigen Dienst gilt es zunächst herzlich zu danken. Was aber kann getan werden, um die Sterbeseelsorge in den Gemeinden noch stärker wahrzunehmen?

Vielerorts gibt es eine volkskirchliche Tradition, dass z.B. der Pfarrer gerade nicht von seinen eigenen Gemeindegliedern zum Sterben gerufen wird und sein Erscheinen oft nicht erwünscht ist, weil er als Bote des Todes gilt.

Von einfühlsamen Seelsorgern wird diese Schranke durchbrochen, so dass es sich allmählich in der ganzen Gemeinde herumspricht, dass es gut sein kann, den Pfarrer zu benachrichtigen oder zu holen. Denn wo eine wirklich lebendige Krankenbesuchsarbeit stattfindet, erwächst aus ihr auch die Nötigung, Sterbegeleit zu geben. Bestehende Unsicherheiten auf Seiten der Pfarrer sollten durch eine systematische Ausbildung und Anregung im Vikariat, Pastoralkolleg und Konvent abgebaut werden.

Der Dienst an Sterbenden ist allerdings ein Dienst der ganzen Gemeinde, nicht nur der Pfarrer. Jeder Christ ist um der Liebe Jesu Christi willen dazu aufgefordert, Sterbenden zur Seite zu stehen und dabei seine Gaben einzubringen.

Freilich gibt es heute keine Begabung in der Gemeinde, die nicht, wenn sie auf die Dauer fruchtbar wirken soll, der Förderung und Ausbildung bedarf. Was ist zu tun, damit die Sterbeseelsorge sachgemäß geschehen kann?

- Zunächst geht es darum, bestehende Ängste und Hemmungen im Umgang mit Sterben und Tod abzubauen. Das geschieht am besten durch Seminare und Gesprächskreise, in denen die in der Sterbebegleitung Tätigen ihre Erfahrungen weitergeben.
- Dabei werden auch Kenntnisse und Fertigkeiten vermittelt, die eine sachgemäße Pflege und Begleitung Sterbender ermöglichen. Vor allem aber geht es darum, die eigene Einstellung zum Sterben zu klären. Denn nur eine persönlich verantwortete Haltung zum Tode kann wirklich trösten. Und in der Wahrheit zu seinem Tode steht der Mensch, der gelernt hat, die vielen Tode mitten im Leben zu erkennen und zu bestehen.

Für solche Seminare und Gesprächskreise hat die VELKD eine Handreichung „Sterben-Tod“ entwickelt, auf die empfehlend hingewiesen wird. Sie ist über die Ev. Buchhilfe in Vellmar erhältlich.

Zu den Fachleuten, die die Gemeinde anzuleiten haben, gehört auch der Theologe. Er hat die Gemeinde als einer, der über das Wort Gottes in besonderer Weise nachgedacht hat, mit allen biblischen und theologischen Kenntnissen auszurüsten, die zu einer Theologie des Todes gehören. Darüber hinaus sollte er als Pastor aus eigener Erfahrung etwas dazu beisteuern können, wie christliche Sterbebegleitung in guter Weise wahrgenommen werden kann.

Predigt, Unterricht und Seelsorge werden die Verantwortung der Gemeinde für die Sterbenden zu wecken haben.

Darüber hinaus sollte die Gemeinde durch Abkündigungen, persönliche Gespräche, am besten aber durch ihren tätigen Einsatz deutlich machen, dass sie zur Begleitung Sterbender bereit ist. Ihre Praxis wird sich dann, wenn sie in guter Weise stattfindet, von allein durchsetzen und bekannt werden.

Die Gemeinde, ihre Mitarbeiter und Organe, haben den örtlichen Gegebenheiten entsprechend genau zu überlegen, wann, wie und wo die Zurüstung zur Sterbebegleitung und diese selbst am besten geleistet werden können. Dabei wird der Pfarrer nicht alles selbst tun können, sondern sich der Mithilfe der haupt- und ehrenamtlichen Mitarbeiter versichern. Sein Schwerpunkt im Bereich der Sterbebegleitung wird darin liegen, die haupt- und ehrenamtlichen Mitarbeiter der Gemeinde in ihrem Dienst zu begleiten und mitzuhelfen, dass ihre oft nicht leichten Erlebnisse gesichtet und geklärt werden, so dass dadurch eine Entlastung und Befreiung zu neuem Dienst geschieht. Er muss Zeit für die Sterbebegleiter der Gemeinde haben und alle wichtigen theologischen, aber auch praktischen Verantwortungsbereiche von Angehörigen und medizinischen Helfern kennen.

Auf diese Weise kann der in einer christlichen Gemeinde gewährte Sterbebeistand zu einer wirklichen Hilfe zum Leben werden.

Arbeitsgruppe 2: Trost – geistliche Angebote zur Sterbebegleitung[30]

Es gibt heute viele Bücher, die versuchen, uns auf den Umgang mit Sterbenden vorzubereiten. Ihre Lektüre führt uns selbst zu einer Auseinandersetzung mit unserem eigenen Sterben und ist damit eine der Vorbedingungen für unsere Aufgabe der Seelsorge.

Sterbebeistand vollzieht sich vor allem in menschlicher Nähe, im Dabeibleiben. Lange Stunden geschieht es ohne Worte: ich sitze neben dem Sterbenden, ich halte ihm die Hand, ich streichle ihm über die Stirn, ich umfange ihn in seinen Schmerzen, ich gebe ihm zu trinken.

Als nächstes ist Sterbebeistand ein geduldiges, intensives Zuhören, das dem anderen dazu verhilft, die eigenen, oft so verdrängten Gefühle und Befürchtungen auszusprechen, durch alle Stadien des Sterbens hindurch. Es gilt dabei, die verborgenen Signale wahrzunehmen, die Bedürfnisse des anderen zu erspüren, ob er wissen, ob er sein Leben noch ordnen will. Sterbebegleitung besteht darin, in Geduld so bei dem Sterbenden zu sein, dass der andere in seinem Sterben wirklich er selbst sein und seinen eigenen Tod sterben kann.

Sterbebegleitung besteht darin, dass man sich um eine solche Beziehung zu dem Kranken bemüht, die das offene Gespräch ermöglicht und damit die Frage des Patienten nach seinem Zustand erleichtert.

Die Wahrheit am Krankenbett kann sicher von einzelnen Patienten nicht auf einmal verkraftet werden. Aber alles kommt darauf an, wie der Patient Stück für Stück auf diese Erkenntnis vorbereitet wird und gerade darin einen Sinn für diese letzte Phase des Lebens erfährt. Beziehungen zwischen Angehörigen können dadurch eine einzigartige Intensität gewinnen.

Die Sterbephase ist nicht der Zeitpunkt für einen Bekehrungsversuch. Das Glaubenszeugnis des Begleitenden am Sterbebett sollte aus einer einfühlenden Verbundenheit mit dem Sterbenden heraus geschehen und aus einem gemeinsamen Bemühen, im Glauben an Gott Halt und Trost zu finden. Die überlieferten Rituale der Kirche sind nicht nur für den Sterbenden, sondern auch für seine Angehörigen eine Hilfe zur Sterbebewältigung: das gemeinsame Abendmahl, die Krankensegnung und -salbung und die Aussegnung.

Als große Hilfe kann es sich erweisen, mit einem Sterbenden zu beten. Ein solches Gebet kann durchaus kurz sein und eventuell bekannte Verse aus Bibel und Gesangbuch enthalten; sie sind uralte Schätze menschlicher Erfahrung, um den Weg in den Tod zu finden.

Wo ein Sterbender oder seine Angehörigen kirchliche Handlungen nicht wünschen, sollte auf jeden Fall menschliche Zuwendung erfahrbar werden. Doch werden aus der

---

[30] Teilweise entnommen aus: Westfälische Diakonissenanstalt Sarepta (Hg.), Laß uns gemeinsam gehen. Ein Wegbegleiter an den Grenzen unseres Lebens, Kreuz-Verlag, Stuttgart [4]1986, Seite 86-87.

Kindheit häufig noch Erinnerungen an geprägte Texte aus der christlichen Tradition wach sein, und deshalb sind manche Worte der Kirche auch hier noch zu gebrauchen und erweisen sich oft als eine erstaunliche Hilfe, zum Beispiel das Lied „Befiehl du deine Wege“ oder das Vaterunser.

An seelsorgerlichen Hilfen für die geistliche Sterbebegleitung stehen zur Verfügung:

- das Evangelische Kirchengesangbuch (mit Gebeten zur Sterbebegleitung im Anhang),
- das Evangelische Pastorale,
- der Agendenentwurf „Dienst am Kranken“,
- Worte der Hilfe (hrsg. vom Diakonischen Werk),
- ein Faltblatt mit Anregungen zum geistlichen Sterbegeleit (hrsg. von Professor Seitz).

In diesem Zusammenhang können wir uns auch daran erinnern, dass in früheren Zeiten die Karwoche, Ostern und das Ende des Kirchenjahres eine jährliche Einübung in die Kunst des Sterbens gewesen sind. Aber die eigentliche Hilfe zur Bewältigung der Sterbeerfahrung ist die Botschaft von Ostern. Der Osternachtgottesdienst kann uns in die Erkenntnis hinein nehmen, dass das Leben über den Tod siegt:

„Du wirst mich nicht dem Tode überlassen. Du tust mir kund den Weg zum Leben: Vor dir ist Freude die Fülle und Wonne zu deiner Rechten ewiglich“ (Psalm 16,10a.11).

Arbeitsgruppe 3: Sterbehilfe – Tötung auf Verlangen?

Besonders intensiv haben wir uns mit der Problematik der Sterbehilfe befasst. Aus ärztlicher Sicht sind wir über die schwierigen Grenzbereiche informiert worden, die sich in diesem Zusammenhang auftun. Dabei ist deutlich geworden, dass für den Arzt eine Hilfe *beim* Sterben zu seinen grundlegenden beruflichen und menschlichen Pflichten gehört, dass aber eine Hilfe *zum* Sterben ihm nicht abverlangt werden darf, ohne das Vertrauen der Patienten und der Gesellschaft in die Ärzte nachhaltig zu erschüttern. Nach sorgfältiger Prüfung aller Argumente möchten wir zu dem Problemkreis der Sterbehilfe folgende Stellungnahme abgeben:

Die gegenwärtige Diskussion über die Sterbehilfe ist belastet durch das Geschehen in der NS-Zeit. Aus gesellschaftlichen und ideologischen Gründen wurde damals so genanntes „lebensunwertes Leben“ zur Tötung bestimmt. Es kam zu kriminellen Aktionen, an denen sich auch eine „Medizin ohne Menschlichkeit“ (Mitscherlich) beteiligte. Der Begriff „Euthanasie“ („schöner Tod“) wurde missbräuchlich verwendet und ist seitdem so stark belastet, dass er trotz neuer Definitionsversuche aus der Diskussion ausscheidet. Wenn wir heute von Sterbehilfe reden, setzen wir zunächst voraus, dass wir wirklich sterbenden Menschen begegnen, die unter ihrem körperlichen und seelischen Zustand leiden und deshalb unsere Hilfe und Zuwendung brauchen. Sterbehilfe soll in dieser Situation Erleichterung im Sterbeleiden bringen.

Die wichtigste Hilfe beim Sterben ist die ganzheitliche Begleitung eines Sterbenden unter medizinischem, pflegerischem, seelsorgerlichem und überhaupt mitmenschlichem Aspekt. Sie sollte bei Ärzten und Pflegepersonal, bei Seelsorgern und Angehörigen eine mitmenschlich-engagierte Selbstverständlichkeit sein.

Angesichts der enormen Fortschritte besonders in der Intensivmedizin kann das den Arzt verpflichtende Gebot der Lebenserhaltung und damit sein Heilauftrag umschlagen in eine qualvolle Verlängerung und Erschwerung des Sterbens. Sterbeerleichterung bedeutet dann den bewussten und verantwortlich vollzogenen Verzicht auf mögliche medizinische Maßnahmen, die den irreversiblen Sterbeprozess doch nicht mehr aufhalten oder umkehren können. Dieser Verzicht sollte auf einer gemeinsamen Entscheidung zwischen Patient und Arzt beruhen. Ist der Patient an einer Mitwirkung bei dieser Entscheidung gehindert, so hat der Arzt nach Rücksprache mit den Angehörigen im wohlverstandenen Interesse des Patienten zu handeln und dabei sein eigenes Gewissen zu prüfen.

Gewisse medizinische Maßnahmen der Sterbeerleichterung wie die Gabe von starken schmerzstillenden Mitteln können indirekt zu einer Beschleunigung des Sterbens führen. Hier ist es wichtig, in welcher Absicht gehandelt wird. Eine gezielte Beschleunigung des Sterbevorgangs ist als Grenzüberschreitung zur aktiven Sterbehilfe nicht akzeptabel. Es kommt darauf an, das Augenmerk ganz auf die Schmerzlinderung beim Sterben zu richten und die damit verbundenen indirekten Folgen nach Abwägen aller Umstände gegebenenfalls hinzunehmen. Auch hier ist der Wille des Patienten bzw. sein mutmaßlicher Wille zu beachten. Der Arzt wird gerade an dieser Stelle sein Gewissen besonders prüfen und alle Zumutungen und Versuchungen von dritter Seite zurückweisen.

Jede Form der aktiven Sterbehilfe ist aus grundsätzlichen Erwägungen abzulehnen. Kein Arzt, Sterbebegleiter oder Angehöriger darf sich zum Herrn über Leben und Tod aufschwingen. Sie alle sind gerufen, im Sterben beizustehen und zu begleiten, nicht es aus welchen Gründen auch immer aktiv herbeizuführen.

Wünsche von Patienten nach aktiver Sterbehilfe sollten eher als Aufforderung zu noch intensiverer Begleitung in sowohl menschlicher als auch pflegerischer Zuwendung verstanden werden. Beihilfe zur Selbsttötung, obwohl straffrei gelassen, sollte aus ethischen Gründen nicht gewährt werden. Wer das Recht auf Selbsttötung fordert, verkennt den Auftrag des Menschen, sein Leben in Verantwortung vor Gott zu leben und auch Schmerz und Last als zu bestehende Aufgabe anzunehmen. Es ist uns verheißen, dass Gott besonders denen nahe sein will, die ein zerbrochenes Herz und ein zerschlagenes Gemüt haben (Psalm 34,19).

Alles aktive Eingreifen gegen das Leben, auch gegen das schmerzgeplagte und verlöschende Leben, verletzt Gottes Gebot und belastet das Gewissen des so Handelnden.

Die Bestrebungen, die Tötung auf Verlangen in Grenzfällen nicht mehr unter Strafe zu stellen, sind abzulehnen, weil dadurch die für den Schutz des Lebens grundlegende ethische und rechtliche Form aufgeweicht würde. Ein solcher Schritt würde zu einer Verunsicherung bei Kranken, Angehörigen, Ärzten und Pflegeberufen führen, unangemessene Versuchungen heraufbeschwören und wäre zudem gegen Missbrauch nicht abgrenzbar. Außerdem brächte eine Gesetzesänderung keinen ersichtlichen Vorteil gegenüber dem geltenden Recht, das bereits jetzt für Grenzfälle die Möglichkeit eines übergesetzlichen Entschuldigungsgrundes und dementsprechend des Absehens von Strafe einräumt.

Bei allen konkreten Einzelüberlegungen haben wir uns als Christen stets von der Überzeugung leiten lassen, dass das Leben eine Gabe Gottes des Schöpfers ist, über die wir nicht nach eigenem Gutdünken verfügen können.

Arbeitsgruppe 4: AIDS – niemanden allein lassen

Wir haben gehört, wie schwerwiegend die Probleme sind, die sich aus der durch ein Virus (HIV = menschliches Immunschwächevirus) verursachten Krankheit AIDS (= erworbenes Immunschwächesyndrom) ergeben. AIDS ist immer noch eine zum Tode führende Krankheit, gegen die es bisher keinen Impfstoff und auch keine Erfolg versprechende, d.h. den tödlichen Ausgang vermeidende Behandlung gibt.

Das hat weit reichende Konsequenzen für die Betroffenen: HIV-Infizierte und AIDS-Kranke leben in dem Bewusstsein, dass sie eine unheilbare und tödliche Krankheit in sich tragen. Ihr Sterben, so müssen sie befürchten, wird nicht nur qualvoll für ihren Körper sein, sondern sie auch aus der Gemeinschaft von vertrauten Menschen herausreißen, ja sie der Verachtung und Diskriminierung aussetzen.

Denn AIDS beunruhigt und bedroht alle Menschen: Angesichts nicht gänzlich beherrschbarer Übertragungswege und langer Inkubationszeiten kann es durchaus zu einer katastrophalen Entwicklung kommen. Eine solche Bedrohung macht es schwer, die Situation richtig zu beurteilen und angemessen damit umzugehen. Gelegentlich kommt es zu Überreaktionen: Die Betroffenen werden mit Schuldzuweisungen und moralischen Herabsetzungen zusätzlich belastet, in falsch verstandenem Selbstschutz aus der Gemeinschaft ausgegrenzt und in einer kritischen Lebenssituation sich selbst oder den dafür „Zuständigen“ überlassen.

Betroffen haben wir zur Kenntnis genommen, dass auch Christen und Gruppen von Christen der Versuchung erliegen können, ihre Weltanschauung und die damit verbundenen Wertvorstellungen (insbesondere im sittlichen Bereich) als Grenzen aufzufassen und diffamierten bzw. leidenden Menschen, die nicht „dazugehören“, mit einer nur eingeschränkten Liebe und bedingten Diakonie zu begegnen.

Dabei sollte gerade der christliche Glaube den Horizont und die Motivation bilden für eine Seelsorge und Diakonie, die sich „ohne wenn und aber" um Benachteiligte, Kranke und Notleidende kümmern.

In Vertrauen auf Gottes Verheißung (Psalm 41,2-4) sind wir gerufen, gerade bei denen zu bleiben, die auf unsere Hilfe und Zuwendung besonders angewiesen sind. Ein solches Bleiben und Annehmen ist ein Prozess des Lernens, der Änderung von Einstellungen, der Überwindung innerer Barrieren, des Findens von Wegen zum Kranken und seinen Angehörigen. Es gehört Geduld dazu und Mut, der aus dem Glauben kommt.

Wir haben uns auch mit den Präventivmaßnahmen auseinandergesetzt, die heute zum Schutz vor einer Ansteckung mit dem AIDS-Virus empfohlen werden. Häufig wird der Vorwurf erhoben, dass die Parole „Safer-Sex" und die Verwendung von Kondomen oder die Austeilung von sterilem Spritzbesteck an Drogensüchtige nicht die Tiefe des Problems berühre. Daran ist etwas Richtiges. Aber auch dort, wo Einstellungen und Verhaltensweisen nicht so geändert werden können, dass eine verantwortliche und partnerschaftlich gelebte Sexualität und eine Überwindung von Sucht möglich wird, muss doch alles getan werden, um eine weitere Ausbreitung dieser gefährlichen Krankheit zu verhindern oder doch wenigstens einzudämmen. Dabei ist rücksichtsvolles Verhalten von allen Menschen zu fordern und die Verantwortung nicht nur den so genannten „Risikogruppen" zuzuschieben.

Die Konsequenzen einer möglicherweise doppelten Unterlassung (Verweigerung der Hilfe und Unterlassung der Schutzmaßnahmen) angesichts einer tödlichen Bedrohung stehen uns deutlich vor Augen: „Wenn's so zugeht, dass ein Teil allzu verzagt ist und vor seinem Nächsten in der Not flieht, der andere Teil allzu tollkühn und nicht abwehren hilft, sondern vermehrt, da hat der Teufel es gut, und es muss wohl ein großes Sterben werden". Aber „wenn man sich so in einer Stadt verhält, dass man kühn im Glauben ist, wo es die Not des anderen erfordert, und umgekehrt vorsichtig, wo es nicht notwendig ist, und ein jeder das Gift abwehren hilft, womit man kann, so ist gewiss ein geringes Sterben in solcher Stadt" (Luther, Ob man vor dem Sterben fliehen möge, 1527).

Die AIDS-Krise stellt uns vor die Herausforderung, Kirche neu als annehmende, begleitende und heilende Gemeinschaft zu erkennen und zu praktizieren. Denn nur dort, wo leidende Menschen über Jahre hinweg in einer menschenwürdigen Weise dem Tod entgegengehen können, können wir überhaupt auch menschlich miteinander leben. Krankenpflege und der Umgang mit kranken und sterbenden Menschen darf dabei nicht nur eine spezielle diakonische Aufgabe bleiben, sondern muss wieder stärker unmittelbare Verantwortung der Gemeinde werden. Sie ist der Ort, an dem Zuwendung, Vergebung und Versöhnung ermöglicht und gelebt werden müssen.

Vor Jahren noch lehnten Fachkundige aus beiden großen Kirchen die Gründung von „Sterbekliniken" ab. Es wurde eine Abschiebung und Ghettoisierung der Sterbenden befürchtet. Inzwischen sind trotz dieser Bedenken auch bei uns in der Bundesrepublik Deutschland an mehreren Orten „Hospize" für Sterbende gegründet worden. Weitere Gründungen stehen unmittelbar bevor, so dass man bereits von einer „Hospiz-Bewegung" spricht. Offensichtlich wird hier einem weit verbreiteten Interesse und Bedürfnis Rechnung getragen.

Die Befürworter weisen darauf hin, dass „Hospiz" etwas anderes sei als „Sterbeklinik", dass die Verbindung zu den Angehörigen gerade da aufrechterhalten und gestärkt werden soll, wo das noch möglich ist. Das Hospiz sei ein Ort der Begegnung und des Lernens – und für Einsame ein Ort der Gastfreundschaft und Hilfe auf dem letzten Stück des Lebensweges. Kritiker befürchten eine Romantisierung und Überschätzung des Hospiz-Gedankens und vermissen eine gerechtere Beurteilung der anderen Orte des Sterbens, die mit ganz anderen Zahlen fertig werden müssen: nämlich Krankenhaus, Alten- und Pflegeheim. Auch die Bemühungen um eine Verstärkung der Möglichkeit, zu Hause sterben zu können, dürfen durch ein neuerliches institutionelles Angebot nicht unterlaufen werden.

Nach Abwägen der verschiedenen Argumente scheint uns ein moderates Ja zur Einrichtung von Hospizen für Sterbende angebracht zu sein: Neben anderen Einrichtungen unterschiedlicher Prägung und Trägerschaft kann auch ein Hospiz für bestimmte Menschen in ihrer jeweils eigenen Situation der Ort sein, an dem sie menschenwürdig ihren eigenen Tod sterben können oder sich (zusammen mit ihren Angehörigen) auf ihren Tod vorbereiten. Das Hospiz kann aber auch zur Anlaufstelle für Menschen werden, die zu Hause einen Angehörigen pflegen bzw. pflegen wollen und auf fachmännischen Rat angewiesen sind. Sie können durch Übernahme von Hilfsdiensten im Hospiz mit der Sterbebegleitung vertraut gemacht werden und so ihre eigenen Ängste und Unsicherheiten überwinden.

Das Sterben eines Menschen geschieht heute noch allzu oft unter unwürdigen, belastenden und nicht nur pflegerisch unzulänglichen Umständen. Ein Hospiz kann initiativ beispielhaft der Gesellschaft zeigen, wie es möglich ist, dass Menschen in aufmerksamer und liebevoller Begleitung ihren eigenen Tod sterben.

Krankenhäuser, Pflegeheime, Sozialstationen und andere Einrichtungen sollten sich mit den Erfahrungen der Hospize auseinandersetzen und das ihnen Mögliche in ihre Arbeit übernehmen.

Die Erfahrungen der Hospize sollten auch allgemein bekannt gemacht werden. Ein Hospiz sollte aber nicht grundsätzlich zu dem Ort werden, wohin in der Regel Sterbende gebracht werden und damit die anderen Orte des Sterbens verdrängen. Denn ein würdiger Ort zum Sterben ist überall da, wo ein Mensch sich geborgen weiß und wo ihm bestmögliche Pflege, ärztlicher und geistlicher Beistand und menschliche Nähe und Zuwendung zuteil werden.

Arbeitsgruppe 6: Wenn Kinder sterben

Wir haben erfahren, dass die Begleiter von schwerkranken und sterbenden Kindern besonders stark darauf angewiesen sind, Verständnis für die verschiedenen „Sprachen“ zu entwickeln, die Kinder gebrauchen, wenn sie ihr inneres Wissen und ihre Wünsche mitteilen wollen. Das hat die Aufmerksamkeit und das Verständnis für die entsprechende „Sprache“ todkranker Erwachsener gestärkt und bereichert. Es hat auch Mut gemacht, stärker von den Bedürfnissen der Schwerkranken und Sterbenden auszugehen und sie im Sterbeprozess nicht nur zu denen zu machen, die begleitet und geführt werden, sondern sich auch von ihnen leiten und führen zu lassen.

Begegnung mit dem Sterben bedeutet wie die Geburt „Veränderung, Neuorientierung, oft Schmerz und Pein, aber auch Freude, engere Bindung und einen neuen Anfang“, wie Elisabeth Kübler-Ross schreibt (in „Verstehen, was Sterbende sagen wollen“, S. 7). Es ist erstaunlich, wie aufrichtig manche Menschen dabei das Negative in ihrem eigenen Innern eingestehen können: Ängste, Schuld- und Schamgefühle, geringe Selbstachtung; wie tapfer sie dagegen angehen und sich schließlich durchringen zu einem Vertrauen und zu einem Glauben, der das Licht am Ende des Tunnels sieht.

Gerade in der Begleitung sterbender Kinder und ihrer Angehörigen machen viele Helfer die Erfahrung, welch tiefe Herausforderung zur Reifung dieser gemeinsam beschrittene Weg ist. Dies gilt es festzuhalten und in einen bewussten Umgang mit anderen Menschen und dem eigenen Leben umzusetzen.

In der Begleitung sterbender Kinder kann uns aber auch deutlich werden, dass wir keinen Anspruch auf eine lange Lebenszeit haben, sondern dankbar jeden Tag als Geschenk aus Gottes Hand nehmen sollten. Es ist uns nicht verheißen, viel Zeit zu haben, sondern die gegebene Zeit ausfüllen zu können mit Liebe und Vertrauen.

Besonders wichtig ist es, ein schwerkrankes und sterbendes Kind spüren zu lassen, von welcher Hoffnung wir als Christen getragen sind. Der Tod hat nicht die letzte Macht über unser Leben, sondern wir wissen uns aufgehoben in der unendlichen Liebe Gottes. Der Tod trennt uns von Menschen, aber nicht von Gott. Zu ihm als dem schöpferischen Ursprung unseres Lebens dürfen wir heimkehren. Und dort wird „ein großer Raum und Freude“ sein (Luther).

Arbeitsgruppe 7: Hoffnung – Verheißung des neuen Lebens[31]

Der Tod als das definitive Ende unserer irdischen Existenz ist die entscheidende Infragestellung jeder Hoffnung, die über den Tod hinausreicht. Es gehört zum Realismus

[31] Teilweise entnommen aus: Wilfried Härle, Hoffnung über den Tod hinaus, in: Deutsches Pfarrerblatt, Heft 11/1987, Seite 447-450.

der Bibel, dass sie eine Jenseitshoffnung für den Menschen nur kennt im Durchgang durch den Tod. Das gibt allem Reden von der Hoffnung über den Tod hinaus seinen bitteren Geschmack. Es ist Hoffnung durch den Tod hindurch. Jedenfalls bietet uns die christliche Hoffnung keine Möglichkeit an, den Tod zu umgehen oder zu verharmlosen.

Auch die Sterbeerfahrungen, von denen in den letzten Jahren viel zu hören und zu lesen war, bieten keine solche Möglichkeit. Aus solchen Erfahrungen haben zwar viele Menschen Trost und Hoffnung im Blick auf ihr Sterben gewonnen. Aber solche Sterbeerfahrungen sind nur Erfahrungen an der Grenze des Todes, keine Erfahrungen, die über den Tod hinausreichen. Wohl gibt es viele Hoffnungen über unseren individuellen Tod hinaus – und das ist gut so. Solche Hoffnungen beziehen sich z.B. auf das Wohlergehen unserer Kinder, auf den Bestand unserer Lebensarbeit oder auf die Zukunft der Erde. Aber Hoffnungen, die bloß über unseren individuellen Tod hinausreichen, verschieben das Problem nur von einer Generation auf die andere. Sie beantworten es nicht.

Der christliche Glaube spricht demgegenüber von einer Hoffnung, die über jeden Tod hinausreicht. Und er tut damit einen Griff in die Zukunft, besser gesagt: in eine Dimension der Wirklichkeit, die sich gänzlich unserer Erfahrung entzieht. Woher nehmen wir das Recht, wie können wir es begründen, Aussagen über eine Hoffnung zu machen, die nicht nur über unseren individuellen, sondern über jeden Tod hinausreicht? Was dürfen wir – mit Grund – erhoffen?

Es gibt viele verschiedene Ansatzpunkte, Hoffnungen über den Tod hinaus zu begründen: Man kann vom Wesen des Menschen als Person (als Seele) ausgehen; man kann die Struktur der Wirklichkeit untersuchen und feststellen, dass nichts verloren geht; man kann die zahllosen Zeugnisse der verschiedenen Kulturen und Religionen zur Kenntnis nehmen und wird dabei erstaunliche Entdeckungen machen.

Wenn man jedoch auf die Frage „Was dürfen wir hoffen?“ eine Antwort aus christlicher Sicht gewinnen will, dann kann man sich nur orientieren an Jesus Christus, wie er uns in der Heiligen Schrift bezeugt ist. Er ist der Grund des Glaubens und der Hoffnung durch seine Predigt von der Liebe Gottes, durch seine Hingabe am Kreuz und durch seine Auferstehung. Er ist – wie Paulus es in 1. Kor 15 formuliert – der „Erstling unter denen, die entschlafen sind“ (1. Kor 15,20), d.h., er hat als erster die Macht des Todes durchbrochen und damit der Hoffnung über den Tod hinaus für alle Menschen ein unzerstörbares Fundament gegeben. Jesus Christus ist der Grund der Hoffnung über den Tod hinaus.

Diese „begründete Hoffnung“ (D. Bonhoeffer) hat in der biblischen Überlieferung und in den Liedern der Kirche eine Entfaltung in vielen Bildern und Vorstellungen vom ewigen Leben gefunden. Freude kommt in ihnen zum Ausdruck, Erfüllung und Gemeinschaft mit Gott. Solche Bilder stellen einen großen Reichtum dar, weil sie den unterschiedlichsten Menschen den Zugang zur Ewigkeit eröffnen, der ihnen begreiflich ist, der sie tröstet und der sie schon hier etwas von dem ahnen lässt, was dort auf uns wartet. Christliche Frömmigkeit und Theologie standen freilich immer wieder in der Gefahr, aus den vielen Bildern und Begriffen, die die Bibel gebraucht, wenn sie die Hoffnung über den Tod hinaus beschreibt, so etwas wie eine geschichtliche Abfolge zu konstruieren, eine „Endzeitgeschichte". Dabei wurde oftmals übersehen, dass die Hoffnung, die über den Tod hinausreicht, doch damit über alle Zeit und Geschichte hinausreicht. Es ist keine Abfolge von Ereignissen, sondern es ist die eine, ungeteilte Wirklichkeit Gottes selbst, der wir entgegengehen und die der Inhalt unserer Hoffnung über den Tod hinaus ist.

Was also dürfen wir als Christen hoffen?

Wir dürfen darauf hoffen, dass wir auch im Tod und durch den Tod hindurch geborgen sind bei Gott. Das heißt aber zugleich, dass diese Welt und unser Leben in dieser Welt durch die Hoffnung über den Tod hinaus eine Bestimmung und eine Bedeutung erhalten, die das Interesse an den Dingen und Aufgaben der Zeit und Welt gerade nicht aufhebt oder unwichtig macht, sondern unterstreicht und einschärft.

Es ist nicht wahr, dass Menschen, die eine Hoffnung über den Tod hinaus haben, deswegen den Tod so schnell wie möglich herbeisehnen oder diesem Leben und dieser Welt gegenüber gleichgültig werden. Gerade aus der Hoffnung über den Tod hinaus folgt für den christlichen Glauben, dass er diese Welt und dieses Leben dankbar als Gabe Gottes annimmt und im Blick auf ihre ewige Bestimmung ganz ernst nimmt. Der Einsatz für Frieden, Gerechtigkeit und Bewahrung der Schöpfung sowie die Überwindung von unnötigem Sterben durch Hunger und Krieg, also die Praxis der Liebe im umfassenden Sinn des Wortes, ist keine Alternative zur Jenseitshoffnung, sondern ist eine ihrer wesentlichen Konsequenzen.

Es gibt gar keine wirkungsvollere Aufwertung des Menschen, seines Lebens und der Welt, in der wir leben, als die Gewissheit, dass sie und wir von Gott her und auf Gott hin eine ewige Bestimmung haben: „Denn von ihm und durch ihn und zu ihm sind alle Dinge. Ihm sei Ehre in Ewigkeit!" (Römer 11,36).

Aufklärung und Ermutigung – von wichtigen Büchern zum Thema

Aus: Peter Godzik/Petra-R. Muschaweck (Hg.), Laßt mich doch zu Hause sterben! Gütersloh: Gerd Mohn 1989, S. 128-141.

Bücher lassen uns teilhaben an den Erfahrungen und Überlegungen anderer. Sie ersetzen nicht das eigene Leben. Aber sie können helfen, Zugänge zu finden, Ängste abzubauen, Probleme bewusst zu machen, Sprache zu finden. Sie sind wie ein Geländer, an dem ich mich entlang hangeln kann, wenn ich es brauche. Aus der Fülle der Bücher, die in letzter Zeit zum Thema „Sterbende begleiten" erschienen sind[32], möchte ich diejenigen vorstellen, die sich besonders eingehend mit dem Problembereich „Zu Hause sterben" beschäftigen.

Zu Hause

Zu Hause sterben beginnt nicht mit dem Sterben, sondern mit dem Zuhause-Sein. Das wiederum ist keine statische Angelegenheit, sondern wandelt und verändert sich in unserem Leben. Wir sind auf dem Weg, Menschen unterwegs. Das wirkt sich auch auf das aus, was wir „Zuhause", „Heimat" nennen. Heimat ist zunächst etwas, was jeder von uns unverwechselbar hat: einen Ort, eine Gegend, ein Land, in dem er zu einer bestimmten Zeit geboren ist; Eltern, Geschwister womöglich, eine Familie. Heimat kann aber auch verloren gehen durch eigene und fremde Schuld, wie die Geschichte der Kriege und Flüchtlingsströme dieses Jahrhunderts lehrt. Manchmal verlassen Menschen auch freiwillig oder einem Ruf folgend (1. Mose 12) ihr Elternhaus, um neues Land, neues Leben, neue Möglichkeiten zu entdecken. Nach einem solchen freiwilligen oder unfreiwilligen Verlassen von Heimat können wir Heimat wieder finden: an anderen Orten, bei neuen Nachbarn und Freunden, in anderen Lebensumständen und Herausforderungen. Und zuletzt: Heimat ist etwas, was wir immer noch vor uns haben. Wie Ernst Bloch sagte: Heimat ist „etwas, das allen in die Kindheit scheint und worin noch niemand war".[33]

Zu Hause – das wandelt und verändert sich oft in unserem Leben. Es ist die Welt, in der wir leben, „die wir aber immer mit uns herumtragen und an vielerlei Orte bringen".[34]

---

[32] Vgl. *Peter Godzik,* Sterbende begleiten. Eine Literaturübersicht. Zuerst abgedruckt in: Lutherische Monatshefte, Heft 10/1988, S. 445-449; jetzt in: Peter Godzik/ Jürgen Jeziorowski (Hg.), Von der Begleitung Sterbender. Heft 30 der Schriftenreihe *Zur Sache – Kirchliche Aspekte heute*, Hannover: Lutherisches Verlagshaus 1989, Seite 179-199.

[33] *Ernst Bloch*, Das Prinzip Hoffnung. Dritter Band, Frankfurt: Suhrkamp 1968, Seite 1628.

[34] *Paul Lüth*, Der Tod zu Hause, in: ders. (Hg.), Sterben heute – ein menschlicher Vorgang? Beiträge zur Frage Sterbehilfe als Lebenshilfe, Stuttgart: Hippokrates 1976, Seite 146.

Und es ist die Welt, die am Ende auf uns wartet, wo selbst noch durch den Tod hindurch „ein großer Raum und Freude sein wird“.[35]

Vom Umziehen in ein neues Zuhause am Ende eines langen Lebens erzählt der Kinderroman von *Peter Härtling: Alter John*.[36] Johannes Navratil, ein alter Färbermeister aus Brünn, der jetzt in Schleswig wohnt, zieht zu seinen Kindern und Enkeln nach Dempflingen bei Stuttgart. Er richtet sich innerlich und äußerlich ein, macht den neuen Ort seines Lebens zu seinem Zuhause. Das geht nicht ohne Konflikte und Krach ab, aber die neue Familienkonstellation bringt auch neue Möglichkeiten, Aufmerksamkeit und Liebe mit sich. Es ist köstlich zu lesen, wie „Alter John“ seine Enkelin Laura im Schwimmbad ärgert mit seiner unmöglichen Badehose; wie er Sabine, eine Färbekundin, gegen ihren rabiaten Vater verteidigt; und wie er der ganzen Familie mit Tschapperl, dem kleinen Boxerhund, ein Überraschungsgeschenk zum Jahrestag seines Einzugs macht. Da lebt einer nicht nur am Rande so mit, sondern gestaltet, verwandelt, bereichert das Leben zu Hause – sein eigenes und das der anderen.

Aber dann gehen die Probleme los: Alter John verliebt sich und möchte am liebsten wieder ausziehen. Aber Frau Besemer ist vernünftig: Sie überredet ihn, zu Hause zu bleiben. Sie kommt lieber mal zu Besuch und kümmert sich. Im Laufe der Zeit wird sie ein neues Familienmitglied und eine unschätzbare Hilfe. Denn eines Tages fällt Alter John im Garten um und muss ins Krankenhaus gebracht werden. Nach zwei Monaten sagt er dann den Satz, der alle unruhig und nachdenklich macht: „Ich möcht' nach Haus!“ Nach eingehender Beratung in der Familie und dem Angebot von Frau Besemer, nach Kräften mitzuhelfen, fällt die Entscheidung: der Großvater soll nach Hause kommen. Liebevoll wird er gepflegt und auch durch schwierige Zeiten der Krankheit und des Sterbens begleitet. Eines Nachts stirbt er. Sein Leichnam wird fortgebracht und beerdigt. Der Blick seines Enkels Jakob bleibt an der leeren Sofaecke hängen, die „sein Zuhause“ gewesen war. „Jetzt wußte er, daß Alter John nie mehr da sein würde.“ So endet der einfühlsame Roman von Peter Härtling, der nicht nur für Kinder lesenswert ist, sondern auch die Erwachsenen ermutigen kann, sich einzulassen auf das Zusammenleben mit dem alten Vater oder der alten Mutter. Denn erst aus liebevoll gestaltetem Leben kann würdig bestandenes Sterben erwachsen.

Sterben

Von der Realität des Sterbens zu Hause berichtet das Buch von *Mark und Dan Jury: Gramp. Ein Mann altert und stirbt. Die Begegnung einer Familie mit der Wirklichkeit*

---

[35] *Martin Luther*, Ein Sermon von der Bereitung zum Sterben, 1519, in: Karin Bornkamm/ Gerhard Ebeling (Hg.), Martin Luther. Ausgewählte Schriften in sechs Bänden, Frankfurt: Insel 1982, Seite 17.

[36] Bilder von Renate Habinger, Verlag Beltz & Gelberg, Weinheim ^{6}1985, 108 Seiten, 10,- DM (inzwischen ^{8}1993, 5,95 €).

des Todes[37]. Es ist eine Fotogeschichte. Wer bisher noch keinen Menschen hat sterben sehen und nicht vertraut ist mit körperlichem Verfall, der wird durch dieses Buch auf eindrucksvolle Weise so nah wie möglich an die Wirklichkeit herangeführt.

Freilich, selbst erlebt, selbst erfahren, selbst erlitten – mit all den Gerüchen, Geräuschen, Gefühlen konfrontiert, die von einem Sterbezimmer ausgehen – hat das alles noch einmal eine andere Dimension. Nicht etwa erschreckender, sondern ganz und gar wirklich, Teil meines eigenen Lebens, ohne Möglichkeiten der Distanznahme oder bloß kritischen Betrachtung. Wie gesagt: ein Buch ersetzt kein Leben, auch kein bestandenes Sterben. Aber es kann mich heranführen, aufklären, ermutigen – Mark und Dan Jury tun das mit ihrem Buch über das Sterben ihres Großvaters Frank Tugend auf eine besondere Weise. Sie sind sehr aufrichtig. Sie lassen uns teilhaben an der dreijährigen Prüfung in Menschlichkeit, der sie in ihrer Familie unterzogen wurden – einer Bewährungsprobe, die so viele Familien überall in der Welt auf verschiedene Weise zu bestehen haben. „Gramp" ist zwar ganz und gar ihre eigene, unverwechselbare Geschichte, eingebunden in den Kontext ihres Lebens in Glenburn, Pennsylvania, aber in ihrer Offenheit, Zugewandtheit und Wärme ein Beispiel für viele. In ihrer Einleitung schreiben sie: „Am 11. Februar 1974 nahm der einundachtzigjährige Frank Tugend – geistig zweifellos verwirrt, körperlich jedoch völlig gesund – sein künstliches Gebiss aus dem Mund und erklärte, dass er nichts mehr essen oder trinken wolle. Er starb drei Wochen später, auf den Tag genau. Sein Tod beendete eine drei Jahre währende Prüfung und eine ebenso lange Aufzeichnung eines schrittweisen, aber unwiderruflichen Verfalls. Mit Fotoapparat und Tonbandgerät haben wir Frank Tugends Auseinandersetzung mit jenem Übel dokumentiert, das von den einen als Vergreisung, von den anderen als Arterienverkalkung oder allgemeine Arteriosklerose bezeichnet wird. Im Alltagsleben bedeutete es, dass Frank Tugend splitternackt vor dem Aussichtsfenster im Wohnzimmer herumstand, dass er sich mit einem roten Riesenhasen unterhielt, der im Eisschrank lebte, oder dass er die Toilette nicht mehr rechtzeitig erreichte. Doch nichts an diesen Ereignissen ist ungewöhnlich – es gibt Abertausende von Familien in jedem Land, die sich in diesem Augenblick mit genau dem gleichen Problem herumschlagen.

Wir waren eine dieser Familien: Frank Tugend war unser Großvater. Während der letzten drei Jahre seines Lebens haben wir seine und unsere Erfahrungen festgehalten. Und wir mussten uns – wenige Wochen vor seinem Tod – entscheiden, ob wir es zulassen sollten, dass er in ein Krankenhaus gebracht und dort künstlich ernährt würde. Aber nachdem Gramp unmissverständlich gezeigt hatte, dass er sterben wollte, beschlossen wir, dass er zu Hause sterben und seine menschliche Würde nicht verlieren sollte.

[37] Verlag J. H. W. Dietz, Bonn ^{2}1982, 160 Seiten, 29,80 DM (inzwischen ^{4}1991, gebraucht 32,- €).

In den letzten Monaten, in denen die Leute aus unserer Gegend sicherlich glaubten, dass Gramp seinen ‚Verstand verloren hat', ließ sich bei den Tugends, wo sonst ein reges Kommen und Gehen war, kaum mehr als ein halbes Dutzend Besucher blicken. In dieser Zeit lernten wir vieles über Gramp und vieles voneinander. Doch am meisten lernte jeder von uns über sich selbst" (Seite 7).

In eindrucksvoller Weise setzt sich das Buch von Mark und Dan Jury mit Problemen der Altersverwirrtheit, Inkontinenz, Dehydration und Würde des Sterbens auseinander. Vielleicht sind die Lösungen, die dafür in der Familie gefunden werden, gemessen am heutigen Standard in der Bundesrepublik Deutschland[38], nicht immer optimal. Aber sie sind von gegenseitigem Vertrauen getragen und finden die Zustimmung des behandelnden Hausarztes.

Als Frank Tugend gestorben und die große Bewährungsprobe für die Familie bestanden ist, sagt Nan, seine Frau: „Ich weiß, daß Gramp all diese Sachen nicht absichtlich gemacht hat. Ich hoffe nur und bete darum, daß ich nicht so werde. Daß mich der Herr zu sich nimmt, bevor ich jemandem zur Last falle. Aber man kann nur abwarten, mehr nicht" (Seite 157).

Die vierjährige Hillary erinnert sich und spricht oft von den Fabelgestalten, die den Urgroßvater beschäftigten – die Paprikaner, die Fadenscheinis, die Mondschwänzler und Rülpsaugen. „Das sind keine Fantasiegestalten", erklärte sie überzeugt, „sie sind wirklich und nicht eingebildet ... Sie haben Fäden zusammengeknüpft und sich in meinem Zimmer in ein Mobile verwandelt. Sie schauen jetzt wie Fische aus. Sie erinnern mich an Gramp" (Seite 158).

So endet das Buch von Mark und Dan Jury über das Sterben ihres Großvaters. Ein Kind, das ohne Angst wie selbstverständlich das Sterben zu Hause miterlebt, vermag die Fäden wieder zusammenzuknüpfen, die sich für die Erwachsenen zu einem undurchschaubaren Knäuel verwirrt hatten und die auch der Sterbende nur mühsam, in einer stummen Geste (S. 126f.), zusammenzwirbeln konnte. Es ist die Sichtweise Gottes, der Liebe, die sich darin ausdrückt.

Wichtige Entscheidungen

Wer sich mit dem Gedanken trägt, einen schwerkranken Angehörigen bis zuletzt zu Hause zu pflegen, steht vor einer Reihe von Fragen, die sorgfältig bedacht sein wollen, ehe eine verantwortliche Entscheidung getroffen werden kann. Hier hilft das kleine Heft von *Helga und Walther Strohal* weiter: *Komm, ich lass dich gehen. Kranke und Schwerkranke zu Hause pflegen*[39]. Der spannungsreiche Titel deutet schon die Eck-

---

[38] Vgl. *Helmut Walz,* Daheim sterben. Ärztliche Begleitung, in: Evangelische Impulse, Heft 5/1988, Seite 11-13.

[39] Verlag am Eschbach, Eschbach 1987, 20 Seiten, 4,80 DM (inzwischen: vollst. bearb. u. neu gefasste Ausgabe, 4,25 €).

pfeiler des gemeinsamen Weges an: die Einladung nach Hause („komm") und die Bereitschaft zum endgültigen Abschied („ich laß dich gehen"). Dazwischen spannt sich wie ein großer Bogen die manchmal unabsehbar lange Zeit der neuen Partnerschaft in der Pflege, voller Probleme und Ängste, aber auch reich an beglückender Erfahrung und Liebe.

Nicht umsonst schmückt ein Bild des Malers Claude Monet (1840-1926) den Umschlag des Heftes: Brücke über den Seerosenteich in Giverny. Bilder von Claude Monet begleiten auch sonst den Text, sie erzählen eine eigene Geschichte vom Wachsen, Blühen und Vergehen, von der Tiefe menschlichen Lebens und Sterbens. Der sehr dichte Text von Helga und Walther Strohal geht mit dem Leser den Weg vom Krankenhaus (damit beginnt es ja meistens) nach Hause: Ängste müssen überwunden werden (reichen die Kräfte zur Pflege?), eine Erklärung für die Aufnahme zu Hause ist fällig (die mit Liebe zu tun hat und mit großem Vertrauen), ein angemessener Platz muss gefunden werden in der Wohnung oder im Haus, und eine neue Partnerschaft ist zu gestalten auf unbestimmte Zeit.

Das geht nicht ohne Einschränkungen und Begrenzungen: „Wer einen Schwerkranken pflegt, muss andere freilassen; muss bereit sein, einen anderen Platz auf Zeit unbesetzt zu lassen; muss in Kauf nehmen, dass fremde Hilfe im Haushalt, bei den Kindern oder im Betrieb in Anspruch genommen wird" (Seite 8).

Helfen und sich helfen lassen – das gehört zusammen, keiner kann grenzenlos pflegen. Ausflüge ins Leben sind deshalb wichtig und Orte des Angenommenseins, auch die Hilfe des Gebets und der Klage. Sorgfalt im Umgang mit sich selbst ist angezeigt, damit nicht Überforderungen oder Verhärtungen die Bereitschaft zur Zuwendung auszehren: „Nur ein weiches Herz kann etwas widerspiegeln von dem, was Gottes Güte uns an Möglichkeiten zeigt, mit dem Leben fertig zu werden" (Seite 10). Als hilfreich erweisen sich: ein geregelter Tagesablauf, die Mithilfe der Gemeindeschwester, klare Absprachen über die heiklen Bereiche der Pflege, eine durchdachte und konsequente Schmerztherapie, eine gute Zusammenarbeit mit dem Hausarzt. Auch die Männer in der Familie sollten nicht aus falscher Rücksichtnahme geschont werden, auch wenn nach wie vor die Last des Pflegens meistens auf den Frauen ruht. Es gibt Beispiele dafür, wie gerade Männer einen großen Teil dieser Aufgaben lösen können und dabei viel für sich selber lernen.[40] Freilich, eine Konkurrenz in der Pflege darf es nicht geben, auch keinen Perfektionismus, der auf gewachsene Strukturen und Beziehungen keine Rücksicht nimmt: „Es hilft keinem, wenn erprobtes Zusammenleben plötzlich zerstört wird durch die Tüchtigkeit anderer" (Seite 14).

Besucher können erfreuen, aber auch belasten. Es ist nicht immer leicht, sie richtig einzuschätzen. Auch hier können Probleme und Konkurrenzen zum Pflegenden ent-

---

[40] Vgl. den Bericht von *René Leudesdorff*, „Wenn mir am allerbängsten wird ...", in: Deutsches Allgemeines Sonntagsblatt Nr. 15 vom 12. April 1987, Seite 18.

stehen, kritische Anfragen hin und her gestellt werden. Aber jeder Besuch bei einem Kranken hat einen Wert an sich als „Zeichen der Liebe eben, die wir nicht zu beurteilen haben“ (Seite 16).

Ein wichtiger Abschnitt des Heftes ist dem „Durcheinander der Gefühle“ gewidmet, das sich oft in den letzten Wochen und Tagen einstellt: Gefühle des Behaltenwollens streiten mit Gefühlen der Trennung. Alte Rollenkonflikte und damit verbundene Gefühle tauchen wieder auf: Wer bin ich als Tochter, als Sohn? Aggressionen und Abhängigkeiten werden neu virulent; Kämpfe werden ausgetragen, hinter denen auch die Trauer um den endgültigen Abschied steckt. Drohungen, Verletzungen, Schuldgefühle kommen hoch, belasten das Zusammenleben. Aber zum Abschied gehört auch Schmerz: „Wenn sich der Tod ansagt, ist alles normal, was es an menschlichen Gefühlen überhaupt gibt“ (Seite 18).

Es kann auch sehr belastend sein mitzuerleben, wie der Sterbende seine Wahl trifft unter denen, denen er noch etwas anvertrauen und erzählen will. Aber sein Vertrauen sollte keiner Beurteilung mehr unterzogen werden: Er ist es, der unvertretbar seinen Lebensweg zu Ende geht. „Der Weg zum Sterben ist ein Weg in die Einsamkeit, aus der heraus nach christlichem Glauben eine neue Gemeinschaft mit Gott wachsen kann, die über den Tod hinaus Bestand hat“ (Seite 20). So lösen sich alte Beziehungen, Neues entsteht. Die Zeichen der Kirche – Abendmahl, Krankensalbung, Segnung – begleiten diesen Prozess der Ablösung tröstend und stärkend. Im bewusst vollzogenen Abschied – einer gemeinsam gefeierten Andacht mit Aussegnung und Fürbitte für den Verstorbenen vor Gott – endet dann der Weg der Liebe, den wir Menschen im Angesicht des Todes miteinander gehen können. Was noch bleibt, ist ein Betrachten, dem sich erst allmählich die Dimension der Tiefe und des Sinnes erschließt – bei einem kunstvoll gestalteten Bild ebenso wie bei dem einmaligen Lebensgeheimnis eines Menschen.

Praktische Hilfen

Bei der Pflege eines Schwerkranken und Sterbenden zu Hause werden wir mit einer Reihe von praktischen Problemen konfrontiert, für die es gut ist, wenn wir Anleitung und Unterstützung durch den behandelnden Arzt und die fachkundige Gemeindeschwester erfahren. Denn es gilt ja nun, medizinische Fragen zu klären, Medikamente zu verabreichen und pflegerische Handgriffe zu leisten. In vielen Gemeinden werden Grundkurse in häuslicher Krankenpflege angeboten, die Hemmungen und Ängste abbauen wollen durch das Erlernen sachgerechter Begleitung und Pflege.[41]

---

[41] Vgl. die vom Kuratorium Deutsche Altershilfe herausgegebene Broschüre: Hilfe und Pflege im Alter. Informationen und Ratschläge für die Betreuung und Versorgung zu Hause, Bonn 1986, 72 Seiten (erhältlich beim Kuratorium Deutsche Altershilfe, An der Paulskirche 3, 5000

Einen Einstieg in die zu bewältigenden praktischen Aufgaben bietet auch das Buch von *Deborah Duda: Für Dich da sein, wenn Du stirbst. Vorschläge zur Betreuung*[42]. Es geht detailliert auf alle Fragen der häuslichen Krankenpflege ein und gibt viele praktische Hinweise für die Pflege Schwerkranker und Sterbender zu Hause. Deborah Duda zitiert eine amerikanische Ärztin:

„In Todes- und Sterbezirkeln unseres Landes wird heutzutage viel zuviel über psychologische und emotionale Probleme und viel zuwenig darüber geredet, wie man das Wohlbefinden des Patienten sichert. Jede Gruppe, die sich mit dem Dienst am Sterbenden beschäftigt, sollte in erster Linie über das Glattziehen von Laken, das Abreiben von Rücken, das Beheben von Verstopfung und die Nachtwachen reden. Einen Menschen psychologisch beraten zu wollen, der in einem nassen Bett liegt, bringt nichts ... Wenn Menschen mit gesundem Menschenverstand und grundlegendem pflegerischen Können sowie mit genauer Aufmerksamkeit für augenfällige Probleme und körperliche Bedürfnisse gepflegt werden, können Patient und Familie mit den meisten der emotionalen Krisen durchaus fertig werden. Ohne Schmerzen, gut gepflegt, mit kontrolliertem Stuhlgang und sauberem Mund, sowie mit einem erreichbaren Freund, der sich um einen kümmert, reduzieren sich die psychologischen Probleme auf ein durchaus erträgliches Maß“ (Seite 99).

Dementsprechend enthält das Buch eine Reihe von medizinischen Erwägungen und praktischen Hinweisen für die Pflege, in denen die wichtigsten Stichworte für die Sterbebegleitung zu Hause genannt und behandelt werden: Zusammenarbeit mit dem Arzt und der Krankenschwester, physische Schmerzen und Schmerzmittel, Injektionen, Infusion und Dehydration, Hautpflege und Wundliegen, Ausscheidung und Inkontinenz, Schlaflosigkeit, Fieber, Depression und Wahnvorstellungen; Körperkontakt, Massage, Haarpflege; das Wechseln der Bettlaken, Antidekubitusfelle und Kissen; Umarmen, Liebhalten und Schmusen; Fragen der Lagerung und des Transports des Schwerkranken; Geruch, Sauberkeit, Schönheit, Farben, Fernsehen, Hören, Geschmack und Ernährung.

Zwei weitere Kapitel widmen sich den vielfältigen Problemen auf der Beziehungsebene und im Bereich der Gefühle, die sich in der Begleitung Sterbender zu Hause ergeben. Dabei geht es um die Stadien des Sterbens (nach Dr. Elisabeth Kübler-Ross), die Wahrheitsfrage, Probleme des Zusammenlebens, der Familienmoral und der Anwesenheit von Kindern; um Trauer, Hoffnung, Liebe, Mitgefühl, Glaube, Freude, Schuld, Humor, Wut, Furcht, schmerzvolle Gefühle und Leid. Deborah Duda be-

---

Köln 1); sowie das von *Alfred Vogel* und *Georg Wodraschke* herausgegebene Buch: Hauskrankenpflege. Anleitung und Hilfen für Gruppenarbeit und Selbststudium, Stuttgart: Georg Thieme [5]1985.

[42] Papyrus Verlag, Hamburg [2]1986, 210 Seiten, 29,80 DM (inzwischen [5]1994, gebraucht 6,50 €).

spricht das alles in der ihr eigenen offenen und unkomplizierten Art. Etwas von dem typischen „american way of life“ wird dabei sichtbar.

In ihrem Buch versucht Deborah Duda, ihre psychologischen und spirituellen Auffassungen mit den Basis-Informationen über die Pflege eines Sterbenden zu Hause bis zum Tod zu verbinden. Ob ihr diese Synthese gelungen ist und ob ihre spirituellen Anschauungen wirklich dem praktischen Anliegen dienen, das sie vertritt, mag der Leser selbst beurteilen. Ich habe da meine Zweifel. Mich überzeugen z. B. die Argumente nicht, die sie am Ende ihres Buches für die Wiedergeburtslehre vorbringt. Auch der Abschnitt über das Heilen mit seiner etwas simplen und darin falschen Alternative („wir sind entweder Opfer unserer Krankheiten oder wir sind dafür verantwortlich“ Seite 165) weckt bei mir Fragen und Zweifel. Auch die das Buch einleitenden Beispiele aus ihrer eigenen Erfahrung im Umgang mit Sterben und Tod wirken eher befremdlich auf mich: sie enthalten viel „Alternatives“ aus der spirituell und religiös aufgeladenen Szene des südwestlichen Teils der Vereinigten Staaten von Nordamerika. Deborah Duda scheint solche Einwände zu ahnen, wenn sie in der Einleitung schreibt: „Ich lasse Sie teilhaben an meiner Wirklichkeit, meinen Vorstellungen in diesem Abschnitt meines Lebens. Ihre Wirklichkeit, und damit meine ich auch die spirituellen Anschauungen und die Haltungen gegenüber dem Tod, ist vielleicht anders als meine. Nehmen Sie dieses Buch als ein Hilfsmittel, um die Antworten in Ihrem Innern selbst zu finden“ (Seite 9). Ich nehme Deborah Duda hier beim Wort und weise gleich noch auf ein paar Bücher hin, die meines Erachtens die angeschnittenen geistlichen Fragen angemessener behandeln.

Aber insgesamt finde ich, dass Deborah Duda ein wichtiges und beachtenswertes Buch gelungen ist – das einzige, das ich kenne, das sich so konkret und so liebevoll mit den praktischen Problemen der Sterbebegleitung zu Hause auseinandersetzt. Ich möchte die Vorstellung ihres Buches damit abschließen, dass ich sie selbst noch einmal zu Wort kommen lasse: „Liebe macht das Leben lebenswert. Liebe verwandelt Furcht. Einen Sterbenden zu pflegen bedeutet für uns eine Möglichkeit, unsere Liebesfähigkeit durch den Abbau unserer Furcht zu vergrößern ... Dieses Buch handelt davon, sich seiner Ängste bewusst zu werden und sie zuzulassen und gleichzeitig durch diese Ängste zu mehr Liebe, Freude und Freiheit zu kommen, während wir das Sterben erleben ... Da Sterben intensiviertes Leben bedeutet, sind die Fähigkeiten, die man am meisten braucht, um einen Sterbenden zu unterstützen, die, die man auch braucht, um wirklich voll zu leben: Liebe, Mitgefühl, Mut, Heiterkeit, Geduld, Humor, Demut und der richtige Gebrauch des Willens – anderen zu erlauben, zu leben und zu sterben, wie sie es wünschen ...“ (Seite 10ff.)

Geistliche Hilfen

Wie bereits erwähnt, möchte ich zum Schluss noch ein paar Hinweise geben auf Veröffentlichungen, die geeignet sind, die bei der Sterbebegleitung zu Hause (und auch anderswo) auftretenden geistlichen Fragen angemessen zu behandeln und womöglich auch zufrieden stellend zu beantworten.

Da ist zunächst das von der *Westfälischen Diakonissenanstalt Sarepta* herausgegebene Buch: *Lass uns gemeinsam gehen. Ein Wegbegleiter an den Grenzen unseres Lebens*[43]. Es enthält Abschnitte über die Begleitung des kranken, alten und sterbenden Menschen. Es führt in die Praxis des Betens ein und gibt Beispiele für Gebete, die durch den Tag, die Woche und das Jahr geleiten. Es finden sich auch Texte zur Selbstbesinnung des Helfenden auf eine ganzheitliche Seelsorge darin. Im Anhang sind agendarische Texte der katholischen und der evangelischen Kirche abgedruckt, auf die am Bett eines Schwerkranken und Sterbenden zurückgegriffen werden kann.

Eine wertvolle Hilfe stellt auch das kleine Heft der *Deutschen Bibelgesellschaft* dar: *Nicht allein gelassen. Bibelworte, Andachten, Lieder und Gebete am Sterbebett.*[44] Es ist aus der Arbeit der „Sitzwachengruppen" in Stuttgart erwachsen, deren Mitglieder sich bereit erklärt haben, in Alten- und Altenpflegeheimen Sterbende zu begleiten.

Solche geistlichen Hilfen schließen sich in ihrer tiefen Bedeutung allerdings erst dann richtig auf, wenn ich als möglicher Begleiter eines Sterbenden selber bereit bin, mich zuvor auf einen Prozess der wiederholten Bewusstmachung und beständigen Aneignung des in der Kirche bereitgehaltenen Schatzes an hilfreichen Worten und tröstenden Handlungen einzulassen.

Dazu hat die *Generalsynode der Vereinigten Evangelisch-Lutherischen Kirche Deutschlands (VELKD)* auf ihrer vorjährigen Tagung in Veitshöchheim bei Würzburg auf Anregung von *Professor Dr. Manfred Seitz*, Erlangen, eine Handreichung beschlossen: *Sterbende begleiten – Was können wir als Christen tun?*[45] Sie macht deutlich, dass kein Werk der Barmherzigkeit größer ist, als dass dem kranken Menschen in seinen letzten Nöten geistlich und sein Heil betreffend geholfen wird. In fünf Schritten entfaltet sie, was wir als Christen in der Sterbebegleitung tun können:

- Wir lassen den Sterbenden unsere Nähe spüren.
- Wir weichen einem Gespräch über den Ernst der Lage nicht aus.

---

[43] Kreuz Verlag, Stuttgart ^{4}1986, 271 Seiten, 22,80 DM (inzwischen 1996, 4,95 €).

[44] Verlag der Deutschen Bibelgesellschaft, Stuttgart 1988, 63 Seiten, 1,80 DM (inzwischen 1989, gebraucht 9,99 €).

[45] Zuerst veröffentlicht in: Amtsblatt der Vereinigten Evangelisch-Lutherischen Kirche Deutschlands, Band VI, Stück 9, Seite 68-69, Hannover 1989; dann in: *Peter Godzik/Jürgen Jeziorowski* (Hg.), Von der Begleitung Sterbender, Hannover: Luth. Verlagshaus 1989, Seite 148-156; Agende für evangelisch-lutherische Kirchen und Gemeinden, Band III: Die Amtshandlungen, Teil 4: Dienst an Kranken, Hannover 1994, S. 110-115; leicht überarbeitet im Evangelischen Gesangbuch, Nr. 941.

- Wir umgeben ihn mit den von der Kirche angebotenen Mitteln (das biblische Einzelwort, besondere Liedstrophen, das Vaterunser, der Gebrauch des Gesangbuches, Wachen und Beten, die Beichte, das Abendmahl).
- Wir erweisen ihm den letzten Dienst, wenn sich das Ende naht.
- Wir befehlen ihn und uns der Barmherzigkeit Gottes.

Die gerade im Zusammenhang mit dem seelsorgerlichen Dienst an Sterbenden immer wieder diskutierten Fragen von Tod und Auferstehung, Karma und Wiedergeburt behandelt in sehr verständlicher Form das kleine Buch von *Gisbert Greshake: Tod – und dann? Ende – Reinkarnation – Auferstehung. Der Streit der Hoffnungen.*[46]

Gisbert Greshake beschreibt darin zunächst die häufig auftretenden Einstellungen zum Tod in der heutigen säkularen Gesellschaft und stellt ihnen Grundzüge des christlichen Todesverständnisses gegenüber. Er versucht dann, die Gründe für die Aktualität der aus dem Fernen Osten stammenden Seelenwanderungslehre und deren Umformungen im Westen zu verstehen, und erörtert die verschiedenen Dimensionen der Kontroverse, die sich zwischen Reinkarnationsvorstellungen und dem Glauben an die Auferstehung ergeben hat. Seiner Meinung nach wird der „Streit der Hoffnungen" nicht allein in der unendlich fortzuführenden theoretischen Diskussion, sondern vor allem in der Tragfähigkeit und Überzeugungskraft von Hoffnungs*praxis* entschieden. Deshalb stellt er zum Schluss die eindringliche Frage an die Christen, ob sie auch wirklich „Wahrzeichen" ihrer Hoffnung sind.

Das heißt für ihn:

- ob sie wirklich die einmalige Zeit ihres irdischen Daseins ganz ernst nehmen und im „Heute Gottes" leben;
- ob sie durch geschwisterlich-kommuniales Zusammenleben und durch ihr Weltengagement zeigen, dass ihnen jede Form von Individualismus und Dualismus fremd ist;
- ob das „Prinzip Gnade" zu einem Leben in Freude, Gelöstheit und Zuversicht führt und zu einem glaubhaften Zeugnis des Evangeliums (der Frohen Botschaft) auf dem Forum der Welt (Seite 92).

Ich möchte dieses Büchlein allen denen empfehlen, die wieder „sprachfähig" werden wollen in diesem oft vernachlässigten Bereich des christlichen Glaubens.
Es ist ja nicht unwichtig, dass wir als Christen wieder lernen, begründet von unserem Glauben und unserer Hoffnung zu reden und auch danach zu handeln. So erst kann es geschehen, dass andere uns abspüren, wie sehr wir auf ein Leben vertrauen, in dem Gott alles in allem sein wird (1 Kor 15,28).

---

[46] Herder Verlag, Freiburg 1988, 93 Seiten, 7,90 DM (inzwischen vergriffen; gebraucht 1,25 €).

Sterbende begleiten – Seelsorge der Gemeinde

Aus: Evangelische Impulse 12 (1990) 10-11

„Es ist kein Werk der Barmherzigkeit größer, als dass dem kranken Menschen in seinen letzten Nöten geistlich und sein Heil betreffend geholfen wird." An diesen Satz aus Thomas Peuntners „Kunst des heilsamen Sterbens" von 1434[47] ließ sich die Generalsynode der Vereinigten Evangelisch-Lutherischen Kirche Deutschlands (VELKD) erinnern, als sie sich im Oktober 1988 bei ihrer Tagung in Veitshöchheim bei Würzburg daran machte, elementare Hilfen für die Begleitung Sterbender zu entwickeln. Es war eine priesterlich-seelsorgerliche Aufgabe, die es zu bewältigen galt. Medizinische, pflegerische und allgemein menschliche Formen der Zuwendung und Begleitung für Sterbende waren längst innerhalb und außerhalb der Kirche in vielen Gruppen und Initiativen bedacht worden.[48]

Was können wir als Christen tun?, so lautete die Frage. Wie werden wir unserer Berufung zu Priestern und Seelsorgern aneinander gerecht, die wir in der Taufe empfangen haben? Wie können wir so helfen und beistehen, dass etwas von dem tragenden Grund unseres Glaubens im Leben und im Sterben sichtbar wird?

Die Generalsynode hat damals unter Anleitung von Professor Dr. Manfred Seitz, Erlangen, einen Text besprochen und verabschiedet, der inzwischen über 100.000 mal in den lutherischen Kirchen in Deutschland verteilt worden ist: elementare Hilfen für die Begleitung Sterbender, die aufmerksam darauf machen, welche Verantwortung wir als Christen füreinander in dieser besonderen seelsorgerlichen Situation tragen, welche Hilfen uns die kirchliche Tradition dazu anbietet, in Liedern, Lesungen und Gebeten, um Menschen in ihrem Sterben nahe zu sein, dem Ernst der Lage nicht auszuweichen und sie dabei zu umgeben mit den von der Kirche angebotenen Mitteln.[49]

Kunst des heilsamen Sterbens

Dabei ist deutlich geworden, dass wir nur mühsam nachbuchstabieren, was einmal zum Allgemeingut christlicher Existenz in vergangenen Jahrhunderten gehörte: die Kunst des heilsamen Sterbens.[50]

---

[47] Rainer Rudolf (Hg.), Thomas Peuntners „Kunst des heilsamen Sterbens" nach den Handschriften der Österreichischen Nationalbibliothek (Texte des späten Mittelalters, Heft 2), Berlin: Erich Schmidt 1956, S.18.

[48] Zum Beispiel Christopherus-Hospiz-Verein (Hg.), Pflegen bis zuletzt, München o.J.

[49] Abgedruckt in: Peter Godzik/Jürgen Jeziorowski (Hg.), Von der Begleitung Sterbender. Referate und Beschlüsse der Generalsynode der VELKD in Veitshöchheim 1988, Hannover: Lutherisches Verlagshaus 1989, S. 148-156.

[50] Peter Neher, Ars moriendi – Sterbebeistand durch Laien. Eine historisch-pastoraltheologische Analyse (Dissertationen. Theologische Reihe, Band 34), St. Ottilien: EOS 1989.

Aufklärung, Säkularismus und eine naturwissenschaftlich orientierte Medizin haben dazu beigetragen, dass Sterben und Tod immer mehr an den Rand gedrängt wurden und die Menschen darüber die geistliche Bewältigung des doch Unabwendbaren verlernten. Gewiss haben wir dem Pathos der Aufklärung und der naturwissenschaftlichen Entwicklung in der Medizin eine Menge zu verdanken. Zahlreiche Krankheiten konnten besiegt, das Sterben in vielen Fällen hinausgezögert werden. So mancher erfreut sich heute eines unbeschwerten Lebens, der in früheren Zeiten unrettbar verloren gewesen wäre aus Mangel an medizinischen Erkenntnissen und therapeutischen Fähigkeiten. Und doch ist der Preis hoch, den wir manchmal bezahlen müssen aus Mangel an geistlichen Erkenntnissen und seelsorgerlichen Fähigkeiten.

Wir erinnern uns: Krankheiten haben auch etwas mit der Seele zu tun. Im Sterben geht es nicht nur um eine gute medizinische und pflegerische Versorgung. Wir brauchen den einen, der uns versteht, der unserer Seele nahe ist, der den Weg des Loslassens und Anvertrauens mitgehen kann, der versteht, wohin wir unterwegs sind, was uns ängstigt und bedrückt, worin wir innere Ruhe und Frieden finden, was uns hoffen lässt auch über den Tod hinaus. Im Spätmittelalter war es der „amicus", der Freund, den jeder rechtzeitig finden sollte als seinen Begleiter im Sterben. Einer der einfühlsam war und nahe sein konnte, der aber auch den Mut dazu hatte, der Wahrheit ins Gesicht zu sehen, der nicht auswich und vertröstete, sondern aushielt und mithalf, die Aufmerksamkeit auf das Kommende, auf den zu Hilfe eilenden, den gnädig zu erwartenden Gott zu richten.

Luther gab in seinem Sermon von der Bereitung zum Sterben 1519 den seelsorgerlichen Rat, den Tod im Leben, die Sünde in der Gnade und die Hölle im Himmel anzusehen und so Trost zu finden vor allen Anfechtungen des Sterbens[51]. Für ihn vermittelte sich die Kraft eines solchen getrösteten Glaubens vor allem über die Beichte, die Krankensalbung und das Abendmahl, die andächtig begehrt und mit großer Zuversicht empfangen werden sollten, „wenn man sie haben kann". „Wenn aber nicht", so sagt er, soll „nichtsdestoweniger das Verlangen und Begehren derselben tröstlich sein". Denn Christus spricht: „Alle Dinge sind möglich dem, der da glaubt" (Markus 9,23).[52] Kein Christenmensch soll an seinem Ende daran zweifeln, dass er nicht allein sei in seinem Sterben. Sondern er soll gewiss sein, dass nach der Aussage des Sakraments gar viele Augen auf ihn sehen: „Zum ersten Gottes selber und Christi, weil er seinem Wort glaubt und ... seinem Sakrament anhängt; danach die lieben Engel, die Heiligen und alle Christen." Alle halten die Hände unter: „Geht deine Seele aus, so sind sie da und empfangen sie, du kannst nicht untergehen".[53]

---

[51] Karin Bornkamm/ Gerhard Ebeling (Hg.), Martin Luther. Ausgewählte Schriften in sechs Bänden, Band 2, Frankfurt: Insel 1983, S. 21.

[52] A.a.O., S. 17.

[53] A.a.O., S. 30f.

Es ist sehr tröstlich zu wissen, dass das alles für uns bereitsteht, auch wenn keine vertrauten Menschen im Sterben bei uns anwesend sein können. Wir sind nicht verlassen im Tod, weil Gott uns nicht verlässt, sondern hält und liebt. Aber wenn einer da ist, der unsere Beichte hört, die Krankensalbung und das Abendmahl spendet, so hat das den Vorteil, dass wir ein Zeichen Gottes erlangen und eine Zusage, an der wir unseren Glauben üben und stärken können, wir seien „in Christi Bild und Güter berufen". „Ohne diese Zeichen mühen sich die anderen nur im Glauben ab und erlangen sie nur mit der Begierde des Herzens, wenngleich sie auch erhalten werden, wenn sie in diesem Glauben bleiben", schreibt Luther.[54]

Es entlastet uns als Seelsorger und Begleiter der Sterbenden, wenn wir wissen, dass nicht alles von uns abhängt. Es ist keine Katastrophe, wenn wir nicht da sein können. Aber es ist eine große Hilfe, die Sichtbarmachung der Liebe Gottes, die den Sterbenden in seinem Glauben stärkt und ihm hilft, wenn es gelingt, mit einem Zeichen der Liebe anwesend zu sein.

In diesem Zusammenhang ist es wichtig zu wissen, dass es nicht nur auf den hauptamtlichen Seelsorger ankommt, sondern dass im Notfall auch ein Laie berechtigt ist, von Sünden zu absolvieren, und dadurch zum Diener und Pastor des anderen wird – gemäß einer von Augustinus erzählten Geschichte: „Da waren zwei Christen in einem Schiff, von denen der eine den anderen, der Taufanwärter war, getauft hat, und der Getaufte hierauf den anderen von seinen Sünden absolviert hat."[55]

Gewiss, wenn es möglich ist, werden wir nach einem Pastor oder nach einer Pastorin schicken, denn den ordinierten Geistlichen ist neben der öffentlichen Wortverkündigung auch die Sakramentsverwaltung anvertraut. Aber wir werden uns als Getaufte dem Dienst nicht entziehen, zu dem wir berufen sind: Priester und Seelsorger dessen zu sein, der unser in einer solchen Situation bedarf. Deshalb ist es wichtig, sich selbst mit dem Thema Sterben und Tod auseinanderzusetzen und sich zurüsten zu lassen für einen solchen Dienst.

Dazu hat die VELKD im Rahmen ihres Gemeindekollegs in Celle ein Gemeindeaufbauprojekt mit dem Titel „Sterbende begleiten – Seelsorge der Gemeinde" entwickelt. In Anlehnung an die Emmaus-Geschichte (Lukas 24), die ein Modell biblischer Seelsorge enthält, werden Gemeindeglieder einen Weg über acht Stationen geführt:

- wahrnehmen,
- mitgehen,

[54] A.a.O., S. 29.

[55] Lutherisches Kirchenamt (Hg.), Unser Glaube. Die Bekenntnisschriften der evangelisch-lutherischen Kirche. Ausgabe für die Gemeinde, Gütersloh: Gütersloher Verlagshaus Gerd Mohn ^{2}1987, S. 522.

- zuhören,
- verstehen,
- weitergehen,
- bleiben,
- loslassen,
- aufstehen.

Seelsorgehelfer in Alten- und Pflegeheimen

Auf diese Weise sollen Erfahrungen mit dem Thema „Sterben und Tod“ mit der eigenen Person und mit der Gruppe gemacht werden. Daneben werden eine Reihe von Kenntnissen und Fähigkeiten vermittelt, die wichtig sind für die seelsorgerliche Begleitung Sterbender. So zugerüstet sollen die Seelsorgehelfer in Alten- und Pflegeheimen, in Krankenhäusern und auch zu Hause Schwerkranke und Sterbende besuchen, ihnen nahe sein und in Zusammenarbeit mit anderen Helfern wie Ärzten, Schwestern, Pflegern und Angehörigen eine Sitzwache je nach den Bedürfnissen des Schwerkranken und Sterbenden ermöglichen.

Während dieser Zeit wird eine regelmäßige Aussprachemöglichkeit angeboten, um die Belastungen für die Helfer erträglich zu halten und immer wieder Hilfen und Hinweise zu geben zu der Frage, was wir als Christen am Sterbebett tun können – auch, wie wir es aushalten, nichts mehr tun zu können, sondern es auf eine menschliche Weise zustande bringen, einfach da zu sein, getragen von einem gemeinsamen Glauben.

Nach dieser praktischen Zeit soll noch einmal ein gemeinsamer Weg von acht Stationen den Ausbildungsgang zum ehrenamtlichen Seelsorgehelfer für Schwerkranke und Sterbende abschließen:

- gerufen,
- gefragt,
- bedacht,
- bekannt,
- gelöst,
- erfüllt,
- gesegnet,
- begabt.

Wir folgen damit der inneren Struktur der Beichte, die ausgesprochen oder unausgesprochen so viele Gespräche vor dem Sterben bestimmt. Nur wenn wir an uns selber den Segen lösender Worte und Gesten gespürt haben, können wir auch aufmerksam genug sein, sie anderen in ihrer Not nahe zu bringen, sie damit zu trösten und gewiss zu machen auf dem Weg, den sie unvertretbar für sich selbst gehen müssen.

Die ersten Erfahrungen mit einem Einführungskurs in dieses Projekt „Sterbende begleiten – Seelsorge der Gemeinde“[56] haben uns gezeigt, wie wichtig es ist, dass die christliche Gemeinde hier wieder ihre Handlungskompetenz zurückgewinnt. Es würde vielen Familien helfen, wenn sie wüssten, sie können sich an die örtliche Kirchengemeinde wenden, wenn es darum geht, einen schwerkranken und sterbenden Angehörigen zu Hause zu begleiten.[57] Und auch in den Alten- und Pflegeheimen und in den Krankenhäusern würde es wohl als eine große Entlastung empfunden, wenn im Bedarfsfall auf geschulte und erfahrene Seelsorgehelfer zurückgegriffen werden könnte.

Es ist das Verdienst der Hospizbewegung, darauf aufmerksam gemacht zu haben, dass es ohne die Mithilfe ehrenamtlicher Helfer in der Sterbebegleitung nicht geht. Das hat sicher seinen Grund in der Vielzahl der Fälle, die heute bei steigender Lebenserwartung und wachsender Pflegebedürftigkeit im hohen Alter menschlich zu bewältigen sind. Aber das liegt auch daran, dass Sterbebegleitung keine Sache für hauptamtliche Fachkräfte allein ist, sondern eine Aufgabe, die wir alle wieder werden lernen müssen, weil es zu den Grundbedingungen wahrhaft menschlichen Lebens gehört, einander in den Grenzerfahrungen von Geburt und Tod nicht allein zu lassen. So wie es auch sonst zu den Aufgaben einer christlichen Gemeinde gehört, aufeinanderachtzugeben, füreinander zu beten und zu sorgen, so sollen wir auch einander den letzten Dienst erweisen, wenn sich das Lebensende naht.

Aus der christlichen Verkündigung wissen wir, dass mit dem Tode nicht alles aus ist. Stärker als der Tod ist die Liebe Gottes, die uns hält und begleitet, durch Dunkelheit und Angst hindurchführt und am Ende in Ehren annimmt. Das sollen wir einander bezeugen, ja vorleben in dem Maße, in dem uns das in unserer Sterblichkeit möglich ist. Für alles andere wird Gott sorgen, auf den wir unsere ganze Hoffnung setzen.

---

[56] Nähere Informationen vermittelt das Gemeindekolleg der VELKD, Berlinstraße 4-6, 3100 Celle (jetzt: Zinzendorfplatz 3, 99192 Neudietendorf).

[57] Siehe dazu auch die Veröffentlichung: Peter Godzik/Petra Muschaweck (Hg.), Laßt mich doch zu Hause Sterben! Gütersloh: Gütersloher Verlagshaus Gerd Mohn 1989.

Sterbebegleitung durch die Gemeinde – Gastkommentar zum Ergebnis der Generalsynode 1988

Aus: Evangelische Information 23 (1991) 2.

„Sterbende begleiten" – so heißt eine Handreichung der Vereinigten Evangelisch-Lutherischen Kirche Deutschlands (VELKD), die 1983 erschienen ist. Sie enthalt Hilfen für alle, die mit Sterbenskranken umgehen: Ärzte, Pfarrer, Krankenschwestern und Pfleger, Angehörige und Mitarbeiterinnen im Besuchsdienst. Der damalige Leitende Bischof Karlheinz Stoll schrieb dazu in seinem Vorwort: „Sterbende begleiten – das heißt das letzte Wegstück des menschlichen Lebens als Aufgabe sehen und damit sich der eigenen Sterblichkeit stellen."

Die Generalsynode der VELKD hat das Thema dieser Handreichung 1988 bei einer Synodaltagung in Veitshöchheim noch einmal aufgenommen. Dabei standen Streitfragen im Vordergrund, die dringend einer ethischen Orientierung bedurften. Zur öffentlichen Diskussion um die so genannte „Sterbehilfe" hielt die Synode unter anderem fest: „Für Christen ist Sterbehilfe Hilfe *beim* Sterben, nicht aber Hilfe *zum* Sterben. Denn das Leben ist eine Gabe Gottes. Der Mensch darf über diese Gabe nicht nach eigenem Gutdünken verfügen. Wir treten nicht aus eigenem Vermögen ins Leben und bestimmen auch nicht sein Ende ... Der Wunsch nach humanem Sterben ist verständlich. Er wird aber in Misskredit gebracht, wenn sich der Begriff der Sterbehilfe mit dem Angebot der Tötung auf Verlangen verknüpft. Zum Humanum gehört es, sich auch dem Elend zu stellen, das mit dem Sterben verbunden sein kann."

Diese Sätze richten sich vor allem gegen die Bestrebungen der Deutschen Gesellschaft für Humanes Sterben (DGHS), die eine rechtlich geordnete Zulassung der aktiven Sterbehilfe erreichen möchte. Die Generalsynode war sich freilich dessen bewusst, dass es extreme Situationen des Sterbens geben kann, in denen wir in der Tiefe angefochten werden und mit unserer menschlichen Kraft zu zerbrechen drohen. Sie erinnerte angesichts dieser Ohnmacht an die biblische Verheißung, dass Gott denen nahe sein will, die ein zerbrochenes Herz und ein zerschlagenes Gemüt haben (Psalm 34,19). Diese tröstliche Zusage gilt gerade auch den Sterbenden und allen, die sie begleiten.

Die wichtigsten Texte, die in Veitshöchheim verabschiedet werden konnten, waren „Elementare Hilfen für die Begleitung Sterbender". Sie versuchen Antworten zu geben auf die Fragen: Was können wir als Christen tun? Welche seelsorgerlichen Hilfen bietet uns die christliche Tradition in Liedern, Lesungen und Gebeten an, um Menschen in ihrem Sterben nahe zu sein, dem Ernst der Lage nicht auszuweichen und ihnen geistlich beizustehen auch mit Beichte und Abendmahl?

Diese „Elementaren Hilfen für die Begleitung Sterbender" wurden der Gemeinde übersandt mit der Bitte, Besuchsdienstgruppen ins Leben zu rufen, um dem immer wieder geäußerten Wunsch todkranker Menschen, zu Hause in vertrauter Umgebung sterben zu dürfen, in Zusammenarbeit mit den Angehörigen, Ärzten, Schwestern und Pflegern besser entsprechen zu können.

Die Generalsynode hat sich auch mit der Frage befasst, ob nach dem anfänglichen Nein der Kirchen zu den so genannten „Sterbekliniken“ nicht doch die an vielen Orten entstehenden Hospizinitiativen zur Begleitung Sterbenskranker gefördert und unterstützt werden können. Sie hat dazu eine Arbeitsgruppe eingesetzt, die in ihrem Abschlußbericht deutlich gemacht hat, dass „Hospiz“ nicht nur ein Haus, sondern vor allem eine Grundhaltung, ein bestimmtes Konzept der Begleitung und Hilfe für Sterbende und ihre Angehörigen meint.

Dieses Konzept, für das die Hospizbewegung in vielen örtlichen Initiativen eintritt, gilt es aufzunehmen und in die bestehenden Einrichtungen der Krankensorge (Krankenhäuser, Alten- und Pflegeheime, Sozialstationen) einzubringen. Darüber hinaus wird die Empfehlung ausgesprochen, einzelne Hospize (stationär und/oder ambulant) als Modelleinrichtungen und zur Ergänzung des bisherigen Angebots dort zu fördern, wo verlässliche Träger dazu unter Beachtung vorhandener Einrichtungen bereit sind. Freilich sind dazu noch eine Reihe von sozialpolitischen Entscheidungen nötig, die die Finanzierung solcher Modellvorhaben ermöglichen.

Neben Anregungen und Empfehlungen an die Adresse anderer sind aber immer auch eigene Beiträge wichtig, die zeigen, dass das Engagement in der Sache ernst genommen und in die Tat umgesetzt wird. So hat die VELKD im Rahmen ihres Gemeindekollegs in Celle das Projekt „Sterbende begleiten – Seelsorge der Gemeinde“ entwickelt, das die Gemeinden einlädt, ehrenamtliche Helferinnen und Helfer in der Sterbebegleitung auszubilden und so auszurüsten, dass sie in der Lage sind, Sitzwachen am Sterbebett zur Entlastung von Angehörigen oder anderen Pflegepersonen durchzuführen

Das Projekt nimmt Modelle biblischer und kirchlicher Seelsorge auf, die sich bewährt haben und den Teilnehmerinnen und Teilnehmern eine Struktur vermitteln, die ihnen Halt und Orientierung geben soll in der nicht leichten Aufgabe der Sterbebegleitung. Dabei wird neben dem pflegerischen und seelsorgerlichen Aspekt vor allem auf die geistliche Dimension geachtet, die bei der Sterbebegleitung so wichtig ist.

Wahrnehmen, mitgehen, zuhören, verstehen, weitergehen, bleiben, loslassen, aufstehen – so heißen die ersten acht Schritte des Projekts in Anlehnung an das seelsorgerliche Verhalten des auferstandenen Christus gegenüber den Emmaus-Jüngern (Lukas 24,13-35).

Gerufen, gefragt, bedacht, bekannt, gelöst, erfüllt, gesegnet, begabt – so lauten die zweiten acht Schritte, die sich an die Struktur der Beichte halten und nach einer Zeit der praktischen Erfahrung unter Anleitung und Supervision das bisher Erlebte geistlich vertiefen und befestigen möchten.

Erste Erfahrungen mit dem Projekt „Sterbende begleiten – Seelsorge der Gemeinde“ haben gezeigt, wie wichtig es ist, dass die christliche Gemeinde hier wieder ihre

Handlungskompetenz zurückgewinnt. Es würde vielen Familien helfen, wenn sie wüssten, sie können sich an die örtliche Kirchengemeinde wenden, wenn es darum geht, einen schwerkranken und sterbenden Angehörigen zu Hause zu begleiten. Und auch in den Alten- und Pflegeheimen und in den Krankenhäusern würde es wohl als eine große Entlastung empfunden, wenn im Bedarfsfall auf geschulte und erfahrene Seelsorgehelferinnen und -helfer zurückgegriffen werden könnte.

Dem Sterben ein Zuhause geben

Aus: Diakonie. Theorien, Erfahrungen, Impulse 4/1992, S. 205-211.

Wenn ich vor dem Fernseher sitze und die Nachrichten aus aller Welt verfolge, dann weiß ich: Es gibt ein Sterben, an das wir uns nicht gewöhnen, dem wir kein Zuhause unter uns geben sollten. Menschen sterben durch Hunger und Krieg, durch Rassenunruhen und Bürgerkrieg, durch Unfälle auf den Straßen. Angesichts dieses Sterbens spüre ich: Wir dürfen einander das nicht antun. Wir müssen Mittel und Wege finden, solches Sterben zu verhindern. Diesem Sterben möchte ich kein Zuhause geben. Es ist Ausdruck unserer mangelnden Fähigkeit, aufeinander Acht zu geben und miteinander zu teilen. Es zeigt, dass wir längst noch nicht den Frieden gefunden haben, der uns sinnvoll leben lässt.

Zu Hause sterben, in vertrauter Umgebung, an der Hand eines Menschen, der auf uns Acht gibt, uns vor übergroßem Schmerz und verzweifelter Einsamkeit bewahrt – danach sehnen sich die meisten Menschen. Vielen wird es gewährt durch die Aufmerksamkeit, Hilfsbereitschaft und durchtragende Liebe ihrer Umgebung. Angehörige, Freunde, Nachbarn, Helferinnen und Helfer verschiedener Berufsgruppen sind daran beteiligt, wenn es gelingt, einen schwerkranken und sterbenden Menschen bis zur Schwelle seines Todes zu begleiten.

Wir finden diese Aufmerksamkeit und Zugewandtheit zu denen, die sterben, heute in vielen Bereichen unseres Lebens: in Krankenhäusern, Alten- und Pflegehelmen, zu Hause in den Familien, gestützt von den Mitarbeiterinnen der Sozialstationen. Trotzdem können wir nicht zufrieden sein, wenn wir sehen, wie viele Familien zerbrechen, dass die Zahl der Alleinstehenden ständig zunimmt, lange Zeiten schwerer Pflege zu bewältigen sind und der Arbeitsablauf in den Institutionen nicht die Art der Zuwendung zulässt, die wir uns gerade in einer solchen Situation wünschen.

Christliche Tradition

In England waren auf dem Hintergrund anderer sozialer Verhältnisse schon am Ende des vorigen Jahrhunderts „Heime für bedürftige Sterbende“, Hospices, gegründet worden. Sie knüpften an die alte christliche Tradition der Hospize auf den Pilgerwegen Europas und ins Heilige Land an: Raststätten zu sein auf dem Weg, um ausruhen zu können, Erholung zu finden, menschliche Nähe und Zuwendung zu erfahren. Dem Sterben der Armen besonders in den großen Städten ein Zuhause zu geben, das war der Grundgedanke der englischen Hospices zu Beginn dieses Jahrhunderts bis heute. Die Arbeit von Mutter Theresa in Kalkutta unter den Ärmsten der Armen ein dreiviertel Jahrhundert später in Indien erinnert daran, dass es noch viele bedürftige Sterbende auf dieser Welt gibt, die darauf warten, dass Menschen sich bereit finden, ihrem Leben und dann auch ihrem Sterben ein Zuhause zu geben.

In Deutschland hatte die Hospizidee – vielleicht auch auf dem Hintergrund einer anderen Sozialgesetzgebung, die besonders für Kranke und Sterbende sorgte – eine andere Entwicklung genommen: Es wurden „Herbergen zur Heimat“, „Kolpinghäuser“ und eben „Hospize“ für die vom Land in die Stadt strömenden Menschen errichtet. Die zunehmende Industrialisierung übte einen ungeheuren Sog aus, Menschen kamen in Bewegung, verließen ihr kärgliches Leben auf dem Land, suchten ihr Glück in der Stadt, waren plötzlich entwurzelt und brauchten neue Heimat. „Dem neuen Leben ein Zuhause geben“, so könnte man die Aufgabe der vielen Hospize in Deutschland beschreiben, die noch heute in manchen Städten zu finden sind und die sich damals zu einem mächtigen „Verband Christlicher Hospize“ zusammenschlossen, der es auf dem Höhepunkt seiner Entwicklung 1931 zu 190 Mitgliedern mit 10.500 Übernachtungsbetten brachte.

Inzwischen hat sich dieser Verband einen neuen Namen gegeben, nämlich „Verband Christlicher Hotels“, weil nun auch in Deutschland die Hospizidee von England her beeinflußt einen neuen Inhalt bekommen hat. „Dem Sterben ein Zuhause geben“ – unter diesem Motto haben sich eine Reihe von Hospizen und Hospizinitiativen gebildet, die es sich zur Aufgabe gemacht haben, besonders aufmerksam auf die Bedürfnisse schwerkranker und sterbender Menschen zu hören und diese Bedürfnisse nach Möglichkeit unter Einbeziehung moderner Mittel und freiwilliger Helfer zu befriedigen.

Es geht also immer noch um das „Heim für bedürftige Sterbende“, wie es einst in Irland von den Barmherzigen Schwestern und in England von Dr. Howart Barret gegründet wurde. Nur steht bei der Bedürftigkeit nicht mehr allein die soziale Frage im Vordergrund, sondern – was auch ein Zeichen unseres Wohlstandes ist – das ganzheitliche Bedürfnis eines Sterbenden in körperlicher, seelischer, sozialer und geistlicher Hinsicht. Die meisten Menschen möchten gern gut gepflegt, ohne große Schmerzen, begleitet von liebevollen Menschen und im inneren Frieden das letzte Stück des Lebensweges gehen können.

Integriertes Konzept

Es hat sich gezeigt, dass die Befriedigung dieses ganzheitlichen Bedürfnisses nicht so ohne weiteres und wie selbstverständlich an allen Orten möglich ist, an denen heute (von den Unglücksorten einmal abgesehen) mit einer gewissen Bewusstheit und Aufmerksamkeit gestorben wird. Im Krankenhaus mag es an Zeit für die seelischen und geistlichen Bedürfnisse fehlen. Im Alten- und Pflegehelm durch die große Zahl der zu Begleitenden an menschlicher Nähe und Zuwendung, zu Hause an der nötigen Sicherheit in optimaler medizinischer und pflegerischer Versorgung. In allen Bereichen gibt es bestimmte Gesetzmäßigkeiten, Defizite und menschliche Überforderungen, die es schwer machen, allen Bedürfnissen der Schwerkranken und Sterbenden gerecht zu werden.

Also braucht es ein neues, integriertes Konzept in der Begleitung schwerkranker und sterbender Menschen, das die Aufmerksamkeit der sie Begleitenden schärft, für Entlastung der besonders Betroffenen sorgt und ein Netzwerk der Nächstenliebe und Hilfe knüpft, das miteinander tragen und ertragen lässt, womit der einzelne (ob als Angehöriger, Freund, Arzt, Krankenschwester, Seelsorger oder sonstiger Helfer) heillos überfordert wäre.

Die Hospizbewegung in aller Welt hat ein solches Konzept der tragenden Hilfe bei der Begleitung Schwerkranker und Sterbender entwickelt und deutlich gemacht, dass es bei der Hospizidee nicht nur um den Bau von neuen stationären Einrichtungen geht (die sich als so genannte „Sterbekliniken" dann besonderer Vorurteile und Kritik erwehren müssen), sondern um eine Art und Weise des Umgangs mit Schwerkranken und Sterbenden, die in allen bestehenden Institutionen der Sorge für Kranke und Sterbende aufgenommen werden kann und zu einem fruchtbaren Lernen der darin Lebenden und Arbeitenden zum Wohle der ihnen Anvertrauten führt.

Aus einem Arbeitspapier von Professor Johann-Christoph Student, der als Sozialmediziner an der Ev. Fachhochschule in Hannover lehrt und viel für die Ausbreitung des Hospizgedankens in der Bundesrepublik Deutschland getan hat, möchte ich noch einmal die wichtigsten Kriterien für das Bestehen eines Hospiz-Programms nach dem Vorbild der angelsächsischen Hospizbewegung zitieren:

- Der Sterbende und seine Angehörigen sind gemeinsam Adressaten des Hospiz-Dienstes. Die Angehörigen benötigen nicht weniger Aufmerksamkeit und Fürsorge als der Sterbende selbst.

- Unterstützung durch ein interdisziplinär arbeitendes Team (Arzt, Krankenschwestern, Sozialarbeiter, Geistlicher u. a.). Nur ein Team von Fachleuten kann den vielfältigen Wünschen Betroffener gerecht werden. Die Team-Mitglieder unterstützen sich gegenseitig in ihrer Arbeit, vor allem in emotionaler Hinsicht. Die Team-Mitglieder werden sorgfältig ausgebildet und erhalten fortlaufende Supervision.

- Einbeziehung freiwilliger Helfer. Sie dienen der „Entprofessionalisierung" der Sterbebegleitung. Sie tragen zur Integration des Sterbenden und seiner Angehörigen in das Gemeinwesen bei. Dem widerspricht nicht, dass sie sorgfältig ausgebildet werden und fortlaufende Supervision erhalten.

- Spezielle Kenntnisse in der Symptomkontrolle. Das Hospiz-Team verfügt über spezielle Kenntnisse und Erfahrungen in der medizinischen und pflegerischen Beeinflussung der das Sterben oftmals belastenden Symptome (insbesondere der Schmerzbekämpfung). Das Team weiß auch um die soziale, psychische und spirituelle Dimension dieser Symptome.

- Kontinuität in der Betreuung ist gewährleistet. Das Team steht „24 Stunden am Tage, 7 Tage in der Woche lang“ zur Verfügung. Die Hinterbliebenen werden in der Zeit ihrer Trauer weiter begleitet (was auch im Sinne der Gesundheitsförderung wirksam ist).

Verwirklichung von Hospizdiensten in Diakonie und Caritas

Auf der Grundlage dieses Selbstverständnisses der Hospizbewegung (Johann-Christoph Student: „Es geht bei Hospizen eigentlich nicht darum, neue Institutionen zu schaffen, sondern darum, alte Traditionen des menschlichen Umgangs mit Sterbenden wiederzuentdecken und sie in unsere veränderte Welt hineinzusprechen“) haben beide großen Kirchen mit ihren diakonischen und karitativen Werken ihre vor Jahren aufgrund unzureichender Kenntnis erklärte Ablehnung gegen die Einrichtung von Hospizen aufgegeben und zu einem deutlichen Ja zur Verwirklichung von Hospizdiensten in allen bestehenden Einrichtungen der Krankensorge und Altenpflege sowie in neu zu schaffenden Modelleinrichtungen gefunden.

So erklärte die von der Kirchenleitung der Vereinigten Evangelisch-Lutherischen Kirche Deutschlands (VELKD) eingesetzte Arbeitsgruppe in ihrem Bericht für die Generalsynode im Oktober 1990: „Die Impulse der Hospiz-Bewegung müssen aufgenommen und in die bestehenden Einrichtungen vermittelt werden. Darüber hinaus ist zu überlegen, wie einzelne Hospize (stationär und/oder ambulant) als Modelleinrichtungen und zur Ergänzung des bisherigen Angebots eingerichtet werden können.“

In ihrer im Februar 1991 veröffentlichten pastoralen Handreichung „Schwerstkranken und Sterbenden beistehen“ würdigt die (römisch-katholische) Deutsche Bischofskonferenz das Anliegen der Hospizbewegung als „eine Idee, die Menschen bewegt“:

„Menschen, die das Herz anderer Menschen ermutigen möchten, der Wahrheit des ganzen Lebens – somit auch des Sterbens und des Todes – ins Auge zu schauen, und die die Hände der Menschen bewegen wollen, zu einem guten Sterben hilfreich beizutragen, finden sich in den Bemühungen der Hospizbewegung zusammen. ... Die Hospizbewegung möchte – wie der Name ‚hospitium’ sagt – eine Station der Gastfreundschaft auf der letzten Wegstrecke des Menschen in eine neue Existenz sein. Sie lehnt hierbei den Einsatz von Mitteln zur Herbeiführung des Todes, also die aktive Euthanasie, ab. Vielmehr ermöglicht und fördert sie helfende Zuwendung beim schwerkranken und sterbenden Menschen, etwa durch die Ausschöpfung aller Möglichkelten medizinischer Schmerztherapie, die das Bewusstsein nicht wesentlich einengen müssen ...

Die Hospizbewegung stellt eine durchgängige Perspektive der Begleitung von Sterbenden und deren Angehörigen bzw. Freunden dar, wo auch immer der Mensch stirbt oder um Verstorbene trauert. Sie lebt von der Kraft der Hoffnung auf Sinnerfüllung vom Leben im Tod, von der persönlichen Bereitschaft der Zuwendung zum Sterbenden und dessen Nahestehenden sowie dem Zusammenwirken aller Personen, die von Sterben und Tod eines Menschen direkt oder indirekt betroffen sind. ...

Im Wege der Selbsthilfe sollte ein Förderverein, der unbeschadet seiner ideellen Zielsetzungen auch zur finanziellen Absicherung beiträgt, auf Ortsebene gegründet und gepflegt werden. Nicht nur um die hohe Motivation vieler Menschen nicht ins Leere laufen zu lassen, sondern auch um verlässliche Erfahrungswerte zu finden, die Eckdaten eines mittelfristigen Finanzierungsrahmes abgeben könnten, sollten modellhafte Versuche auch in bestehenden Einrichtungen (Krankenhäusern, Altenheimen, Sozialstationen) gefördert und unterstützt werden. Diese Aufgabe stellt eine Herausforderung an die Kirche insgesamt dar. Vornehmlich sind Ordensgemeinschaften, die sich hilfsbedürftiger Menschen annehmen, angesprochen."

In der Tat sind es im katholischen Bereich besonders die Ordensgemeinschaften und einzelne Ordensleute, die zur Verwirklichung der Hospizidee In Deutschland beigetragen haben. Die evangelischen Kirchen und Gemeinden können auf diesen segensreichen Dienst der Ordensleute nicht zurückgreifen. Sie sind in besonderem Maße darauf angewiesen, ehrenamtliche Helferinnen und Helfer zu finden und auszubilden, die bereit sind, zur Unterstützung der vorhandenen professionellen Dienste beizutragen. Das hat vor allem zur Gründung von Sitzwachengruppen und ambulanten Hospizdiensten unter der Leitung von hauptamtlichen Diakonen, Psychologen, Seelsorgern und Ärzten im evangelischen Bereich geführt.

Die VELKD hat in Zusammenarbeit mit ihrem Gemeindekolleg in Celle ein besonderes Ausbildungsprogramm für ehrenamtliche Helferinnen und Helfer in der Begleitung Schwerkranker und Sterbender entwickelt, das demnächst unter seinem Projektnamen veröffentlicht werden wird: „Sterbende begleiten – Seelsorge der Gemeinde". Schon jetzt können sich Leitungsteams aus Gemeinden und Hospizinitiativen, die bereit sind, mit diesem in der Praxis erprobten und bewährten Modell zu arbeiten, an das Gemeindekolleg der VELKD in Celle (Berlinstraße 4-6, 3100 Celle[58]) wenden, um die Termine der nächsten Einführungskurse und die damit verbundenen Kosten und Projektbedingungen zu erfahren.

Eine junge Bewegung braucht Unterstützung

Dem Sterben ein Zuhause geben – dieser Grundgedanke der Hospizbewegung führt in Anwendung auf die verschiedenen Hospizinitiativen selbst zu der Erkenntnis, dass es nötig ist, dieser in Deutschland noch jungen Bewegung mit allen Kräften sozial- und diakoniepolitischer Kompetenz in den vorhandenen Einrichtungen und Verbänden beizustehen, damit deutlich wird: die Hospizbewegung hat ein Zuhause in den Gemeinden, Kirchenkreisen und Landeskirchen; sie hat auch ein Zuhause in den bestehenden Strukturen der Caritas und Diakonie.

[58] Jetzt: Zinzendorfplatz 3, 99192 Neudietendorf.

Es geht nicht um Vereinnahmung und Beherrschung – das wäre für eine phantasievolle und kreative Basisbewegung von engagierten Menschen mit überwiegend christlicher, aber auch allgemein menschlicher Motivation tödlich. Was die in der Hospizbewegung tätigen Menschen brauchen ist: Verständnis und Offenheit für ihr wichtiges Anliegen, Abbau von Vorurteilen und Berührungsängsten zwischen ihnen und den großen Einrichtungen bestehender Krankensorge und Altenpflege, kirchliche und gesellschaftliche Anerkennung ihres wichtigen Dienstes an Schwerkranken. Sterbenden und ihren Angehörigen, Bereitstellung von finanziellen und gesetzlichen Rahmenbedingungen zur Förderung dieses einmaligen Modells der Zusammenarbeit von ehrenamtlichen und hauptamtlichen Mitarbeitern im gleichen Betätigungsfeld, uneigennützige Unterstützung und Förderung durch bestehende Verbände und Einrichtungen der freien Wohlfahrtspflege.

Schon im Januar 1990 hatte der Zentralvorstand des Deutschen Caritasverbandes erklärt: „Der Verband begrüßt, dass sich verstärkt Menschen, in der Regel aus christlicher Motivation, der Sterbebegleitung als Lebenshilfe in der letzten Lebensphase widmen und so bisherige Angebote ambulanter und stationärer Hilfen bereichern und begleiten. Die Hospizbewegung in der Bundesrepublik wirbt dafür, den Tod als Teil des Lebens anzunehmen. Diese Initiative aus christlicher Motivation soll in unserem Verband Platz haben. Dort, wo auf Verbandsebene Hospizbewegungen entstehen, ist deren Initiative zu unterstützen und zur Kooperation mit den Diensten und Einrichtungen der Caritas einzuladen. ... Aufgabe der Caritas wird es sein, eine adäquate Sterbebegleitung in allen ihren Diensten im Verständnis der Hospizbewegung zu erhalten, zu schaffen und sicherzustellen."

Im November 1991 trafen sich zum ersten Mal evangelische und ökumenische Hospizinitiativen aus dem gesamten Bundesgebiet auf Einladung der VELKD zu einer Konferenz im Gemeindekolleg in Celle. Damals wurde folgende Resolution verabschiedet: „Die auf der von der VELKD veranstalteten Konferenz evangelischer Hospizinitiativen in Celle vom 15.-17.11.1991 versammelten Einrichtungen, Arbeitsgemeinschaften und Initiativen evangelischer, katholischer und ökumenischer Herkunft aus verschiedenen Bereichen kirchlicher und diakonischer Arbeit wünschen die Einrichtung einer gemeinsamen Organisation. Von dieser Organisation erwarten sie sich eine Vertretung ihrer spezifischen Interessen nach außen und die Information und Koordination nach innen. In diesem Zusammenhang begrüßen sie die Konsultation des Diakonischen Werkes der EKD vom 18.-20.2.1992 und erwarten, dass von hier Schritte in dieser Richtung ausgehen."

Die vom Diakonischen Werk der EKD im Februar 1992 im Deutschen Institut für Ärztliche Mission (DIFÄM) in Tübingen veranstaltete Klausurtagung „Hospiz" war deshalb so bemerkenswert, weil es gelang, die hier und da noch vorhandenen Vorurteile zwischen den etablierten Verbänden und den Hospizinitiativen abzubauen.

Die Teilnehmerinnen und Teilnehmer der Klausurtagung, die verschiedene Hospizinitiativen, aber auch evangelische Fachverbände der Krankensorge und Altenpflege in der Bundesrepublik Deutschland vertraten, verständigen sich auf folgende Erklärung: „Wie alle Hospizinitiativen sehen auch die evangelischen und ökumenischen Hospizinitiativen zusammen mit bestehenden Einrichtungen der Sorge für Kranke und Sterbende ihre Aufgabe in der Verbesserung der Situation sterbender Menschen und ihrer Angehörigen. Die seit einigen Jahren auch in Deutschland stark wachsende Zahl der Hospizgruppen bemüht sich dazu um eine Stärkung, Verbesserung und Ergänzung der diakonischen, kirchlichen und kommunalen Dienste. Von ihren unterschiedlichen Ausgangspunkten her setzen die Gruppen bei diakonischen Einrichtungen wie Diakonie-/Sozialstationen, Alten- und Pflegeheimen und Krankenhäusern sowie in Kirchengemeinden an. Von diesen verschiedenen Ansätzen her ergeben sich sehr verschiedene Formen der Hospizarbeit, wie einige Beispiele zeigen. ...

Gemeinsam ist diesen äußerlich verschiedenen Gruppen die Integration von ehren- wie hauptamtlichen Mitarbeitern, das Bemühen um Schmerztherapie und um Aus- und Fortbildung sowie um die Begleitung aller Mitarbeiterinnen und Mitarbeiter. Gemeinsam ist ihnen weiter ein ganzheitlicher Ansatz, der sich im Eingehen auf Heil wie Pflege, auf psychische wie physische Bedürfnisse der Sterbenden in der Verbindung von stationärer und ambulanter Arbeit und von diakonischen Einrichtungen und Kirchengemeinden ausdrückt. Die Ermöglichung des Sterbens zu Hause ist dabei ein besonderes Anliegen der Hospizbewegung.

Die weitere Verbreitung und die Fortführung der Hospizarbeit stoßen heute an Grenzen. Diese Grenzen werden sich nur durch eine Verbesserung des Informationstransfers zwischen den Gruppen und die Schaffung geeigneter sozialpolitischer wie finanzieller Rahmenbedingungen überwinden lassen. ...

Auch auf Bundesebene sollte die Hospizarbeit von den Kirchen so anerkannt und aufgenommen werden, dass deutlich wird: Hilfe für die Sterbenden und ihre Angehörigen, wie sie von den Hospizinitiativen intendiert und gewährleistet wird, ist von jeher und bis heute eine zentrale Aufgabe wie eine Chance für die christlichen Kirchen."

Der folgende Beschluss wurde einstimmig gefasst: „Die Teilnehmerinnen und Teilnehmer der Klausurtagung erklären sich bereit, eine Arbeitsgruppe ‚Begleitung Schwerkranker und Sterbender und ihrer Angehörigen in Zusammenarbeit mit den Hospizinitiativen' zu bilden. Diese AG bildet beim Kirchenamt der EKD oder der Hauptgeschäftsstelle des Diakonischen Werkes der EKD ein Forum, auf dem sich Kirche und Diakonie sowie Fachverbände und Hospizinitiativen begegnen können und miteinander die genannten Aufgaben begleitend und beratend weiterentwickeln wollen. Die Vertreterinnen und Vertreter aus Fachverbänden und Hospizinitiativen, die an der Klausurtagung teilgenommen haben, erklären sich bereit, in dieser Arbeitsgemeinschaft mitzuarbeiten." Vorgeschlagen wurde unter anderem die Einrichtung einer zentralen Ansprechstelle für die Hospizarbeit mit der Aufgabe der Beratung entstehender wie bestehender Hospizgruppen, Sammlung von Hospizinformationen und Hospizmodellen sowie von Anschriften und Charakteristika der evangelischen und ökumenischen Hospizinitiativen im Bereich der Bundesrepublik Deutschland.

Jährlich einmal soll eine Veranstaltung zur Hospizarbeit stattfinden, die bei einem klaren christlichen Profil offen ist für alle Interessenten. Schon während der Tagung in Tübingen kam es zu entsprechenden Überlegungen und Vorplanungen, so dass nun für den 27.-29. November 1992 von der Bremer Hospiz-Hilfe zu einer Hospiztagung nach Bremen eingeladen wird. Wie schnell sich eine bundesweite zentrale Ansprechstelle für die Hospizarbeit finanziell und kräftemäßig verwirklichen lässt, wird sich zeigen müssen. Einstweilen können sich Interessierte an die Hauptgeschäftsstelle des Diakonischen Werkes in Stuttgart (Postfach 101142, 7000 Stuttgart 10), an die Arbeitsgruppe „Hospiz" im Diakonischen Werk der Württembergischen Landeskirche (Heilbronner Straße 180, 7000 Stuttgart 1) und an die Koordinierungsstelle „Hospizinitiativen" im Diakonischen Werk der Evangelischen Kirche im Rheinland (Lenaustraße 41, 4000 Düsseldorf 30) wenden. Im Bereich der Bayerischen Landeskirche hat sich ein ökumenisch orientierter „Bayerischer Hospizverband" mit Sitz in Pödeldorf bei Bamberg (Tiergartenstraße 19, 8615 Pödeldorf) gebildet.

Dem Sterben ein Zuhause geben – in kaum einer anderen sozialen Bewegung unserer Zeit lässt sich so viel über das Wesentliche des Lebens lernen wie gerade in der Hospizbewegung. Wer den Mut, die Aufmerksamkeit, die Geduld und die Liebe aufbringt, bei einem Sterbenden zu bleiben und ihm das zu geben, was er gerade jetzt besonders braucht, der wird selber reichlich beschenkt: mit der Erfahrung, dass Sterben ein Weg ist durch ein Tor – wie die Geburt. Mit dem Tod ist nicht alles aus. Ein gemeinsamer Weg geht zu Ende, aber es öffnet sich auch die Pforte zu einem anderen Zuhause, in dem wir ewig geborgen sein werden. Dem Sterbenden ein Zuhause geben – das heißt, ihn hier und jetzt zu begleiten mit der Liebe und Fürsorge, zu der wir fähig sind. Das heißt aber auch, ihn Gott anzuvertrauen, der ihn endlich in Ehren annehmen wird.

Zusammenfassung

Die Hospiz-Bewegung hat es sich zur Aufgabe gemacht, kranke und sterbende Menschen medizinisch, pflegerisch und geistlich zu betreuen. Aber auch pflegende Angehörige und trauernde Hinterbliebene werden begleitet.

Summary

The main object of the hospice movement is medicinal and spiritual care for the sick and dying. The hospice team also supports the family in nursing the patient and stands by the mourning relatives.

Résumé

Le mouvement hospice s'a donné pour tache de soigner les malades et des mourants médicalement et de les assister spirituellement. On assiste aussi les membres de la famille soignant un malade et les familles en deuil.

Wichtige Einzelheiten über die Hospizbewegung in Deutschland können nachgelesen werden in:

Luth. Kirchenamt (Hg.), „Hospiz-Bewegung". Ein Arbeitsbericht für die Generalsynode der VELKD (Texte aus der VELKD 39/1990) Hannover: Luth. Kirchenamt (Postfach 510409, 3000 Hannover 51) ^{4}1992.

Peter Godzik, Die Hospizbewegung in der Bundesrepublik Deutschland. Eine Dokumentation (Texte aus der VELKD 47/1992), Hannover: Luth. Kirchenamt ^{2}1992.

Peter Godzik/Karl Dieterich Pfisterer/Henning Pleitner (Hg.), „... daß die Gemeinde zum Hospiz werde". Dokumentation der Klausurtagung „Hospiz" des Diakonischen Werkes der EKD vom 18.-20. Februar 1992 im Deutschen Institut für Ärztliche Mission in Tübingen, Stuttgart: Zentraler Vertrieb des DW-EKD (Postfach 101142, 7000 Stuttgart 10) 1992.

Sterbenden Freund sein – Einführung

Aus: Sterbenden Freund sein. Texte aus der seelsorgerlichen und liturgischen Tradition der Kirche (Texte aus der velkd 55/1993), Hannover: Luth. Kirchenamt 1993.

In den Besuchsdiensten der Kirchengemeinden und in den Hausbetreuungsdiensten der Hospizinitiativen in Deutschland entdecken ehrenamtliche Mitarbeiterinnen und Mitarbeiter, dass die Seelsorge an Schwerkranken und Sterbenden zu den ureigensten Aufgaben der christlichen Gemeinde gehört.

Es handelt sich um die Wiederentdeckung einer Aufgabe, die schon einmal besonders von Laien in Zeiten schweren und häufigen Sterbens im Mittelalter mit großer Geduld und Ausdauer wahrgenommen wurde. Verwandte, Freunde und Nachbarn begleiteten zunächst die Priester bei den Versehgängen und traten selbst in die Aufgabe der Seelsorge an Schwerkranken und Sterbenden ein, wenn die Vertreter der Kirche überfordert waren. Ja, es gab den Rat, beizeiten den einen Freund zu finden, der einem in der Not des Sterbens beistehen könne.

Heute bieten sich im Rahmen der Hospizbewegung wieder Menschen als Freunde an, die bereit sind, in großer Achtsamkeit und Zuwendung das letzte Stück des Lebensweges zu begleiten. Ihnen soll mit dieser Textsammlung aus der seelsorgerlichen und liturgischen Tradition der Kirche geholfen werden, ihren Dienst in geistlicher Hinsicht zu qualifizieren. Denn es wird zunehmend anerkannt, dass sterbende Menschen neben der Befriedigung ihrer sozialen, leiblichen und seelischen Bedürfnisse auch darauf warten, in geistlicher und spiritueller Hinsicht begleitet zu werden.

Die Auseinandersetzung mit Texten aus der seelsorgerlichen und liturgischen Tradition der Kirche kann dazu beitragen, die Aufmerksamkeit bei der Wahrnehmung geistlicher Bedürfnisse zu stärken und selber ein Stück weit sprachfähiger zu werden. Die vergessene Kunst des Sterbens gilt es, wiederzuentdecken und eine angemessene Rollenverteilung zwischen dem Dienst der ehrenamtlichen und der hauptamtlichen Mitarbeiterinnen und Mitarbeiter in der Seelsorge an Sterbenden zu finden. Dem wollen die im Folgenden wiedergegebenen Texte dienen.

Die Auswahl der Texte hat sich aus der jahrelangen Beschäftigung mit dem Thema der Sterbebegleitung mehr nebenbei ergeben. Die Texte repräsentieren Grundfragen, folgen einem roten Faden, erheben aber nicht den Anspruch auf Vollständigkeit. Sie wollen das eigene Nachdenken fördern und eine selbständige Suchbewegung nach geeigneten Bildern und Texten in der Seelsorge an Sterbenden anregen.

Zum „roten Faden“ der dargebotenen Texte sind vielleicht noch folgende Hinweise wichtig: Zunächst wird der Blick auf den möglichen Dienst der Laien gelenkt (Abschnitt 1). Sie werden ermutigt, den Krankenbesuch als von Gott gebotenen Dienst am Nächsten zu verstehen, der die besten Kräfte der Freundschaft zu Menschen in ihnen weckt. Zur „Theologie der Freundschaft“ gehört, gerade in dem schwachen und unansehnlichen Menschen, der dem Tode nahe ist, das Bild Christi zu entdecken, der auf unsere Zuwendung wartet. Aber auch das Gegenbild des verstockten und unzugänglichen Menschen soll kurz betrachtet und mit berücksichtigt werden. Die Krankenbesucher haben aber selber auch eine tiefe Bedeutung: Sie sind die Repräsentanten einer anderen Welt, Überbringer des Heilsamen in stummen Gesten oder tröstenden Worten. Auf ihren Dienst kann nicht verzichtet werden, weil Gott auch auf diese Weise nahe sein möchte. Es ist ein priesterlicher Dienst, den wir einander als Getaufte erweisen – sei es mehr in katholischer, sei es mehr in evangelischer Tradition.

Auch der Dienst der Priester, der Pfarrerinnen und Pfarrer wird bedacht (Abschnitt II). Sie sollen ebenfalls als Freunde kommen, denen in besonderer Weise bestimmte Mittel der Kirche anvertraut sind. Es gehört zu den grundlegenden Pflichten der Geistlichen, die Schwerkranken und Sterbenden in ihrer Gemeinde zu besuchen. Aber eigene Fehler und Versäumnisse, ein Abtreten der Kompetenz in Gesundheitsfragen an die Ärzte und eine tiefe Verhaltensunsicherheit gegenüber den Fähigkeiten der Seelsorger haben dazu geführt, dass Geistliche nur noch in seltenen Fällen an die Betten der Schwerkranken und Sterbenden gerufen werden. Erst allmählich wächst wieder das Vertrauen, dass geistliches Sterbegeleit eine wichtige Hilfe sein könnte. Gerade Laien, die als Verwandte und Freunde oder als Besucher und Helfer den Mut haben, an einem Krankenbett zu beten und aus ihrem persönlichen Glauben heraus zu wachen und da zu sein, stiften neues Vertrauen in die Kraft gelebten Glaubens und ermöglichen auch den ordinierten Geistlichen neue Zugänge.

Beiden – den Laien und den Geistlichen – sind die Texte der (katholischen) Tradition gewidmet, die bis zur Reformation noch eine gemeinsame war, dann auseinanderbrach, verschiedene Wege ging und heute unter der gemeinsamen Herausforderung wieder neu zusammenwächst (Abschnitt III und IV). Das Sterben als einen Weg zu betrachten, die äußeren Gestalten hilfreicher oder bedrohlicher Kräfte als innere Erfahrung zu deuten, Bilder und Symbole der Hoffnung wieder neu zur Sprache zu bringen – das ist es, was wir aus den manchmal nur noch schwer zugänglichen alten Texten für unsere heutige Zeit neu lernen können. Unter Staub und Patina den Goldgrund verlässlichen Glaubens zu entdecken und es daraufhin zu wagen im Leben und im Sterben, ist die erhoffte und erbetene Wirkung der hier vorliegenden Texte. Es sind ausgewählte Stücke der mittelalterlichen und reformatorischen Ars moriendi, die meist nur schwer zugänglich sind und die hier für die eigene praktische Arbeit erschlossen werden sollen (Abschnitt V, VI und VII).

Vielleicht geht es den geneigten Lesern so wie mir: Ich war oft sehr begeistert, wenn ich wieder eines der alten Stücke entdeckte, in denen so viel Liebe, Ermutigung und heilsame Kraft enthalten ist wie z.B. in dem ambrosianischen Gebet. In der Bibliothek der lateinischen Kirchenväter ist dieses Gebet ja schon immer enthalten gewesen, aber erst im Jahr 1992 hat es durch eine Buchveröffentlichung das Licht der deutschsprachigen Öffentlichkeit erblickt. Und selbst das musste erst noch bemerkt und nun in dieser Textsammlung hervorgehoben und mitgeteilt werden, um es für unsere heutige Seelsorge an Schwerkranken und Sterbenden fruchtbar zu machen.

Ob sie gebraucht werden, die alten Gebete? Ich wünsche es mir – nicht in dem Sinne, dass sie einfach wieder nachgesprochen werden, sondern so, dass sie der Bildung des Herzens und des Verstandes dienen, die beide gebraucht werden, wenn wir Sterbenden aufmerksam nahe sein wollen. Sie tragen vielleicht unser Schweigen, und sie ermutigen uns zu eigenen, liebevollen Worten. „Wir folgen dir, Herr Jesus; du aber ziehe uns an dich, damit wir dir folgen, denn ohne dich kann niemand aufsteigen. Du bist ja der Weg, die Wahrheit, das Leben, die Kraft, der Glaube und der Lohn. Nimm die Deinen auf, du bist ja der Weg; stärke sie, du bist die Wahrheit; belebe sie, du bist das Leben“ (Ambrosius von Mailand, 387/388).

Sterbende begleiten – das neunte Werk der Barmherzigkeit

Referat bei der Fachtagung des Fachverbandes für Evangelische Altenarbeit in den Diakonischen Werken Westfalen und Lippe am 4. Oktober 1993 in der Stadthalle zu Hiltrup

Sie alle kennen die sechs Werke der Barmherzigkeit, wie sie uns in der großen Rede Jesu vom Weltgericht im Matthäus-Evangelium, Kapitel 25, überliefert sind:

- Hungrige speisen
- Durstige tränken
- Fremdlinge beherbergen
- Nackte bekleiden
- Kranke und
- Gefangene besuchen.

Unter dem Druck von Verfolgungen, Kriegen und Pestzeiten kam dann in der frühen Christenheit schon bald ein siebentes Werk der Barmherzigkeit hinzu: Tote begraben.

In dieser Aufzählung sind die „sieben Werke der Barmherzigkeit“ klassisch geworden als Kanon einer diakonischen Kirche. Jahrhundertelang bis zum heutigen Tag wurde und wird das Speisen und Tränken, das Beherbergen und Bekleiden, das Besuchen der Kranken und Gefangenen und das Begraben der Toten als ein Dienst angesehen, den die christliche Gemeinde ihrem Herrn tut gerade in ihren geringsten Gliedern. Besonders die geistlichen Orden und später auch die bürgerlichen Spitalorden entdeckten in den bedürftigen Kranken das auf Hilfe wartende Antlitz ihres Herrn Jesus Christus, dem sie mit geduldiger, sorgfältiger und liebevoller Pflege gern an Leib und Seele dienen wollten.

Liest man zu Ende, was Jesus bei seinem ersten öffentlichen Auftreten in der Synagoge von Nazareth aus dem Buch des Propheten Jesaja vorlas, dann wird klar, dass es sozusagen unberechnet in der klassischen Aufzählung der Werke der Barmherzigkeit schon immer ein „achtes Werk der Barmherzigkeit“ gegeben hat: das Trösten aller Trauernden. Das „Trostamt der Kirche“ hat besonders *Martin Luther* so sehr beschäftigt, dass er es mehrfach besonders erwähnt und hervorgehoben hat. So heißt es in seiner berühmten Seelsorgeformel in den Schmalkaldischen Artikeln: „Wir wollen nun wieder zum Evangelium kommen, welches nicht nur auf eine Art Rat und Hilfe gegen die Sünde gibt; denn Gott ist überschwänglich reich in seiner Gnade. Erstens durchs mündliche Wort, worin Vergebung der Sünde in aller Welt gepredigt wird; das ist das eigentliche Amt des Evangeliums. Zweitens durch die Taufe. Drittens durch das heilige Sakrament des Altars. Viertens durch die Schlüsselgewalt und auch ‚per mutuum colloquium et consolationem fratrum' – durch die gegenseitige brüderliche Aussprache und Tröstung.“

Und auch ein neuntes Werke der Barmherzigkeit hat sich im Laufe der Kirchengeschichte immer mehr herausgeschält. 1434 schreibt der Wiener Burgpfarrer *Thomas Peuntner* in seinem Büchlein „Von der Kunst des heilsamen Sterbens", der ältesten deutschsprachigen Sterbekunst der Wiener Schule: „Es ist kein Werk der Barmherzigkeit größer, als dass dem kranken Menschen in seinen letzten Nöten geistlich und sein Heil betreffend geholfen wird."

Eine eigene Literaturgattung entsteht so am Ausgang des Mittelalters: die „Ars moriendi", die Kunst des heilsamen Sterbens, getragen vom aufstrebenden Bürgertum, das die materielle und geistige Kultur des späten Mittelalters prägt.

Dass gerade in diesem Zeitabschnitt der Tod alle Lebensäußerungen beherrscht, hat seine Begründung in der wirtschaftlichen und sozialen Struktur dieser Zeit: Wirtschaftskrisen beim Übergang zur neuzeitlichen Erwerbswirtschaft; Herren- und Zunftfehden, Kriegszüge; Reisen, besonders auf dem Meere; Seuchen und Hungersnöte: von 1326 bis 1500 zählte man 75 Pestjahre. Daher die Angst vor einem jähen, unvorbereiteten Tod, denn die sittliche Verfassung des Menschen in der Todesstunde bedingt – so glaubte man damals – sein ewiges Geschick.

Deshalb bemühten sich die Priester, schon die Gesunden für die letzte Stunde vorzubereiten, deshalb predigten seit dem Ende des 14. Jahrhunderts die Dominikaner und Franziskaner über die letzten Dinge, deshalb schrieben auch die berühmtesten Theologen ihrer Zeit Anleitungen für die Kunst des heilsamen Sterbens. Auch *Luther* hat 1519 einen berühmten „Sermon von der Bereitung zum Sterben" geschrieben.

In einigen Sterbebüchlein wird besonders die Rolle des „amicus", des Freundes, hervorgehoben, der anders als die Angehörigen und Nachbarn nicht so sehr mit dem zu erwartenden Erbe beschäftigt ist, sondern sich wirklich um das geistliche Heil des Schwerkranken und Sterbenden kümmert. Durch den „amicus" erhält der Sterbeprozess eine menschliche Dimension; es ist die teilnehmende Liebe dessen, der den Sterbenden in der letzten Vereinsamung des Todes nicht allein lässt. Der Sterbende soll nicht einfach nur seelsorgerlich versorgt werden, sondern in einem Prozess gläubiger Kommunikation mit dem Freund zu jenen Entscheidungen finden, die zum ewigen Heil führen. Damit ist auch jene personale Haltung umschrieben, die sich nicht scheut, dem Sterbenden seine eigene Situation vor Augen zu halten, ihn auf der Grundlage christlichen Glaubens zur Auseinandersetzung mit ihr anzuleiten und so einen Horizont der Hoffnung zu eröffnen.

Der „amicus" ist die entscheidende Person in der gesamten Sterbebegleitung der mittelalterlichen „Ars moriendi" geworden. Er ist derjenige, den der Sterbende zu Lebzeiten aufgrund einer persönlichen und freundschaftlichen Beziehung dazu erwählt hat. Da er nicht Priester zu sein braucht, entwickelt sich eine religiöse Sterbekultur, die weit über die sakramentalen Riten hinausgreift und die elementare Berufung jedes Christen freisetzt, dem Mitchristen Gefährte im Glauben zu sein. So war es damals im Ausgang des Mittelalters. Heute entdecken wir mühsam die alte Kunst des heilsamen

Sterbens neu und versuchen, den Schwerkranken und Sterbenden Freund zu sein. Professor *Dr. Franco Rest* z.B. hat für den Verein „Omega – mit dem Sterben leben" einen „Freundschaftsvertrag" entwickelt, der an längst vergessene christliche Tugenden anknüpft.

Ich bin nun gebeten worden, in meinem Referat auf folgende Fragen einzugehen:

1. Welche Aufgaben hat die christliche Gemeinde bei der Begleitung von Sterbenden und ihren Angehörigen?

2. Welche Kraftquellen können heute aus der christlichen Botschaft für Mitarbeiterinnen und Mitarbeiter in der offenen und stationären Altenarbeit verständlich vermittelt werden?

3. Aus welchen Quellen sind alte Traditionen des menschlichen Umgangs mit Sterbenden in unserer heutigen veränderten Welt zu multiplizieren?

Bitte haben Sie Verständnis dafür, dass ich angesichts der mir zur Verfügung stehenden Zeit nur sehr kurz und holzschnittartig auf die mir gestellten Fragen antworte. Ich werde dazu einige Folien auflegen, die Ihnen das Mitvollziehen und das Verstehen des Vorgetragenen erleichtern sollen.

Zur ersten Frage: Welche Aufgaben hat die christliche Gemeinde bei der Begleitung von Sterbenden und ihren Angehörigen?

Im Oktober 1988 war ich Zeuge eines denkwürdigen Vorgangs. Professor Dr. *Manfred Seitz*, praktischer Theologe aus Erlangen, legte bei der Tagung der Generalsynode der VELKD in Veitshöchheim bei Würzburg zum Thema „Du wirst mich nicht dem Tode überlassen – Sterbende begleiten" elementare Hilfen für die Begleitung Sterbender vor, die von der Synode angenommen und in hoher Auflage als Beilage für die Brieftasche über die damals noch existierende Evangelische Buchhilfe in ganz Deutschland vertrieben wurden. Inzwischen sind diese „Elementaren Hilfen für die Begleitung Sterbender" integraler Bestandteil der offiziellen Agende „Dienst an Kranken" geworden. Ein elementarer Text, der so knapp und überzeugend formuliert ist, das er Eingang in die lutherische Agende gefunden hat! Es ist jetzt leider nicht die Zeit, ihn ganz zu verlesen, aber ich will Ihnen doch die Gliederung vor Augen führen und möchte Sie einladen, ihn nachzulesen in der Form, in der ich ihn mitgebracht habe: auf Seite 8 bis 10 meiner Textsammlung „Sterbenden Freund sein. Texte aus der seelsorgerlichen und liturgischen Tradition der Kirche".

- Was können wir als Christen tun?
- Wir lassen den Sterbenden unsere Nähe spüren.
- Wir weichen einem Gespräch über den Ernst der Lage nicht aus.

- Wir umgeben ihn mit den von der Kirche angebotenen Mitteln: dem biblischen Einzelwort, besonderen Liedstrophen, dem Vaterunser; vom Gebrauch des Gesangbuches; vom Wachen und Beten; von der Beichte; vom Abendmahl.
- Wir erweisen ihm den letzten Dienst, wenn sich das Ende naht.
- Wir befehlen ihn und uns der Barmherzigkeit Gottes.[59]

Zur zweiten Frage: Welches sind die Kraftquellen aus der christlichen Botschaft für die Mitarbeiterinnen und Mitarbeiter in der offenen und stationären Altenarbeit?

Ich möchte Sie gern auf eine biblische Geschichte hinweisen. Lukas 24,13-35 erzählt vom Gang der beiden Jünger nach Emmaus, deren Augen zunächst gehalten waren von Trauer und Leid, bis sie endlich den erkannten, der zuhörend und tröstend mit ihnen unterwegs war: den auferstandenen Christus. Sie erkannten ihn am Brotbrechen, jener Geste, die Abschied und Neuanfang so eindrucksvoll miteinander verknüpfte.

„Seelsorge in der Nachfolge Jesu" haben wir in einer Projektgruppe jene Schritte überschrieben, die wir der Betrachtung dieser Geschichte abgewannen und für die Ausbildung ehrenamtlicher Helfer und Helferinnen in der Seelsorge an Schwerkranken und Sterbenden fruchtbar machten:

Lukas 24,13-35: Seelsorge in der Nachfolge Jesu

- wahrnehmen
- mitgehen
- zuhören
- verstehen
- weitergehen
- bleiben
- loslassen
- aufstehen.[60]

Auch andere Autoren haben das Elementare dieser Geschichte für ein biblisch begründetes Seelsorgekonzept erkannt: z.B. der lutherische Theologe *Manfred Seitz* und der katholische Theologe *Isidor Baumgartner*, um nur zwei bekannte Seelsorgelehrer zu nennen. „Die Kraft, die von ihm ausging" (so nannte *Huub Oosterhuis* einen wich-

---

[59] Jetzt abgedruckt in: Liturgischer Ausschuss der VELKD, Dienst an Kranken. Entwurf der Agende für evangelisch-lutherische Kirchen und Gemeinden, Band III, Teil: Dienst an Kranken, Hannover: Lutherisches Verlagshaus 1990, S. 97-102.

[60] Abgedruckt in: Andreas Ebert/ Peter Godzik (Hg.), Verlaß mich nicht, wenn ich schwach werde. Handbuch zur Begleitung Schwerkranker und Sterbender im Rahmen des Projekts „Sterbende begleiten – Seelsorge der Gemeinde", Hamburg: EB-Verlag Rissen 1993.

tigen Beitrag über Jesus von Nazareth) bewährt sich nicht nur in vielen Predigten, Gleichnissen und Heilungen Jesu. Sie kommt auch in seinem tröstenden und sich selber hingebenden Verhalten zum Ausdruck. Wahrnehmen, wie er wahrnahm; mitgehen, wie er mitging; zuhören, wie er zuhörte: trösten, wie er tröstete – das alles kann man lernen in der Schule Jesu, als sein Jünger und seine Jüngerin. Die Erfahrungen mit vielen Kursen, die wir im Gemeindekolleg der VELKD nach diesem Grundmodell gestaltet haben, zeigen: daraus erwächst Kraft und Ermutigung für den eigenen Alltag, für die Auseinandersetzung mit der eigenen Sterblichkeit, für die vielfältigen Belastungen der Schwerkranken und Sterbenden, der Pflegenden und der sie Begleitenden.

Eine andere Kraftquelle haben wir – erschrecken Sie nicht! – in der Wiederentdeckung der Beichte gefunden. „Das lösende Wort" haben wir jene Schritte überschrieben, die wir der Liturgie (oder sollten wir besser sagen: Dramaturgie?) der Beichte entnahmen:

Die Beichte: das lösende Wort

- gerufen
- gefragt
- bedacht
- bekannt
- gelöst
- erfüllt
- gesegnet
- begabt.[61]

Ausgehend von der Erfahrung, dass Sterbebegleitung auch Lebensbilanzarbeit sein kann und häufig unausgesprochen oder auch ausgesprochen Elemente von Lebensbeichte enthält, sind wir in der Projektgruppe zu der Überzeugung gekommen, dass eigene Erfahrungen mit dem „lösenden Wort" hilfreich sein können, dem Schwerkranken und Sterbenden auch Freund und Begleiter bei dieser geistlichen Aufgabe zu sein. Geleitet hat uns dabei ein Gedicht des brasilianischen Theologen *Lindolfo Weingärtner*:

„Trösten kann nur, wer Trost empfing,
lieben nur der Geliebte;
nur der, dem Vergebung ward,
kann selber vergeben.
Nur, wer geborgen, kann bergen:
Gnade üben, wer Gnade erfuhr,

[61] Abgedruckt in: Andreas Ebert/Peter Godzik (Hg.), Verlaß mich nicht, wenn ich schwach werde. Handbuch zur Begleitung Schwerkranker und Sterbender im Rahmen des Projekts „Sterbende begleiten – Seelsorge der Gemeinde", Hamburg: EB-Verlag Rissen 1993.

helfen der, dem geholfen,
segnen der, der gesegnet ward,
geben, der selbst empfangen.
Nur der Versöhnte vermag zu versöhnen.“[62]

Unser Handbuch zur Begleitung Schwerkranker und Sterbender wird inzwischen von zahlreichen Gemeinden und vor allem von vielen Hospizinitiativen in ganz Deutschland zur Ausbildung ihrer Hausbetreuungsdienste verwandt. Die meisten schätzen seine seelsorgerliche und religiös-christliche Grundstruktur, weil pflegerische Grundkurse und psychologisch orientierte Handreichungen inzwischen zahlreich vorhanden sind. Vielleicht brauchen wir wieder den Anschluss an unser christliches Erbe, das uns gerade in den Grenzsituationen des Lebens sicher leiten kann.

Damit komme ich zur dritten und letzten Frage: Aus welchen Quellen sind alte Traditionen des menschlichen Umgangs mit Sterbenden in unserer heutigen veränderten Welt zu multiplizieren?

Ich kann diese Frage nur sehr unvollständig beantworten, weil ich mitten in einem aufregenden Entdeckungsprozess stecke. Schon zu Beginn meines Referates habe ich Ihnen etwas über die mittelalterliche „Ars moriendi“ erzählt. Immer noch bin ich damit beschäftigt, alte Worte und Bilder wiederzuentdecken, die in einer rationalen und aufgeklärten Zeit zu unser aller Schaden verloren gegangen sind. Ich bin fasziniert von alten Gebeten, von der Kraft ihrer Bilder, der Anschaulichkeit des Gefühls und der Unbeirrbarkeit ihrer Hoffnung. Was ich entdeckt habe aus alter und neuer Zeit, habe ich zusammengestellt in den *Texten aus der VELKD 55/1993*: „Sterbenden Freund sein. Texte aus der seelsorgerlichen und liturgischen Tradition der Kirche“. In den einführenden Bemerkungen zu dieser Textsammlung habe ich mich gefragt: „Ob sie gebraucht werden, die alten Gebete?“ und vorläufig so viel geantwortet: „Ich wünsche es mir – nicht in dem Sinne, dass sie einfach wieder nachgesprochen werden, sondern so, dass sie der Bildung des Herzens und des Verstandes dienen, die beide gebraucht werden, wenn wir Sterbenden aufmerksam nahe sein wollen. Sie tragen vielleicht unser Schweigen und sie ermutigen uns zu eigenen, liebevollen Worten.“
Es ist eine Bestandsaufnahme dessen, was einmal kräftig unter uns war. Wir werden sie nicht einfach wiederherstellen können – die traditionellen Mittel gegen die Anfechtungen der Seele:

- das ambrosianische Gebet (4. Jahrhundert)
- die Gebete der commendatio animae (7./8. Jahrhundert)
- die admonitio Anselmi (12. Jahrhundert)
- der Dialog zwischen Teufel und Seele (15. Jahrhundert)
- die Bilderars (15. Jahrhundert).[63]

[62] Aus: Lindolfo Weingärtner, Netz der Hoffnung, Erlangen 1980, S. 29.

Aber wir können sie zu unserer eigenen Belehrung und Erbauung anschauen, lesen, beten, bedenken. Vielleicht lernen wir allmählich dabei, mit eigenen Worten verständlich und glaubwürdig in eine veränderte Welt hinein die Sprache unseres Glaubens zu sprechen.

Vielleicht werden wir dabei aber auch nur bestärkt in der Erfahrung, die viele an Sterbebetten gemacht haben: dass Sterben wie eine Geburt ist.

Luther hat das in seinem Sermon von der Bereitung zum Sterben 1519 so ausgedrückt: „Wenn so jedermann Abschied auf Erden gegeben ist, dann soll man sich allein zu Gott richten... Und hier beginnt die enge Pforte, der schmale Steig zum Leben. Darauf muss sich ein jeder getrost gefasst machen. Denn er ist wohl sehr eng, er ist aber nicht lang. Und es geht hier zu, wie wenn ein Kind aus der kleinen Wohnung in seiner Mutter Leib mit Gefahr und Ängsten geboren wird in diesen weiten Himmel und Erde, das ist unsere Welt: ebenso geht der Mensch durch die enge Pforte des Todes aus diesem Leben. Und obwohl der Himmel und die Welt, darin wir jetzt leben, als groß und weit angesehen werden, so ist es doch alles gegen den zukünftigen Himmel so viel enger und kleiner, wie es der Mutter Leib gegen diesen Himmel ist. Darum heißt der lieben Heiligen Sterben eine neue Geburt, und ihre Feste nennt man lateinisch Natale, Tag ihrer Geburt. Aber der enge Gang des Todes macht, dass uns dies Leben weit und jenes eng dünkt. Darum muss man das glauben und an der leiblichen Geburt eines Kindes lernen, wie Christus sagt: ‚Ein Weib, wenn es gebiert, so leidet es Angst. Wenn sie aber genesen ist, so gedenkt sie der Angst nimmer, dieweil ein Mensch geboren ist von ihr in die Welt' (Joh. 16,21). So muss man sich auch im Sterben auf die Angst gefasst machen und wissen, dass danach ein großer Raum und Freude sein wird.“[64]

Es macht einen großen Unterschied, ob wir als Begleiter von Schwerkranken und Sterbenden der Überzeugung sind, im Sterben einem „Nichtungsprozeß“ beizuwohnen (wie uns viele moderne Theologen weismachen wollen), der uns traurig und hilflos macht, oder ob wir Zeugen einer Geburt sind, die uns dazu auffordert, im richtigen Rhythmus mitzuatmen, mitzupressen, mitzuarbeiten und dabei Erleichterung zu schaffen: durch unsere bloße Anwesenheit, durch unsere freundliche Zuwendung, durch das Abwischen von Schweiß, durch das Auflegen unserer Hände, durch unser Wort, durch unser Schweigen, durch unser Gebet und durch unsere unerschütterliche Zuversicht.

Luther sagt – und damit möchte ich schließen: „Kein Christenmensch soll an seinem Ende daran zweifeln, dass er nicht allein sei in seinem Sterben. Sondern er soll gewiss sein, dass nach der Aussage des Sakraments auf ihn gar viele Augen sehen.

---

[63] Abgedruckt in: Peter Godzik, Sterbenden Freund sein. Texte aus der seelsorgerlichen und liturgischen Tradition der Kirche (Texte aus der VELKD 55/1993), Hannover: Lutherisches Kirchenamt 1993.

[64] Aus: Insel-Lutherausgabe, Band 2, S. 16 f.

Zum ersten Gottes selber und Christi, weil er seinem Wort glaubt und seinem Sakrament anhängt; danach die lieben Engel, die Heiligen und alle Christen. Denn da ist kein Zweifel, wie das Sakrament des Altars zeigt, dass die allesamt wie ein ganzer Körper zu seinem Glied hinzulaufen, helfen ihm den Tod, die Sünde, die Hölle überwinden und tragen alle mit ihm. Da ist das Werk der Liebe und der Gemeinschaft der Heiligen im Ernst und gewaltig im Gange, und ein Christenmensch soll es sich vor Augen halten und keinen Zweifel daran haben; woraus er dann den Mut schöpft zu sterben."[65]

[65] A.a.O. S. 30 f.

Sterben in Würde – Erhellendes aus Mainz

Sterben in Würde. Die Hospizbewegung zum Streit um die Euthanasiebewegung (Mainzer Perspektiven. Orientierungen I), Mainz: Bischöfliches Ordinariat, 1995, 100 Seiten mit 7 Abb., DM 6,00.

Seit kurzem erst gibt es sie: Mainzer Perspektiven – Orientierungen aus dem Bildungszentrum der katholischen Diözese Mainz. Gleich das erste Heft ist einer wichtigen ethischen Frage gewidmet: Sterben in Würde. Vertreter der Hospizbewegung äußern sich im Rahmen einer Studientagung zum Streit um die Euthanasiebewegung. Im November 1994 war die aktuelle Zuspitzung dieses Streits auf die Forderung nach rechtlicher Anerkennung der aktiven Sterbehilfe in Deutschland durch die Tübinger Professoren Hans Küng und Walter Jens noch nicht bekannt. Trotzdem bietet die kleine Broschüre gerade für die so wichtige Auseinandersetzung mit den Thesen von Küng und Jens hilfreiche Klärungen und deutliche Orientierungen.

Am Beitrag des Seelsorgers Heinrich Pera wird klar: Aufmerksames Zuhören, Aushalten und Bestehen der jeweils einzigartigen Sterbesituation lässt die Frage nach Euthanasie gar nicht erst aufkommen. Liebevoll begleitet, geschützt von kompetenter Schmerztherapie und einfühlsamer Spiritualität, geachtet als Person, kann der Sterbende würdevoll leben bis zuletzt.

Der Bundesrichter Klaus Kutzer beschreibt den rechtlichen Rahmen eines Sterbens in Würde. Juristisch kompetent, weil selber befasst mit den einschlägigen Entscheidungen des höchsten deutschen Gerichts, zeigt er die Grenzen ärztlicher Behandlungspflicht auf und verdeutlicht das Selbstbestimmungsrecht des Patienten. Deutlich werden indirekte Sterbehilfe, passive Sterbehilfe und Beihilfe zur Selbsttötung, die nach unserem Recht straflos bleiben, von der strafbewehrten aktiven Sterbehilfe unterschieden – eine Wohltat angesichts der populistischen Verunklarungen des Sachverhalts durch Küng und Jens.[66]

Die beiden Ärzte Dr. Elisabeth Albrecht und Dr. Martin Weber legen den derzeitigen Standard palliativ-medizinischer und psychosozialer Begleitung im Hospiz dar und gehen auf häufig geäußerte Ängste und Befürchtungen von Patienten in der letzten Lebensphase ein. Sie stellen fest, dass leider noch viel zu wenig Ärzte bei uns über die Regeln der Schmerztherapie bei Tumorpatienten Bescheid wissen.

Der polnische Arzt Dr. Zbigniew Zylicz, Leiter des bisher einzigen Hospizes in Holland, liefert eine glänzende Abrechnung mit den Mythen und Fakten der bei uns in bestimmten Kreisen so hoch gelobten Euthanasiebewegung in den Niederlanden. Nach 20 Jahren Diskussion ist in Holland die paradoxe Situation entstanden: Ärzte haben statt weniger mehr Macht über das Leben ihrer Patienten bekommen. Für Hausärzte mit ihrer eingeschränkten Erfahrung in der palliativen Medizin und der häuslichen

[66] Vgl. dazu: Peter Godzik, Sterbe-Heroen. In: Lutherische Monatshefte 34 (1995) 42.

terminalen Betreuung scheint die Euthanasie eine einfache Lösung aller Probleme zu sein. Dr. Zylicz sind Fälle von Patienten bekannt, die aus Angst vor unerwünschter Sterbehilfe durch ihren Hausarzt um Aufnahme in das Hospiz gebeten haben.

Der katholische Moraltheologe Volker Eid, Kenner und kundiger Kommentator der ja schon lang andauernden Diskussion um die aktive Sterbehilfe, bemüht sich in seinem Beitrag um eine „ars vivendi“: Es geht darum, Leben zu gestalten angesichts des Todes. Christlicher Glaube setzt nach seiner Überzeugung keineswegs die Sicherheit des überwundenen Todes voraus, sondern ist „Aufrichtung“ angesichts der drohenden Vernichtung. Im Angesicht des Todes kann es trostvoll sein, miteinander von Gott zu reden und sich gegenseitig die Hand zu halten. Die solidarisch verbundenen Hände zweier Menschen sind ein Vorschein der Zuwendung Gottes. Seelsorger und Moraltheologe sind sich hier in erstaunlicher Weise einig. Aktive Sterbehilfe könnte eine billige und entsetzliche Form der Aussparung und Vernachlässigung der Schwächseseiten menschlichen Lebens sein.

Martin Weber, Arzt und Vorsitzender der Mainzer Hospizgesellschaft, stellt die Euthanasiedebatte in den Niederlanden dar, nennt die dort angewandten Kriterien und referiert einschlägige Umfrageergebnisse. Der Macht des Faktischen, wie sie aus den Niederlanden zu uns vordringt, muss eine andere Macht des Faktischen entgegengesetzt werden. Es müssen Wege aufgezeigt werden, die ein Sterben in Würde erlauben. Es muss erfahrbar werden, dass diese letzte Wegstrecke es wert ist, bis zuletzt gelebt zu werden.

Von Peter Reifenberg, Studienleiter im Bildungszentrum der Diözese Mainz, stammt die kundige Einführung in den Fragekatalog der Studientagung, die nun gut dokumentiert in einer preiswerten Broschüre vorliegt. Sie gehört zur Pflichtlektüre für alle, die nach Alternativen zu einer liebesunfähig gewordenen und darin lebensfeindlichen Gesellschaft suchen.

Die Hospizbewegung ist eine Reformbewegung, so Volker Eid, von der eine tiefgreifende Umkehr zur Kultur des Helfens ausgehen kann. Sie möchte die von Gott verheißene Treue im Sterben der Menschen als mitmenschliche Zuwendung, als Schmerzlinderung, als Begleitung erfahrbar machen, damit niemand sein Leben vor seinem tatsächlichen Ende aufgeben und abbrechen muss.

Sterbebegleitung in Gemeinde und Hospizbewegung

Aus: Kirchenamt der EKD/ Sekretariat der Deutschen Bischofskonferenz (Hg.), Im Sterben: Umfang vom Leben. Gemeinsames Wort zur Woche für das Leben, Hannover/ Bonn 1996, S. 13-16.

Im Matthäus-Evangelium (Kapitel 25) werden sechs Werke der christlichen Nächstenliebe genannt: Hungernde speisen, Durstige tränken, Fremde beherbergen, Nackte kleiden, Kranke und Gefangene besuchen. Schon früh kam in den urchristlichen Gemeinden ein siebentes Werk der Barmherzigkeit hinzu, nämlich die Toten zu begraben. Außerhalb der Zählung dieser klassischen „sieben Werke der Barmherzigkeit" galt die Tröstung der Trauernden als selbstverständliche seelsorgerliche Aufgabe.

Auch heute sind die Bestattung und alle damit verbundenen Riten für den Menschen wichtig, um mit Tod und Angst umgehen zu können. Gräber sind in besonderer Weise Orte, an denen Menschen trauern können. Für Christen ist das Begräbnis nicht nur Pietät gegenüber den Toten und den Hinterbliebenen, sondern auch Ausdruck der Hoffnung auf die Auferstehung der Toten.

Immer wieder wurden Menschen mit Zeiten besonders hoher Sterblichkeit konfrontiert. Naturkatastrophen, Massenerkrankungen, hohe Säuglingssterblichkeit und Kriege rafften die Menschen zu Tausenden dahin. Besonders in den Pestzeiten des Mittelalters waren die Kräfte der Menschen angesichts dieses Elends bis aufs äußerste angespannt. In dieser Zeit entstand eine breit gestreute Ars-moriendi-Literatur, die zum Begleiten der Schwerkranken und Sterbenden und zum Trösten der Trauernden ermutigen wollte. In einem der bekanntesten mittelalterlichen Sterbebüchlein heißt es: „Es ist kein Werk der Barmherzigkeit größer, als dass dem kranken Menschen in seinen letzten Nöten geistlich und sein Heil betreffend geholfen wird".

Die Grundhaltung, aus der Sterbe- und Trauerbegleitung geschieht, wird heute auch „Freundschaftsdienst" genannt: Menschen in existentiellen Herausforderungen durch Krankheit, Leiden, Sterben und Tod Begleiterin oder Begleiter zu sein und als Freundin oder Freund zuhörend und mitfühlend beizustehen. Ob es sich um Angehörige, Geistliche oder andere Helferinnen und Helfer handelt: Sie alle können ihren Dienst nur leisten, wenn sie selbst begegnungsfähig sind. In vielen Initiativen privater oder öffentlicher Art werden deshalb heute Ausbildungsmöglichkeiten angeboten, die helfen sollen, solche Fähigkeiten zu entwickeln, die der Begleitung Schwerkranker und Sterbender und ihnen nahe stehender Menschen dienlich sein können. Dazu gehören u.a. Eigenschaften wie Wahrnehmen, Mitgehen, Zuhören, Verstehen, Weitergehen und Loslassen, die in Gruppen und Vorbereitungskursen geübt werden. Dabei geht es nicht nur um ein Tätigwerden und Handeln nach außen, sondern um eine innere Haltung. Es wird versucht, der eigenen Betroffenheit Ausdruck zu geben und Grundhaltungen gegenüber dem Ende des Lebens in sich zu entwickeln. Als Begleiterin und Begleiter geben Menschen weiter, was sie selber in der Gemeinschaft der Lernenden und Liebenden empfangen haben. Sie sind in dieser seelsorgerlichen Aufgabe nicht „Kenner" und „Könner", sondern Gerufene und Begabte. Als solche entwickeln sie die Kraft, anderen nahe zu sein und Liebe und Freundschaft zu schenken, wo es besonders nötig ist. Und sie sind in der Lage, den sie tragenden Grund ihres Handelns anderen Menschen mitzuteilen.

Eine solche „Freundschaftsbewegung" ist auch die Hospizbewegung in Deutschland. In ihr entdecken nicht wenige, die bisher eher kritisch und distanziert den Kirchen gegenüberstanden, dass gelebter christlicher Glaube zur Menschwerdung im Leben und im Sterben wertvolle Anregungen und Halt gibt.

Die Hospizbewegung in Deutschland hat sich, angeregt durch Impulse aus Großbritannien und den USA, erst relativ spät auf den Weg gemacht, hat schwierige Zeiten und Rückschläge hinnehmen müssen. Sie hat sich aber in ihren Zielen nicht beirren lassen:

- Annahme des Sterbens als Teil des Lebens
- Erfahrung von Sinn im Sterben
- Wahrnehmen der Sterbenden und ihrer Angehörigen als gemeinsame Adressaten
- Unterstützung durch ein interdisziplinär arbeitendes Team
- Einbeziehung freiwilliger Helferinnen und Helfer
- Supervision der haupt- und ehrenamtlichen Mitarbeitenden
- Kooperation aller Beteiligten
- Integration der Hospizidee in die bestehenden Dienste und Einrichtungen
- Spezielle Kenntnisse in der Symptomkontrolle
- Kontinuität in der Betreuung
- Begleitung Trauernder.

Mit diesen Zielen vor Augen haben sich in Deutschland sehr unterschiedliche Zugänge und Verwirklichungen der gemeinsamen Hospizidee im Rahmen längst vorhandener Sorge um kranke und alte Menschen in Krankenhäusern, in Alten- und Pflegeheimen sowie in der ambulanten Krankenpflege entwickelt. Großherzige Spenden und Stiftungen ermöglichen es, die Arbeit, z.B. in den Krankenhäusern, besser auf die Bedürfnisse Schwerkranker und Sterbender abzustimmen. Zunehmend entstehen dort auch Palliativ-Stationen, z.T. in Zusammenarbeit mit Begleiterinnen und Begleitern des ambulanten Hospizes.

Das vielfältige und differenzierte Bild der Hospizbewegung in Deutschland lässt sich auf begrenztem Raum nicht leicht beschreiben: Es gibt inzwischen mehrere hundert Hospizinitiativen, von denen die Mehrzahl ökumenisch arbeitet. Zudem entstehen auf regionaler und überregionaler Ebene weitere Zusammenschlüsse.

Zeit haben für andere – „Sozialzeit" – gehört neben Arbeits- und Freizeit zu den Grundbedingungen eines erfüllten Lebens. Sie wird nicht mit klingender Münze bezahlt, sondern anders vergolten: mit neuer Aufmerksamkeit für die Tiefe des Lebens, mit Erfahrungen der Begegnung, des Lernens und des Lebensaustausches in Gruppen, mit fachkundiger Vorbereitung und Begleitung, mit der Zugehörigkeit zu einer Gemeinschaft, die klärend und strukturierend, herausfordernd und bereichernd das eigene Leben verändert.

Die Kirchen beider großen Konfessionen leisten auf allen Ebenen Hilfen, ohne die Hospizbewegung als exklusiv kirchliche Arbeit zu verstehen. Die weitaus meisten Hospizinitiativen in Deutschland werden von engagierten Christen mitgetragen. Manche haben im Dienst für Schwerkranke, Sterbende und ihre Angehörigen die gemeinschaftsbildende Kraft eines christlichen Engagements für die Schwachen und Hilfsbedürftigen neu entdeckt. So kann in der Begleitung Sterbender tätiger Glaube neu Gestalt gewinnen, und so können alternative Weisen des gegenseitigen Gebens und Nehmens für die in unserer Gesellschaft zunehmend notwendige „belastbare Solidarität" prägend werden.

36 Jahre nach „Gramp“: Die Sterbebehinderer haben ausgespielt

1966, in dem Jahr, in dem ich mein Abitur machte, schrieb mein späterer Lehrer in der Praktischen Theologie, Joachim Scharfenberg, einen wichtigen Beitrag in der Monatsschrift für Pastoraltheologie: „Die Freiheit zum Sterben“[67]. Darin heißt es: *Ein christliches Ja zur Freiheit zum Sterben würde ... bedeuten, daß dem Arzt die Pflicht auferlegt wird, dem Menschen ein menschenwürdiges Sterben zu verschaffen. Das heißt aber, daß der Tod nicht aus dem öffentlichen Bewußtsein verdrängt wird, sondern daß es dem Menschen bewußt werden muß, wie sein eigener Tod die für ihn wichtigste Begebenheit seines Lebens ist. Dem Menschen müßte also ein bewußtes Sterben ermöglicht werden, bei dem auch einmal auf die letzten medizinischen Mittel zur Verlängerung des Lebens um jeden Preis verzichtet wird. Der Arzt ist nicht „dem Leben“ als einer abstrakten Größe verantwortlich, sondern dem Menschen, dessen humanitas er zu dienen hat.*

Ich gestehe, dass ich auf dieses wichtige Zitat erst im Jahr 2010 gestoßen bin, als ich im Internet Recherchen zu Joachim Scharfenberg anstellte, um ihm einen Wikipedia-Artikel zu widmen. Ich war überrascht über diesen frühen Hinweis auf „ein christliches Ja zur Freiheit zum Sterben“ und über die Herausforderung, dem sterbenskranken Menschen mit Hilfe des Arztes ein bewusstes Sterben zu ermöglichen. Für mich ist klar geworden, dass es in all unseren seelsorgerlichen Bemühungen um Sterbende und ihre Angehörigen um diese „Freiheit zum Sterben“ geht.

Als ich mich durch meine berufliche Entwicklung ab dem Jahr 1987 vermehrt um das Thema „Sterbende begleiten“ kümmerte, stieß ich bald auf ein 1976 in den USA erschienenes Buch, das 1982 ins Deutsche übersetzt worden war: *Mark und Dan Jury: Gramp. Ein Mann altert und stirbt. Die Begegnung einer Familie mit der Wirklichkeit des Todes, Bonn: J.H.W. Dietz ^{4}1991.*

In ihrer Einleitung schreiben die beiden Enkel über das Sterben ihres Großvaters: *Am 11. Februar 1974 nahm der einundachtzigjährige Frank Tugend – geistig zweifellos verwirrt, körperlich jedoch völlig gesund – sein künstliches Gebiß aus dem Mund und erklärte, daß er nichts mehr essen oder trinken wolle. Er starb drei Wochen später, auf den Tag genau. Sein Tod beendete eine drei Jahre währende Prüfung und eine ebenso lange Aufzeichnung eines schrittweisen, aber unwiderruflichen Verfalls. Mit Fotoapparat und Tonbandgerät haben wir Frank Tugends Auseinandersetzung mit jenem Übel dokumentiert, das von den einen als Vergreisung, von den anderen als Arterienverkalkung oder allgemeine Arteriosklerose bezeichnet wird. Im Alltagsleben bedeutete es, daß Frank Tugend splitternackt vor dem Aussichtsfenster im Wohnzimmer*

---

[67] Joachim Scharfenberg, Die Freiheit zum Sterben, in: Monatsschrift für Pastoraltheologie 55 (1966) 366 ff.; im Internet zugänglich unter: http://www.pkgodzik.de/fileadmin/user_upload/Sterbehilfe/Joachim_Scharfenberg_-_Die_Freiheit_zum_Sterben.pdf

herumstand, daß er sich mit einem roten Riesenhasen unterhielt, der im Eisschrank lebte, oder daß er die Toilette nicht mehr rechtzeitig erreichte. Doch nichts an diesen Ereignissen ist ungewöhnlich – es gibt Abertausende von Familien in jedem Land, die sich in diesem Augenblick mit genau dem gleichen Problem herumschlagen.

Wir waren eine dieser Familien: Frank Tugend war unser Großvater. Während der letzten drei Jahre seines Lebens haben wir seine und unsere Erfahrungen festgehalten. Und wir mußten uns – wenige Wochen vor seinem Tod – entscheiden, ob wir es zulassen sollten, daß er in ein Krankenhaus gebracht und dort künstlich ernährt würde. Aber nachdem Gramp unmißverständlich gezeigt hatte, daß er sterben wollte, beschlossen wir, daß er zu Hause sterben und seine menschliche Würde nicht verlieren sollte.

In den letzten Monaten, in denen die Leute aus unserer Gegend sicherlich glaubten, daß Gramp seinen „Verstand verloren" hat, ließ sich bei den Tugends, wo sonst ein reges Kommen und Gehen war, kaum mehr als ein halbes Dutzend Besucher blicken. In dieser Zeit lernten wir vieles über Gramp und vieles voneinander. Doch am meisten lernte jeder von uns über sich selbst.[68]

Unter all den vielen Büchern, die ich im Laufe der Jahre zum Thema „Sterben" und „Sterbebegleitung" kennen lernte, hat mich dieses Buch immer am meisten beeindruckt und in seiner Grundaussage nie losgelassen: Menschen waren bereit, dem Sterben bewusst ins Auge zu blicken und das Unvermeidliche würdevoll und in gegenseitiger Achtung zu gestalten.

Mir fiel sofort auf, was den Unterschied zur Situation vieler Sterbender in Deutschland ausmachte: der Arzt war zwar regelmäßig anwesend, aber es fehlte der „Tropf". Der freiwillige Verzicht von Nahrung und Flüssigkeit bei „Gramp" wurde von allen Beteiligten akzeptiert.

Damals wurde ich neugierig auf das Thema „Austrocknung", das in Medizin und Pflege zu dieser Zeit kontrovers diskutiert wurde. Besonders aus der Schweiz kamen Hinweise aus der Pflegewissenschaft, dass Dehydratation im Sterbeprozess ein natürlicher Vorgang sei, der körpereigene Endorphine freisetze und die Patienten weitgehend schmerzfrei und zunächst bewusstseinsklar halte, bis schließlich Schläfrigkeit einsetze und dadurch ein friedliches Sterben im Tiefschlaf ermöglicht würde.

Im Jahr 2002 nahm Johann-Christoph Student, der damalige Leiter des Hospizes in Stuttgart, zum Problem des Austrocknens bei sterbenden Menschen folgendermaßen Stellung[69]:

---

[68] A.a.O., S. 7.

[69] Johann-Christoph Student, Stellungnahme zum Problem des Austrocknens von sterbenden Menschen, Hospiz Stuttgart 2002; im Internet zugänglich unter: http://christoph-student.homge.tonline.de/Downloads/Stell_zum_Probl_des_Austrockn.pdf?foo=0.6775424661484334

Das Thema des Zulassens einer freiwilligen Austrocknung von Menschen am Lebensende wird bislang in der Bundesrepublik leider nur wenig diskutiert. Es soll deshalb an dieser Stelle ausführlicher Stellung genommen werden. Die Menschen, an die in diesem Zusammenhang gedacht wird, leiden an einer fortschreitenden, tödlichen Erkrankung. In den meisten Fällen handelt es sich hierbei um Menschen mit Krebs.

Das Reduzieren und schließlich Beenden der Nahrungszufuhr bei einem Schwerkranken wird insbesondere von den Angehörigen durchaus mit Sorge gesehen. Dennoch ist es in den meisten Fällen, in denen dies bei einem terminal kranken Menschen von diesem selbst eingeleitet wird, möglich, bei Angehörigen Verständnis für dieses Verhalten als einem allmählichen Rückzug aus dem Leben zu erkennen. Auch bei Ärzten und Pflegern wird diese Situation offenbar in den meisten Fällen toleriert.

Anders sieht es bei der Flüssigkeitszufuhr aus. Das deutliche Reduzieren oder gar Beenden des Trinkens bei einem terminal kranken Menschen löst häufig bei den Angehörigen geradezu Panik aus und wird auch von den beruflich Helfenden (Ärzten wie Pflegenden) mit großer Besorgnis wahrgenommen. Da tauchen insbesondere Bilder der Durstqualen von Wüstenreisenden auf, die unter sengender Sonne ihr Leben beenden müssen.

Was dem entgegengehalten werden kann, ist einerseits, dass der Kranke ja eine eigene, willkürliche Entscheidung fällt, die er auch wieder rückgängig machen kann. Außerdem findet die Szene ja nicht in der Wüste, sondern unter der kundigen Obhut von Pflegenden in der Sicherheit der eigenen vier Wände oder im Schutz einer erfahrenen Institution statt. Dennoch: die emotionale Abwehr eines „Durst-Verhaltens" darf nicht vernachlässigt werden, wenn wir uns selbst auch als Helfende ernstnehmen. Deshalb geht es bei dieser Frage in erster Linie darum, was der Kranke möchte und was ethisch vertretbar ist. Aus dieser Perspektive lassen sich drei Situationen[70] *unterscheiden, aus denen heraus die Unterlassung ethisch wenig problematisch ist:*

> *(a) Willentliche Verweigerung ausreichender Flüssigkeitsmengen durch die Patientin bzw. den Patienten am Lebensende im Rahmen einer tödlichen Krankheit.*
> *(b) Nicht ausdrücklich beabsichtigte Verminderung der Flüssigkeitsaufnahme durch zunehmende Bewußtseinstrübung des terminal kranken Menschen.*
> *(c) Unfähigkeit der sterbenden Patientin bzw. des sterbenden Patienten, Flüssigkeit zu sich zu nehmen aufgrund eines obstruktiven Prozesses im Mund-, Rachen- oder Speiseröhrenbereich. ...*

Am unproblematischsten ist sowohl unter rechtlichen wie unter ethischen Aspekten die Situation (a). Aus der Geschichte wissen wir, daß in früheren Zeiten offenbar dieses

[70] Bewusst unberücksichtigt bleibt die Frage der Unterbrechung der Infusionstherapie bei intensivmedizinisch behandelten Patienten, die (z.B. durch ein Koma) weder zur willentlichen Flüssigkeitsaufnahme noch zur Meinungsäußerung zu dieser Frage in der Lage sind.

Verhalten geradezu zum üblichen Sterberitual gehörte und Teil der „Kunst des Sterbens“ war. Unter rechtlichen Aspekten muß bedacht werden, daß grundsätzlich jeder Eingriff in die körperliche Unversehrtheit der Patientin oder des Patienten durch Arzt oder Pflegekraft strafbar ist, sofern die Patientin oder der Patient dies nicht ausdrücklich autorisiert haben. Insofern darf nicht nur auf Infusionen oder Flüssigkeitszufuhr über eine Magensonde verzichtet werden, sondern es muß dies sogar so getan werden. Leider wird gegen diese Regel in deutschen Krankenhäusern noch unendlich oft verstoßen.

Auch die langsam abnehmende Flüssigkeits- und Nahrungszufuhr bei eintrübenden Patientinnen bzw. Patienten in der letzten Lebensphase (Fall b) halte ich für einen sehr natürlichen Vorgang. (Dies setzt allerdings voraus, daß der sterbende Mensch nicht durch Beruhigungsmittel betäubt worden ist – eine Unsitte, die leider immer noch mancherorts in der letzten Lebensphase praktiziert wird). Nach und nach werden sämtliche Körperfunktionen eingestellt und damit benötigt die Patientin bzw. der Patient zunehmend auch weder Flüssigkeit noch Nahrung. Wenn die Patientin bzw. der Patient nicht ausdrücklich etwas anderes zu Zeiten wachen Verstandes angeordnet hat, ist davon auszugehen, daß das Unterlassen jeder forcierten Flüssigkeitszufuhr seinem Willen und Interesse entspricht.

Die unter (c) beschriebene Situation tritt ja in der Regel nicht plötzlich ein, sondern hat eine gewisse Vorlaufphase. Bei allen Patientinnen und Patienten, bei denen eine entsprechende Verschlußerkrankung zu befürchten ist, muß dies rechtzeitig angesprochen und in seinen Folgerungen mit der Patientin bzw. dem Patienten eingehend diskutiert werden. Die auf dieser Basis gefällte Entscheidung der Patientin/ des Patienten muß in jedem Falle respektiert werden.

Wichtig ist festzuhalten, daß das „allmähliche Austrocknen“ in dieser Lebensphase für Patientinnen und Patienten durchaus nicht unangenehm sein muß. Im Gegenteil: Nach allem, was an physiologischen Untersuchungen zu diesem Fragenkomplex bekannt ist, bewirkt die mit der Austrocknung einhergehende Elektrolyt-Verschiebung in der Regel auch, daß die Schmerzschwelle eher angehoben wird und damit auf diese Weise sogar eine gewisse Schmerzstillung erreicht werden kann. Hinzu kommt, daß durch die Austrocknung die perifokalen Ödeme von Tumoren oder minderdurchbluteten Arealen verringert werden und auf diese Weise Druckerscheinungen (auch Hirndruck) entgegengewirkt wird. Auch dies trägt dazu bei, daß die Patientin bzw. der Patient sich eher wohler fühlen wird.

Aus den Berichten von Menschen, die unfreiwillig an der Flüssigkeitsaufnahme gehindert wurden (z.B. bei Unglücksfällen in Wüstenregionen), wissen wir außerdem, daß bei zunehmender Austrocknung eher ein euphorischer Zustand eintritt, der sich unter Umständen auch in besonders schönen Traumerfahrungen äußert. Dies wird durch vermehrte Endorphinausschüttung in der Exsiccose erklärt. Diese vermehrte

Endorphinausschüttung erklärt ebenfalls die in der Exsiccose beobachtbare Schmerzreduktion.

An weiteren positiven Effekten der Austrocknung für die Patientin bzw. den Patienten sind zu nennen:

- *Reduktion der Diurese (seltenere Nutzung von Bettpfanne oder Urinal; vermeidet häufigen Vorlagenwechsel, erspart eventuell den Urinkatheter – also insgesamt weniger Belastungen für den Sterbenden),*
- *Reduktion der Magensekretion (vermindertes Erbrechen),*
- *Reduktion der Bronchialsekretion (vermindertes Husten; weniger Absaugen erforderlich).*

Unbedingt verhindert werden muß jedoch, daß eine Patientin bzw. ein Patient, bei der bzw. bei dem die Austrocknung bereits vorangeschritten ist, plötzlich doch noch forciert mit Wasser „aufgefüllt" werden. Dies kann zu erheblichen Beschwerden, insbesondere zu schweren Schmerzzuständen führen. Insofern sollte eine einmal getroffene Entscheidung – es sei denn, die Patientin oder der Patient wünschen ausdrücklich etwas anderes – auf keinen Fall revidiert werden.

Die einzig unangenehmen Begleiterscheinungen der Austrocknung sind die Trockenheitsgefühle im Bereich der Schleimhäute. Deshalb sollten nun möglichst all jene Medikamente abgesetzt werden, die die Mundtrockenheit verstärken können. (Hierzu gehören z.B. eine ganze Reihe von Psychopharmaka.) Vor allem aber ist es wichtig, daß die Patientin bzw. der Patient in der Phase der Austrocknung ganz besonders intensive Pflege erfährt. Hierzu gehört in erster Linie eine sorgfältige und sehr häufige Mundpflege, ggf. das Angebot, den Mund wiederholt zu spülen, das Lutschen von Eisstückchen, sofern das als angenehm empfunden wird, Einbringen von 1-2 ml Wasser alle 30-60 Minuten in die abhängige Partie des Mundes und ähnliches. Oft wird von den betroffenen Menschen allerdings auch lange Zeit noch so viel Flüssigkeit „getrunken", daß diese ausreicht, um die Mundschleimhäute feucht zu halten. Auch den Lippen sowie den Nasen- und Augenschleimhäuten sollte vermehrte Aufmerksamkeit gewidmet werden; ebenso den Gehörgängen und den Anal- wie Sexualöffnungen und durch geeignete Salben Beschwerden in diesem Bereich entgegengewirkt werden. Der Patientin bzw. dem Patienten nicht zwangsweise Flüssigkeit zuzuführen, darf auf keinen Fall gleichgesetzt werden mit „nichts mehr tun". Im Gegenteil, Patient und Familie müssen das Gefühl haben, daß die Fürsorge sich mit gleicher oder gar vermehrter Intensität fortsetzt.

Gerade für die Familienangehörigen bedeutet die Beendigung der Flüssigkeitszufuhr eine erhebliche emotionale Belastung. Oftmals fühlen sie sich dem Sterbeprozeß gegenüber ohnedies sehr hilflos. Nun wird ihnen auch noch die Möglichkeit genommen, Urformen der Fürsorge ausüben zu können. Nicht einmal mehr Nahrung und Flüssigkeit geben zu können, wird oftmals als Ende aller hilfreichen Beziehungsmög-

lichkeiten erlebt. In dieser Phase benötigen Angehörige deshalb kaum weniger Unterstützung als der Sterbende selbst. Ihnen die Möglichkeit zu geben, ihr „Nichthandeln" als fürsorglich zu erleben, ist wichtige Aufgabe der Begleitung. Zugleich müssen sie immer wieder die Möglichkeit bekommen, über die dabei entstehenden Gefühle offen und vertrauensvoll sprechen zu können. Darüber hinaus ist es wichtig, mit ihnen Möglichkeiten zu entwickeln, sich auf anderen Wegen und vielleicht auch auf einer anderen Ebene fürsorglich dem Sterbenden zuzuwenden. – Und schließlich ist diese Phase des Zusammenlebens dann eben auch einer der Schritte auf dem Weg zum endgültigen Abschied – jener Phase also, in der auf der körperlich-materiellen Ebene die Beziehung endet.[71]

Insgesamt läßt sich also sagen, daß die Richtschnur für die Entscheidung, ob eine forcierte Flüssigkeitszufuhr in der letzten Lebensphase erfolgen soll oder nicht, im ausdrücklichen Willen des sterbenden Menschen liegt. Seine Wünsche zu achten, auch wenn uns dies unbequem erscheint, sichert ihm im Sterben seine Würde. Das Austrocknen eines Patienten in diesem Zusammenhang zuzulassen, erfordert ein hohes Maß an pflegerischem Können und einen besonders sensiblen Umgang mit den Angehörigen.[72]

Interessant ist für mich neben all den medizinischen und pflegerischen Einzelheiten, die es beim freiwilligen Verzicht auf Nahrung und Flüssigkeit am Lebensende zu beachten gilt, die grundsätzliche geschichtliche und philosophische Erkenntnis: Willentliche Verweigerung ausreichender Flüssigkeitsmengen durch die Patientin bzw. den Patienten am Lebensende im Rahmen einer tödlichen Krankheit gehörte in früheren Zeiten zum üblichen Sterberitual und war Teil der „Kunst des Sterbens".

Das hat auch damit zu tun, dass sich nun die Interessen des sterbenden Menschen nicht mehr „nach hinten" in sein bisheriges Leben richten, sondern „nach vorn" ausgerichtet sind auf das erhoffte Kommende in Gestalt seines religiösen Glaubens. Immer weiter essen und trinken und also am Leben bleiben zu wollen, verträgt sich nicht mit dem Sterben, das ein Loslassen alles Irdischen ist. Paulus hat davon gesprochen, dass

---

[71] An dieser Stelle folgt eine Erläuterung zur Situation bei Kindern, die hier nicht wiedergegeben wird.

[72] Bewusst ausgeklammert bleibt bei dieser Diskussion die Frage der Beendigung einer Flüssigkeitszufuhr bei einem chronisch kranken Menschen (z.B. bei einem Kranken nach einem Schlaganfall mit entsprechend erschwerter Nahrungsaufnahme). Wir stehen hier auf dem Standpunkt, dass diese Menschen in der Regel nicht als Sterbende zu betrachten sind, sondern als chronisch Kranke, die alle Pflege und Unterstützung benötigen, die jetzt erforderlich ist. Entsprechendes gilt für Menschen, die bewusstlos geworden und zu klaren Willensäußerungen nicht mehr in der Lage sind. Ebenso ist es aus unserer Sicht nicht zulässig, eine bereits gelegte PEG-Sonde nicht mehr zu nutzen, wenn der Kranke zeitgleich zu keiner klaren Willensäußerung mehr fähig ist.

der äußere Mensch abnimmt, während der innere wächst (2. Korinther 4,16). Vielleicht muss man deshalb auch die Maslowsche Bedürfnispyramide eher auf den Kopf stellen, als weiter zu behaupten, dass die physischen Bedürfnisse auch am Lebensende die wichtigsten sind. Dem ist offensichtlich bei vielen Menschen nicht so.

Drei Jahrzehnte nach dem Buch von Mark und Dan Jury über den Entschluss ihres Großvaters, das Essen und Trinken einzustellen und damit aus dem Leben zu scheiden, ist nun das Buch von Boudewijn Chabot und Christian Walther erschienen: *Ausweg am Lebensende. Selbstbestimmtes Sterben durch freiwilligen Verzicht auf Essen und Trinken. Mit einem Geleitwort von Dieter Birnbacher, München/Basel: Ernst Reinhardt Verlag ²2011.*[73]

Dr. med. Boudewijn Chabot, PhD, ist Psychiater und Sozialwissenschaftler in Haarlem, Niederlande; Dr. rer. nat. Christian Walther ist emeritierter Neurobiologe und arbeitete am Physiologischen Institut der Universität Marburg. Ihrem gemeinsamen Buch hat der Professor für Praktische Philosophie an der Heinrich-Heine-Universität Düsseldorf Dieter Birnbacher ein Geleitwort gewidmet, in dem es heißt: *Der in diesem Buch beschriebene Weg des selbstbestimmten Verzichts auf Nahrung und Flüssigkeit ... ist kein leichter und bequemer Weg. Er wird nur teilweise den Erwartungen gerecht, die viele mit der Wunschvorstellung eines sanften und würdigen Todes verbinden. Aber dieser – in der Diskussion um die Sterbehilfe bisher vernachlässigte – Weg scheint wie kein anderer geeignet, das bei vielen älteren Menschen vorhandene Autonomiebedürfnis mit den Vorbehalten der Ärzte und der Gesellschaft gegen eine aktive Mitwirkung am Tod eines Menschen zu versöhnen. Auf der einen Seite eröffnet es dem Einzelnen die Möglichkeit, sich ein Stück weit der Naturverfallenheit seiner körperlichen Existenz zu entziehen und sein Lebensende – in den Grenzen des nach den Umständen Möglichen – in die eigene Hand zu nehmen. Auf der anderen Seite erspart es ihm selbst und anderen eine gewaltsame oder in anderer Weise ausgeprägt aktive Mitwirkung an dem zum Tode führenden Geschehen. Es überbrückt in gewisser Weise die Kluft, die in unserem Kulturbereich seit alters zwischen der spätantiken und der christlichen Auffassung vom guten Sterben bestand: zwischen dem Ideal einer rational-selbstbewussten Gestaltung des Lebens und Sterbens, die so wenig wie möglich dem Schicksal überlässt, und dem Ideal einer demütig hinnehmenden Haltung dem Leben und Sterben gegenüber, die das Lebensende vertrauensvoll in Gottes Hände legt.*

In der Tradition der philosophischen Auseinandersetzung mit Sterben und Tod ist wohl Schopenhauer diesem Weg am nächsten gekommen. Schopenhauer kritisiert an den gewöhnlichen Formen der Lebensbeendigung aus eigenem Willen, dass sie ange-

---

[73] Inhaltsverzeichnis im Internet zugänglich unter: http://www.fvnf.de/sites/fvnf/files/ausweg-inhalt.pdf

sichts der mit ihnen verbundenen Gewaltsamkeit in keiner Weise mit dem von ihm vertretenen Ideal einer „Selbstverneinung des Willens" vereinbar sind. Nur den „aus dem höchsten Grade der Askese freiwillig gewählten Hungertod" nimmt er von diesem Urteil aus – obwohl dieser, wie das vorliegende Buch zeigt, nicht nur sorgfältige Planung und Unterstützung, sondern auch einen starken Willen verlangt.[74]

In ihrem Vorwort schreiben Chabot und Walther: *Der Titel „Ausweg am Lebensende" bezieht sich auf die Möglichkeit, eine Leidenssituation durch beabsichtigtes, vorzeitiges Sterben in Würde zu beenden. Hiermit verbinden wir, dass die Entscheidung wohlüberlegt getroffen wurde und der Tod, möglichst in Anwesenheit von Angehörigen oder Freunden, sanft (im Schlaf) eintritt, anstatt dass sich jemand – wie es so oft bei alten Menschen vorkommt – einsam und vielleicht als Folge einer überstürzten Entscheidung auf schreckliche Weise umbringt. Oft stellen sich einer humanen Verwirklichung des Sterbewunsches erhebliche Hindernisse entgegen. Hier kommen nicht allein „technische", sondern auch manche rechtliche, ethische und, für Ärzte, standesrechtliche Schwierigkeiten ins Spiel. Auch in dieser Hinsicht stellt FVNF (sc. freiwilliger Verzicht auf Nahrung und Flüssigkeit) einen Ausweg dar, denn man kann manche Einwände, die in Deutschland noch immer gegen Beihilfe zur Selbsttötung erhoben werden, auf sich beruhen lassen.*

Dass man das Leben nach einer autonomen Entscheidung eines Tages durch FVNF beenden kann und hierfür keine schwierigen, z.T. rechtlich bedenklichen Vorbereitungen nötig sind, wird für manche etwas Befreiendes und Beruhigendes darstellen. Es gehört übrigens zu den Vorteilen von FVNF, dass man zu einem frühen Zeitpunkt wieder anfangen kann mit Essen und Trinken, wenn einem das Durchhalten zu schwer fällt oder wenn man sich aus anderen Gründen dazu entschließt, doch noch einige Zeit weiterzuleben.[75]

Im ersten Kapitel dieses Buches stellt Chabot vier Personen vor, die durch freiwilligen Verzicht auf Nahrung und Flüssigkeit (FVNF) den Tod vorzeitig herbeiführten und referiert vier verschiedene Positionen zum bewussten, vorzeitigen Sterben.[76] Dabei geht es auch um die Frage, ob FVNF ein natürlicher Tod sei oder eine Selbsttötung, die die Begleitenden (Angehörige, Pflegende, Ärzte) unausweichlich vor die Frage nach der „Beihilfe zum Suizid" stellt. Walther schreibt dazu: *Dass bei FVNF der Tod durch eine Unterlassung und nicht durch ein Tun herbeigeführt wird, ist zunächst ein technischer, u.U. rechtlich bedeutsamer Unterschied. Aber dass dieser Unterschied auch ethisch relevant sei, muss bezweifelt werden. Denn eine rein prinzipielle Betrachtungsweise muss anerkennen, dass das vorzeitige Sterben ja die Verwirklichung eines Willensaktes darstellt und konsequenterweise auch FVNF eine*

---

[74] Ausweg am Lebensende, S. 10 f.
[75] A.a.O., S. 14.
[76] A.a.O., S. 17-41.

Form der Selbsttötung darstellt, obwohl diese Bezeichnung hierzu nicht so recht passt. Für den Arzt ist es jedoch durchaus bedeutsam, dass er bei einer Begleitung von FVNF nichts tut, was er nicht auch sonst bei der Betreuung und Versorgung Schwerkranker täte. Unterstützt er jedoch eine Selbsttötung mittels Medikamenten, indem er z.B. ein Rezept hierfür ausstellt, dann tut er etwas ganz anderes als sonst.

Die Frage, ob ein Tod durch FVNF eine Selbsttötung darstellt oder nicht, wird jedoch vom Gefühl möglicherweise anders beantwortet, als vom Verstand ... Das Gefühl sagt einem, dass man bei FVNF auf sozusagen natürliche Weise stirbt, da man ja nicht durch irgendeinen zerstörerischen Akt „Schluss macht" oder „sich das Leben nimmt", sondern nur „aufhört" zu leben. Man kann zu Recht fragen, ob der Tod durch Flüssigkeitsverzicht nur deshalb kein natürlicher Tod sei, weil er absichtlich herbeigeführt wird ... Es ist sicherlich ein Unterschied, ob man „Hand an sich legt" oder natürliche, lebensnotwendige Verhaltensweisen (Essen und Trinken) einstellt, um zu sterben. Ähnlich verhält es sich, wenn man die Einnahme von Medikamenten beendet (womit „künstlich" Qualität und Dauer des Weiterlebens gefördert werden) und „der Natur ihren Lauf" lässt, in der – wohl oft trügerischen – Hoffnung, nun bald zu sterben. Letzteres und FVNF könnte man als „passiven" Suizid (bzw. Versuch eines passiven Suizids) bezeichnen.[77]

In der Tat ist es erstaunlich, dass Chabot und Walther beide davon ausgehen, dass FVNF zumindest juristisch eine Selbsttötungshandlung (Suizid) darstellt, obwohl das Gefühl einem etwas ganz anderes sagt. Sie lassen sich auf eine andere Definition auch gar nicht erst ein und versuchen darzulegen, dass die Unterstützungshandlungen Dritter beim Suizid rechtlich unbedenklich sind. Beihilfe zum Suizid ist nicht strafbar, jedoch medizinisch (und religiös!) strittig.[78] Aber es besteht wenigstens Einigkeit unter den Juristen, dass niemand einem freiverantwortlich handelnden Menschen den Eintritt in die suizidale Handlung verwehren darf.[79]

Was machen wir aber mit dem religiösen Einwand, das freiwillige und vorzeitige Beenden des eigenen Lebens sei „Sünde"? Hier spielt nun das „Reichweiten"-Argument aus der Diskussion über die Patientenverfügung eine Rolle. Obwohl es möglich wäre, zu jedem Zeitpunkt durch FVNF aus dem Leben zu scheiden, soll hier doch nur das Lebensende als geeigneter Zeitpunkt für FVNF betrachtet und akzeptiert werden. Es bleibt freilich eine Unsicherheit, wann denn in jedem Einzelfall das Lebensende gekommen sei – das kann mit Alter, Krankheit, Schmerzen und Einsamkeit in je individueller Ausprägung zusammenhängen. Manches davon kann durch aufmerksame Pflege und Begleitung so gestaltet werden, dass die Bereitschaft zum Weiterleben (wieder) wächst und erhalten bleibt. Aber ewig leben wir auch unter den

[77] A.a.O., S. 128 f.
[78] A.a.O., S. 104.
[79] A.a.O., S. 106.

besten Umständen nicht. Und es ist die Frage, ob wir, religiös gesprochen, Gott entgegenkommen dürfen, indem wir freiwillig auf Essen und Trinken verzichten und uns damit leichter und beweglicher machen für den Übertritt in eine andere Welt.

Warum können Engel fliegen? „Weil sie sich leicht nehmen", hat Chesterton einmal gesagt. Und Augustinus empfahl: „Oh Mensch, lerne tanzen, sonst wissen die Engel im Himmel nichts mit dir anzufangen." Es gibt jedenfalls ein Festhalten am Irdischen, dass das Sterben und Hinübergehen zu Gott behindert. Luther sagt: *Zum ersten. Weil der Tod ein Abschied ist von dieser Welt und all ihrem Treiben, ist es nötig, daß der Mensch sein zeitliches Gut ordentlich verteile, wie es sein muß oder wie er es anzuordnen gedenkt, damit nicht bleibe nach seinem Tod Ursache für Zank, Hader oder sonst einen Irrtum unter seinen zurückgelassenen Freunden. Und dies ist ein leiblicher oder äußerlicher Abschied von dieser Welt, und es wird Lebewohl und Abschied gegeben dem Gut.*[80]

Schließt das etwa auch den freiwilligen Verzicht von Nahrung und Flüssigkeit ein, so dass ein Abschiednehmen vom „Gut" des eigenen Leibes möglich wird zugunsten der eigenen Seele?

Zum zweiten, daß man auch geistlich Abschied nehme. Das ist, man vergebe freundlich, rein um Gottes willen allen Menschen, die uns beleidigt haben, begehre umgekehrt auch allein um Gottes willen Vergebung von allen Menschen, deren wir viele ohne Zweifel beleidigt haben, zumindest mit bösem Exempel oder zuwenig Wohltaten, wie wir schuldig gewesen wären nach dem Gebot brüderlicher christlicher Liebe, damit die Seele nicht bleibe behaftet mit irgendeiner Angelegenheit auf Erden.[81]

„Damit die Seele nicht behaftet bleibe mit irgendeiner Angelegenheit auf Erden." Ist der freiwillige Verzicht von Nahrung und Flüssigkeit eine geistliche Übung auf dem Weg zu Gott?

Zum vierten. Solches Zurichten und solche Bereitung auf diese Fahrt besteht zum ersten darin, daß man sich mit lauterer Beichte (besonders der größten Brocken, und die zur Zeit im Gedächtnis mit größtmöglichem Fleiß gefunden werden) und den heiligen christlichen Sakramenten des heiligen wahren Leibes Christi und der Ölung versorge, sie andächtig begehre und mit großer Zuversicht empfange, wenn man sie haben kann. Wenn aber nicht, soll nichtsdestoweniger das Verlangen und Begehren derselben tröstlich sein und man darüber nicht zu sehr erschrecken. Christus spricht: „Alle Dinge sind möglich dem, der da glaubt" (Mk. 9,23).[82]

---

[80] Martin Luther, Sermon von der Bereitung zum Sterben, 1519; in: Karin Bornkamm/Gerhard Ebeling (Hg.), Martin Luther, Ausgewählte Schriften, Zweiter Band, Frankfurt: Insel [2] 1983, S. 16.

[81] Ebenda.

[82] A.a.O., S. 17.

Das Verlangen und Begehren des Sakramentes ist schon tröstlich, nicht erst das Empfangen! Könnte die „ars moriendi" darin bestehen, auf alles zu verzichten und sich allein auf Gott zu richten? Darf man dann FVNF noch als „Sünde" bezeichnen? Ich möchte jedenfalls diese Fragen gestellt haben und mich nicht damit zufrieden geben, dass FVNF einfach als suizidale Handlung gesehen wird und alle Begleitenden in Folge davon sich der „Beihilfe", wenn auch straffrei, schuldig machen.

Im zweiten und dritten Kapitel des genannten Buches gibt Chabot nun die wichtigen und entscheidenden Informationen zum freiwilligen Verzicht auf Nahrung und Flüssigkeit. Erstens: Was man darüber wissen sollte.[83] Und zweitens: Was zu tun ist.[84] Das Wichtigste ist auch für ihn (wie für Christoph Student) die gekonnte Mundpflege. Sie hilft, das Durstgefühl in Grenzen zu halten. Zusammenfassend beschreibt er die Maßnahmen, die den Verlauf von FVNF erleichtern und juristisch absichern:[85] *Mentale Vorbereitung auf das Ende des Lebens: Damit FVNF als Weg aus dem Leben einen guten Verlauf nimmt, ist die erste und wichtigste Voraussetzung das Akzeptieren des eigenen Todes. In welcher Weise ein Mensch sich innerlich auf den nahe bevorstehenden Tod vorbereitet, hängt von seiner Weltanschauung ab. Dieses Buch beschäftigt sich jedoch hauptsächlich damit, wie ein selbstbestimmtes und würdiges Sterben verlaufen kann, und geht deshalb auf die mentale Vorbereitung nicht näher ein.*

Zustimmung von Angehörigen und – wenn möglich – vom Arzt zum Entschluss, durch FVNF zu versterben: Selbst wenn jemand in der Lage ist, den eigenen Tod als etwas Unvermeidbares zu akzeptieren, ist vielleicht einer (oder sind mehrere) der Angehörigen dazu nicht bereit. Dies kann zu einem Konflikt darüber führen, ob und wie der Entschluss zu sterben in die Tat umgesetzt werden soll. In solchen Fällen ist es ganz besonders wichtig, dass der Arzt eine Diskussion mit der Familie anregt, damit gemeinsam ein Ausweg gesucht werden kann. Auch die Möglichkeit einer psychologisch-psychotherapeutischen Beratung sollte man in Betracht ziehen.

Umgang mit Hunger und Durst: Viele Erfahrungsberichte belegen, dass jemand, der nichts mehr isst, nach zwei bis vier Tagen kein Hungergefühl mehr hat, vorausgesetzt er trinkt nur Wasser. Sobald aber kleine Mengen an Kohlenhydraten aufgenommen werden, z.B. der in Erfrischungsgetränken oder in Kaugummi enthaltene Zucker, kann sich das Hungergefühl wieder einstellen.

Wenn jemand aufhören will zu trinken, ist die beste Methode nicht so eindeutig. Plötzlich überhaupt nichts mehr zu trinken, fällt extrem schwer. Für viele ist es offenbar leichter, die Aufnahme von Flüssigkeit schrittweise zu reduzieren. Man kann z.B. von den üblichen 1,5 Litern Flüssigkeit ausgehend die tägliche Menge jeweils um etwa

[83] Ausweg am Lebensende, S. 42 ff.
[84] Ausweg am Lebensende, S. 59 ff.
[85] A.a.O., S. 77-79.

die Hälfte reduzieren, so dass man nach wenigen Tagen bereits bei einem Volumen von 50 ml angekommen ist, wie man es in der Folge weiterhin täglich mit der Mundpflege aufnimmt. Es ist aber auch möglich, die Flüssigkeitsaufnahme „nach Gefühl" zu reduzieren ...

Mundpflege: Die Mundpflege ist von allen praktischen Maßnahmen die wichtigste, da ohne sie der FVNF normalerweise kaum zu ertragen ist. Entscheidend ist, dass die Mundpflege von Anfang an sorgfältig durchgeführt wird, sonst bilden sich durch das Austrocknen der Schleimhäute wunde Stellen und Geschwüre im Mund, die nicht mehr heilen. Abschnitt 3.1 erklärt im Detail sowie in einer Kurzübersicht, wie man das Austrocknen des Mundes verhindern, Pilzinfektionen vermeiden und sich ab und zu Erfrischungen leisten kann. Manchmal ist es auch möglich, mit einem über dem Gesicht des Patienten aufgehängten Verdunstungsgerät die Luft zu befeuchten. Zahnprothesen sollten möglichst nicht mehr im Mund verbleiben.

Weitere praktische Maßnahmen: Wird ein Patient Zuhause gepflegt, muss eine Anti-Dekubitus-Matratze ausgeliehen werden (auf Rezept bei Sanitätshäusern u.a. erhältlich). Zu Beginn von FVNF sollte man für die Entleerung des Darms sorgen, da es sonst möglicherweise zu einer Verstopfung kommt. Bei manchen Patienten ruft dies Verwirrung hervor (Delirium). Ein Katheter ist normalerweise nicht erforderlich; ggf. kann man Inkontinenzvorlagen verwenden.

Medikamente zur Verbesserung des Befindens und zur Schmerzbekämpfung: Morphium kann das Befinden verbessern, kann beim Patienten aber auch zu Verwirrung führen. In diesem Fall sollte es abgesetzt bzw. die Dosis verringert werden. Falls allerdings ein Patient wegen eines schweren Leidens ohnehin Morphium erhält, so könnte die Verringerung der Dosis für ihn sehr unangenehm werden. Es ist ein bekanntes Phänomen in der Palliativpflege, dass Patienten weniger über Schmerzen klagen, wenn sie es selbst in der Hand haben, wie oft und in welcher Dosierung sie ein Schmerzmittel nehmen. Einige Ärzte verordnen in der Anfangsphase keine derartigen Medikamente. Sie sind nämlich der Meinung, der Patient müsse zunächst beweisen, dass er wirklich sterben will, indem er die ersten Tage des FVNF ohne jede Unterstützung durch Medikamente durchhält.

Rechtlich-organisatorische Vorbereitungen: Zunächst muss für Angehörige und den Arzt zweifelsfrei feststehen, dass der Patient seine Entscheidung, nun vorzeitig aus dem Leben zu scheiden, freiverantwortlich getroffen hat. Es ist durchaus einiger Mühen wert, dass dies von einem Dritten, dessen Urteil juristisch gesehen Gewicht hat (etwa einem psychologischen Psychotherapeuten), schriftlich bestätigt wird. In jedem Falle muss eine sog. Modifizierung der Garantenpflicht quasi als „akute" Patientenverfügung (siehe Vordruck im Anhang) vorgenommen werden, unabhängig davon, ob schon früher eine Patientenverfügung erstellt wurde oder nicht. Diese ist zugleich als verbindliche Willenserklärung für den Arzt, der FVNF begleiten wird, gedacht. Nicht zuletzt ist, wenn irgend möglich, einer Vertrauensperson eine Vorsorgevollmacht zu erteilen.

Diese Zusammenfassung beansprucht keine Vollständigkeit. Häufige Besuche durch den Arzt sowie die Unterstützung durch eine in Palliativpflege erfahrene Pflegekraft werden für den Patienten und seine Familie eine große Entlastung sein. Ihre Unterstützung hilft sicherzustellen, dass das Durstgefühl erträglich bleibt und dass der Sterbende, der zwar viele Stunden döst oder schläft, auch immer wieder (so lange dies noch möglich ist) einige Zeit bei klarem Bewusstsein ist.

Im vierten Kapitel geht Chabot auf einige grundlegende Fragen bei Fasten und Flüssigkeitsverzicht ein: auf die Änderungen im Stoffwechsel, auf subjektive Erfahrungen und auf die Vertretbarkeit bei nicht mehr einwilligungsfähigen Patienten.[86]

Das fünfte Kapitel verantwortet Christian Walther. Vermutlich haben gerade an dieser Stelle die vorab befragten juristischen Experten viel zur Gestalt der erweiterten Endfassung beigetragen. Es ist für mich das am schwierigsten zu lesende und zu verstehende Kapitel des Buches: Rechtliche Fragen zum beabsichtigten, vorzeitigen Versterben durch Verzicht auf Nahrung und Flüssigkeit.[87] Angesichts der juristischen Schwierigkeiten und Spitzfindigkeiten könnte man geneigt sein, doch lieber auf FVNF zu verzichten – vor allem, wenn man liest, was nun beim Ausstellen des Totenscheins zu beachten ist: *Da der Tod ohne die verweigerte Aufnahme von Nahrung und Flüssigkeit jedenfalls nicht zum gegebenen Zeitpunkt eingetreten wäre, also von einer Vorverlegung des Todeszeitpunkts auszugehen ist und zudem der Suizid auch in den Landesgesetzen als nichtnatürlicher Tod genannt ist, muss in der Todesbescheinigung ein nichtnatürlicher Tod attestiert werden. Diese Angabe löst eine Meldepflicht an die Justizbehörden aus, d.h. bereits der Leichenschauarzt muss, da es für ihn „Anhaltspunkte für einen nichtnatürlichen Tod" gibt, von sich aus die Polizei informieren. Diese wird am Todesort den Sachverhalt aufnehmen, und die Staatsanwaltschaft muss dann nach den Umständen des Einzelfalls entscheiden, ob Zweifel an einem freiverantwortlichen Suizid bestehen und eine weitere Klärung, insbesondere eine Obduktion, erforderlich ist. Eine zuverlässige und glaubwürdige Dokumentation ist somit auch deshalb bedeutsam, weil sie der Staatsanwaltschaft die Entscheidung für den Verzicht auf eine Obduktion erleichtert. Andernfalls verzögert sich die Freigabe des Leichnams um wenige Tage.*

Angehörigen könnte die Möglichkeit, dass es zu einer Obduktion kommt, derartig unangenehm sein, dass sie den Arzt, der die Betreuung durchgeführt hat, drängen, selbst den Totenschein auszustellen und den Fall „pragmatisch" so darzustellen, dass die suizidale Absicht des Verstorbenen nicht offenkundig wird. Diese Unkorrektheit

[86] A.a.O., S. 82 ff.
[87] A.a.O., S. 102 ff.

belastet aber den Arzt und kann auch dazu führen, dass Ärzte generell nur ungern oder gar nicht zu einer FVNF-Betreuung bereit sind.[88]

Aber: „Mut zeigt auch der Mameluck" (Friedrich Schiller). Es ist ja gerade das Kunststück, das angesichts von Patientenverfügung und FVNF aufzubringen ist: Man darf sich von Theologen, Medizinern, Juristen (und womöglich noch einigen anderen) mit ihren jeweiligen Interessen nicht ins Boxhorn jagen lassen. Es geht um nichts weniger als die „Freiheit zum Sterben" (Joachim Scharfenberg)! Da wird man sich durch einige Ängste und Drohgebärden wie „Suizid" und „Verdursten" schon hindurchmühen müssen.

Das sechste Kapitel, verantwortet von Christian Walther, liest sich wieder leichter und ermutigender: Ethische Aspekte des freiwilligen Verzichts auf Nahrung und Flüssigkeit.[89] Es enthält auch einen hypothetischen Fall, an dem durchdekliniert wird, wie alle Beteiligten mit den in einer realen Situation auftretenden Fragen so umgehen können, dass einer Sterbewilligen der Wunsch nach einem humanen, würdevollen Tod erfüllt wird.

Das Buch schließt neben Anmerkungen, Literatur, Sach- und Personenregister mit einem Anhang, der ein Formular zur Modifizierung der Garantenpflicht enthält sowie einen Fragebogen zum Sterben durch freiwilligen Verzicht auf Nahrung und Flüssigkeit (FVNF) zum Zwecke der Dokumentation und weiteren Beforschung des Themas. Auch existiert inzwischen eine Internetseite zum Thema FVNF: http://www.fvnf.de. Auf ihr teilt z.B. der Präsident der Bundesärztekammer Jörg-Dietrich Hoppe mit, dass seine Schwiegermutter durch FVNF gestorben sei: *Auf diese Weise ist auch meine Schwiegermutter gestorben. Sie war 84, sie hatte eine partielle Demenz und einen Tumor. Sie fühlte sich nicht mehr kommunikationsfähig. Aber sie hatte keine Depression und immer noch einen klaren, festen Willen. Sie hat aber niemanden gebeten, ihr mit einem Medikament zu helfen, sondern hat sich entschieden, durch Verhungern aus dem Leben zu scheiden. Ihr Hausarzt hat sie begleitet, er fühlte sich völlig im Recht. Ich habe ihn dabei unterstützt. Ich habe gesagt, wenn sie nicht mehr will, dann müssen wir das respektieren. ...*[90]

Für mich schließt sich mit dem wichtigen Buch von Chabot und Walther ein bedeutsamer Bogen, der mit dem nachdenklichen Beitrag von Joachim Scharfenberg begann: *Freiheit zum Sterben*; der über den eindrucksvoll dokumentierten Beschluss von Fritz Tugend führte, die Nahrungsaufnahme zu verweigern und das eigene Sterben anzunehmen; der Freiheitsrechte beförderte durch das Patientenverfügungsgesetz von 2009

---

[88] A.a.O., S. 118 f.

[89] A.a.O., S. 120 ff.

[90] http://www.fvnf.de/aktuelles/rztepr-sident-hoppe-ber-fvnf; vollständige Fassung des Interviews unter: http://www.spiegel.de/spiegel/0,1518,707320,00.html

und das Urteil des Bundesgerichtshofes zur passiven Sterbehilfe von 2010; und der schließlich mit dem Beitrag von Christoph Student 2002 sowie dem Buch von Boudewijn Chabot und Christian Walther 2010 den Nachweis erbrachte, dass humanes Sterben unter Achtung der Würde des Sterbenden und in liebevoller und fachkundiger Begleitung durch Ärzte, Pflegende und Angehörige möglich ist.

III. Hoffnung über den Tod hinaus

Der Trost des christlichen Glaubens

Aus: Gute Hoffung – jähes Ende. Eine „Erste Hilfe" für Eltern, die ihr Baby verlieren, und alle, die sie unterstützen wollen, mit Beiträgen von Reinhard Behnke, Dorothea Bobzin, Heike Gerdes-Janssen, Peter Godzik, Hannah Lothrop, Thekla Röhrs und Perdita Wünsch im Auftrag der Fachkonferenz für Seelsorge in Kinderkliniken und auf Kinderstationen innerhalb der Gliedkirchen der EKD herausgegeben von der Vereinigten Evangelisch-Lutherischen Kirche Deutschlands, Hannover: Lutherisches Kirchenamt 1996, S. 60-62.

Religiöse Menschen werden in ihrer Trauer Zuflucht bei Gott suchen und ihr Kind aufgehoben wissen bei Gott. Er ist es, der es gegeben und wieder zu sich genommen hat. Durch allen Schmerz und alle Traurigkcit hindurch kann das unbedingte Vertrauen auf seine Güte und Hilfe einen tragenden Grund bilden. Denn: „Unsere Kinder sind nicht unsere Kinder" (Kahlil Gibran). Sie gehören einer Lebens- und Liebesgeschichte, die Gott mit ihnen vorhat.

Gott kennt und erwählt uns, noch ehe wir geboren werden: „Da ich noch nicht geboren war, da bist du mir geboren und hast mich dir zu eigen gar, eh ich dich kannt, erkoren ..." (Evangelisches Gesangbuch 37,2). Er ruft uns ins Dasein, indem er uns Eltern anvertraut, die durch eine bestimmte Form der Liebe gezeigt haben, dass sie eins miteinander sind und bereit, ein Kind zu empfangen.

Manchmal gibt Gott Leben auch in eine schwache, gefährdete und lieblose Beziehung. Er will damit nicht noch mehr belasten oder gar zerstören, sondern segnen und heilen. Das heranwachsende Kind übermittelt dann jene Botschaft, wie wir sie aus der Josefgeschichte kennen: „Ihr gedachtet es, böse mit mir zu machen, aber Gott gedachte es gut zu machen" (1. Mose 50,20). Deshalb finde ich es so wichtig, die heranwachsende Leibesfrucht in jedem Fall als Gabe des Herrn (Psalm 127,3) zu achten und zu schützen.

Wir werden von Gott gebildet im Mutterleib (Psalm 139,13) für ein Leben in dieser Welt in der Gemeinschaft mit anderen Menschen. Manchmal geschieht es, dass ein im Mutterleib heran wachsendes Kind nicht in dieses Leben hinein geboren wird, sondern von Gott zu sich gerufen wird in seine himmlische Herrlichkeit. Dort lebt und wächst es weiter in einer für uns verborgenen Weise. Es dient Gott, nicht uns mit seinen Gaben.

In früheren Zeiten haben Künstler deshalb die Altäre in den Kirchen mit vielen Kindergesichtern umgeben. In Zeiten hoher Kindersterblichkeit wollten sie damit die Eltern trösten und ihnen zeigen, dass ihre Kinder leben und eine Aufgabe haben bei Gott. Der frühe Tod eines Kindes kann viele Gründe haben. Gründe, die wir nicht verstehen und niemals verstehen werden. Aber auch Gründe, die sich allmählich unserem Verstehen aufschließen und die wir vielleicht eines Tages annehmen können.[91]

Es tut weh, wenn ein erwartetes Kind nicht in unsere Arme hinein geboren wird und bei uns aufwachsen darf; wenn wir es hergeben müssen, noch ehe es geatmet hat. An seinem toten Körper können wir die Spur jenes „Hauches von Leben" entdecken, den es in dem uns unzugänglichen Raum des Mutterleibes gehabt hat. Es ist – vielleicht auch mit Gefahr und Ängsten, wie Luther einmal vom Sterben allgemein gesagt hat – geboren worden in das Leben vor Gott, das auch auf uns wartet, wenn wir unseren irdischen Weg vollendet haben.

Es hinterlässt mit seinem kurzen Dasein eine Botschaft, die es für uns zu entschlüsseln gilt. In unserer Trauer geht es nicht um das, was vielleicht noch hätte sein können und was wir von diesem Kind alles erwartet haben; sondern darum zu verstehen, was Gott uns mit all dem sagen will – ganz ähnlich wie in der Geschichte der Emmaus-Jünger, die auch traurig waren über den Tod Jesu und erst nicht verstanden haben, warum das alles geschehen musste und was Gott ihnen mit diesem schmerzlichen Erlebnis an heilsamer Liebe geschenkt hat (Lukas 24,13-35).

Jedes Kind wird geboren und lebt – entweder in der himmlischen Welt bei Gott, geborgen in einem Frieden, den wir ihm nicht zu geben vermögen; oder in dieser irdischen Welt bei seinen Eltern, ihrer Obhut und Fürsorge anvertraut, den Gefährdungen und Möglichkeiten des Lebens ausgesetzt, aufwachsend unter dem Segen Gottes, der allein gibt, dass Leben gedeihen kann: „... der uns von Mutterleib und Kindesbeinen an unzählig viel zugut und bis hierher hat getan" (EG 321,1).

[91] Zu den schmerzlichsten Erkenntnissen gehört die Anerkennung der eigenen unbewussten Tendenzen zur Objektzerstörung; vgl. Martin Weimer, „Wir setzen uns mit Tränen nieder ..." Die Zerstörung des Objekts und die Wiederherstellung des Subjekts – Pastoralpsychologische Gedanken zur Matthäus-Passion von J. S. Bach, in: Wege zum Menschen 43 (1991) 222-238.

Beim Tod eines Kindes

Es kam für eine kurze Zeit und blickte
mit öffnen Augen in die Welt.
Dann ging's dahin –
und wir erfuhren nie, was es zutiefst bewegte.
Denn manchmal scheint's, als habe sich
ein Kind verirrt in dieses Leben.
Es geht, als hätt' es sich besonnen
und dächte: Wo blieb mein früheres Zuhaus?
Wer sagt mir, ob ich's jemals wiederfind.
Bisweilen scheint's bei seinem Kommen
schon so reif.
Gleich einer süßen Frucht
bewegt sich's schwankend in der Frühlingsluft.
Die Haut ist warm, von rotem Blut durchströmt.
Es stirbt, nur wenig erst ermüdet.
Jedoch das Rätsel, das es in sich trug,
das war sein naher Tod.
Gefallen in das Chaos wie ein Blitz,
hat uns sein Wesen kurz entzückt.
Ein Funke – rasch erlosch er wieder.
Nun tasten wir nach Farbe und nach Wort
und nähren unsere Erinnerung
mit einer Zeichnung, einem Spruch.

Albert Verwey[92]

[92] Aus: Christoph Rau, Kinderseelen – Geistesboten, Stuttgart: Ogham Bücherei 1990; zitiert bei Hannah Lothrop, Gute Hoffnung – jähes Ende, München: Kösel [2] 1992, S. 61.

Das Sterben: ein Geborenwerden in die Welt bei Gott

Aus: Diakonisches Werk der EKD (Hg.), Hospizarbeit in Kirche und Diakonie. Reflexionen und Konkretionen, Stuttgart: DW-EKD 2002, S. 7-12.

„Zum diakonischen Profil der Hospizarbeit gehört unabdingbar die im täglichen Leben verankerte Akzeptanz von Tod, Sterben und Trauer sowie die gleichzeitige Vermittlung einer christlichen Hoffnung über den Tod hinaus.“[93] Diese grundlegende Einsicht wird nur dann lebenspraktisch und lebensdienlich umgesetzt, wenn wir uns klar machen, was im Sterben eigentlich geschieht. Ich habe es besonders durch meinen Stiefvater gelernt, der an Lungenkrebs starb und kurz vor seinem Tode ein beinahe biblisches Wort zu uns Angehörigen sagte: „Lasst mich doch gehen, Gott hat Gnade zu meiner Reise gegeben“ (vgl. 1. Mose 24,56).

Wir sprachen über das Zurücklassen der irdischen Dinge und über den Weg in das Licht bei Gott. In dieser Zeit begegnete mir zum ersten Mal das Kinderbuch von Kees de Kort, der in eindrucksvollen Bildern die Geschichte von der Heilung des blinden Bartimäus gemalt hat.[94] Da war zu sehen, wie der blinde Bettler die Utensilien seiner „blinden“ Existenz (Hut, Stock, Mantel, Augenbinde) zurücklässt und Jesus nachfolgt.

[93] Roswitha Kottnik und Christel Mayer (Hg.), Vernetzte Sterbebegleitung im Altenpflegeheim, Berlin: Diakonische Akademie Deutschland 1999, S. 8.

[94] Kees de Kort, Bartimäus, Reihe: Was uns die Bibel erzählt, Stuttgart: Deutsche Bibelgesellschaft 1985.

Auf einmal wurde mir klar, was im Sterben geschieht: Wir lassen die äußere Hülle unserer irdischen Existenz zurück und gehen einen Weg in das Licht bei Gott. Die mittelalterlichen Bilder von der Geburt der Seele aus dem zerfallenden Körper fielen mir wieder ein[95] und das Seelengeleit durch die Engel[96].

Auch Martin Luther hat in seinem „Sermon von der Bereitung zum Sterben" (1519) das Sterben mit der Geburt verglichen[97].

Ich konnte Einzelheiten einer Geburts- und Sterbegeschichte in dem Bilderbuch von Kees de Kort über die Heilung des blinden Bartimäus entdecken: Der Blinde schreit nach Jesus so laut, dass ihm der Kopf ganz rot anläuft. So sehen manchmal die Babys aus, wenn sie ihren ersten Schrei nach der Geburt tun.

---

[95] Holzschnitt aus dem „Mortilogus" von Conrad Reiter (Augsburg 1508); siehe S. 176.

[96] Vgl. dazu: Alfred Rosenberg, Engel und Dämonen. Gestaltwandel eines Urbildes, München: Kösel 1986², S. 101-103.

[97] Abgedruckt in: Andreas Ebert und Peter Godzik (Hg.) Verlaß mich nicht, wenn ich schwach werde. Kursleitungs-Handbuch für das Projekt „Sterbende begleiten – Seelsorge der Gemeinde". Zweite Auflage, durchgesehen und ergänzt von Peter Godzik und Wolfgang Weiß, Hamburg: E.B.-Verlag Rissen o.J., S. 136.

Und als Jesus dem blinden Bettler die Binde abnimmt, gehen ihm beinahe die Augen über vor der Helligkeit und Schönheit dessen, was seine Augen nun zu sehen bekommen.

Das Sterben: Ein Geborenwerden in die Welt bei Gott, ein Zurücklassen der irdischen Hülle, ein Schauen dessen, was wir geglaubt haben. Sterbebegleitung wird dann zu einer „mäeutischen" (entbindenden) Aufgabe: Wir sind nicht Zeugen einer Vernichtung, sondern Hebammen bei einer Geburt. Wir helfen, richtig zu atmen, wir lindern die Schmerzen, wir schauen zuversichtlich nach vorn auf das, was kommt:

Kein Christenmensch soll „an seinem Ende daran zweifeln, dass er nicht allein sei in seinem Sterben. Sondern er soll gewiss sein, dass nach der Aussage des Sakraments auf ihn gar viele Augen sehen. Zum ersten Gottes selber und Christi, weil er seinem Wort glaubt und seinem Sakrament anhängt; danach die lieben Engel, die Heiligen und alle Christen ... Wenn aber Gott auf dich sieht, so sehen ihm nach alle Engel, alle Heiligen, alle Kreaturen; und wenn du in dem Glauben bleibst, so halten sie alle die Hände unter. Geht deine Seele aus, so sind sie da und empfangen sie, du kannst nicht untergehen" (Martin Luther, Sermon von der Bereitung zum Sterben, 1519).[98]

Mit Hilfe dieses tröstlichen Textes haben wir in der Hospizbewegung gelernt, den Sterbenden die Hände nicht auf-, sondern unterzulegen. Sie haben es dann leichter, ihre zarter und zerbrechlicher werdende Hand wegzuziehen, wenn sie keine Berührung mehr wünschen, weil sie sich aufmachen zum letzten Wegstück ihrer Reise, auf dem wir als Begleitende ihnen noch nicht folgen werden.

---

[98] A.a.O. Seite 140.

Immer wieder zweifeln moderne Menschen daran, ob es eine Hoffnung über den Tod hinaus überhaupt geben kann. Sie zweifeln – anders als der blinde Bartimäus –, ob es nach der „Entwicklung" des „blinden" Lebens, dem Abfallen all der irdischen Hüllen und Einschränkungen, überhaupt etwas zu sehen gibt im Licht göttlichen Erbarmens. Diesen Zweifelnden – uns allen – hat Henri J. M. Nouwen eine köstliche Geschichte gewidmet – den Dialog der Zwillinge im Mutterleib[99].

So ist das Sterben eigentlich anzusehen wie eine Geburt: Wir streifen die Hülle unser vorherigen Existenz ab, sie wird nicht mehr gebraucht und zerfällt in der Erde oder wird verbrannt; unsere „Geistseele"[100] aber bricht hindurch in einen weiten Raum bei Gott, in dem Wärme, Nähe und Anschauung herrscht, wenn wir uns dem Licht zuwenden können – der uns frieren und verloren sein lässt, wenn wir darauf beharren, in ewiger Abgewandtheit von Gott zu existieren. Himmel und Hölle – das bereiten wir uns selbst schon hier auf Erden und erst recht im Jenseits durch unsere Einstellung zu Gott. Aber wer weiß: Vielleicht akzeptiert Gott im Himmel nicht unsere ewige Abwehrhaltung, sondern überwindet uns mit seiner alles verwandelnden Liebe.[101]

Noch eine Überlegung gestattet uns der Vergleich des Sterbens mit der Geburt. Bei der Geburt gilt die Steißlage als eine Komplikation. Rückwärts gewandt hat es das Kind schwer, die enge Pforte des Geburtskanals zu passieren. In früheren Zeiten hat man versucht, diese Steißlage durch behutsames Drehen zu korrigieren, heute schreitet man deshalb eher zum Kaiserschnitt. Wichtig ist mir der Vergleich: Könnte es sein, dass viele Menschen heute in geistlicher Steißlage sterben, den Kopf nicht nach vorn richten können zu dem, was sie jenseits des Todes erwartet? Sie klammern sich mit aller Gewalt an das, was sie hier in diesem Leben vor Augen haben und weigern sich, den Blick in ein Jenseits des Todes zu richten – weil wir doch nichts Genaues darüber wissen können. Und so bleiben sie hoffnungslos, ungetröstet und können nicht mitatmen, mitarbeiten bei dem Weg, der auch im Sterben zu bewältigen ist.

---

[99] Henri J.M. Nouwen, Die Gabe der Vollendung. Mit dem Sterben leben, Freiburg: Herder 1994, S. 36-37; siehe in diesem Buch S. 180.

[100] Vgl. dazu: Reinhard Brandt/ Peter Godzik/ Ulrich Kühn, Hoffnungsbilder gegen den Tod (Vorlagen – Neue Folge 20), Hannover: Luth. Verlagshaus 1994; Sekretariat der Deutschen Bischofskonferenz (Hg.), Schreiben der Kongregation für die Glaubenslehre zu einigen Fragen der Eschatologie, Bonn 1979; Fritz Heidler, Luthers Lehre von der Unsterblichkeit der Seele (Ratzeburger Hefte 1), Erlangen: Martin-Luther-Verlag 1983; ders., Die biblische Lehre von der Unsterblichkeit der Seele. Sterben, Tod, ewiges Leben im Aspekt lutherischer Anthropologie, Göttingen: Vandenhoeck & Ruprecht 1983; Hans Kessler spricht von „dialogischer Unsterblichkeit" in: Hans Kessler (Hg.), Auferstehung der Toten. Ein Hoffnungsentwurf im Blick heutiger Wissenschaften, Darmstadt: Wissenschaftliche Buchgesellschaft 2004, S. 315-316

[101] An die Wiederbringung aller (apokatastasis panton) dürfen wir zwar nicht glauben (Art. 17 der Confessio Augustana), aber doch für sie beten; vgl. dazu auch: Wilfried Härle, Hoffnung über den Tod hinaus, in: Deutsches Pfarrerblatt 87 (1987) 447-450.

Die Geschichte von der Heilung des blinden Bartimäus könnte uns helfen, unseren eigenen Tod mit neuen Augen zu sehen. Wir können so leben, als sei dieses Leben alles, was wir haben, und als sei der Tod einfach etwas Absurdes, und folglich sei es das Beste, überhaupt nicht davon zu reden. Oder wir können uns dafür entscheiden, unsere Bestimmung als Kinder Gottes bewusst zu wählen und darauf zu vertrauen, dass der Tod ein zwar schmerzlicher, aber gesegneter Durchgang ist, der uns von Angesicht zu Angesicht vor unseren Gott stellt.

Und diese biblische Erkenntnis hat ihre besondere und konkrete Bedeutung für die Seelsorge am Sterbebett. Wir wohnen nicht dem Auslöschen oder der Vernichtung eines menschlichen Lebens bei, was uns nur hilflos und wütend sein lässt, sondern wir begleiten einen Menschen bei seinem Übergang in eine andere Welt. Wir sind am Sterbebett „Geburtshelfer" in „Wehen", die wir wie andere Wehen auch durch unser Dasein, durch hilfreiche Handreichungen, durch unser bewusstes Mitatmen und Mitbeten erleichtern können.

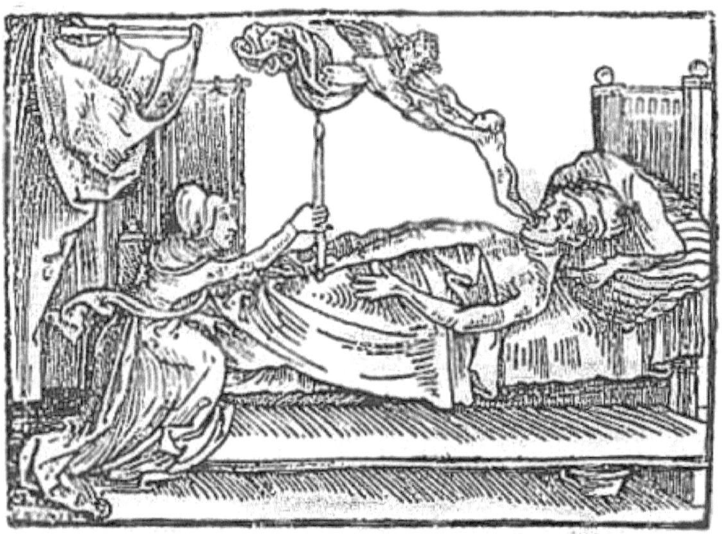

Holzschnitt aus dem „Mortilogus" von Conrad Reiter (Augsburg 1508).

Ins Leben aus dem Leben gehen

Vortrag im Rahmen des Workshops F: „Frauen zwischen Geburt und Tod – ins Leben hinein und aus dem Leben heraus begleiten", am 21. April 2006, 14.30 Uhr, beim 4. Internationalen IFF-ÖRK-Symposium „Sterbefall Mensch. Wie werden wir morgen leben und sterben?" 20. bis 22. April 2006, Palais Auersperg, Wien.

Im Kreuzgang des Schleswiger Domes, an dem ich jahrelang meine Predigtstelle hatte, gibt es eine wunderbare mittelalterliche Darstellung des Marientodes:

Marientod im Schleswiger Dom, Kreuzgang (Schwahl), um 1310.[102]

Die sterbliche Hülle der Mutter Jesu liegt auf dem Sterbebett in Jerusalem. Zu ihren Häupten und Füßen haben sich die Apostel versammelt. Sie beten und lesen aus der Schrift, sie halten ein Sterbekreuz vor und besprengen den Leib mit Weihwasser. In diesen Abschied von der Welt erscheint Christus und nimmt die kleiner dargestellte Geistseele seiner Mutter zu sich und trägt sie in den Himmel.

Früher fanden sich solche Darstellungen häufig an den Westportalen der Kirchen. Sie wollten die Gläubigen darüber belehren, wie rechte Sterbebegleitung zu geschehen

[102] Wandfeld im Schwahl-Ostflügel, abgedruckt in: Dietrich Ellger u.a., Die Kunstdenkmäler der Stadt Schleswig. Zweiter Band: Der Dom und der ehemalige Dombezirk, Deutscher Kunstverlag 1966, S. 245.

habe, und sie gleichzeitig darüber aufklären, welche Hoffnung Christen über den Tod hinaus haben: Der Geist kehrt zurück zu Gott, von dem er einst ausgegangen ist; der Leib wird in die Erde gebettet zur Bestattung. Er wartet dort auf seine Verwandlung. Denn wir sollen nicht leiblos vor Gott wandeln, sondern mit einem neuen Leib überkleidet werden.

Die fromme Legende hat diese Wartezeit für die Gottesmutter abgekürzt: Kurz nach dem Marientod, als die Jünger den Leichnam zur Bestattung in ein Grab legen wollen, erscheint Christus mit seinen Engeln, verbindet Leib und Seele der Maria und nimmt sie als ganze Person, mit Leib, Seele und Geist in den Himmel auf. Am 15. August feiert die katholische Kirche dieses Geheimnis des Glaubens: Wir sollen alle verwandelt werden, und Maria ist die erste unter den Gläubigen, die Anteil erhält an der Auferstehungswirklichkeit ihres Sohnes. Mariä Himmelfahrt ist noch ein Privileg, ein Vorzug der Gottesmutter, aber wir alle sollen im Aufblicken auf sie Anteil haben an dem österlichen Sieg Jesu.

Was geschieht im Sterben? Ich habe Ihnen von der gemeinsamen Glaubenstradition erzählt, die sich im mittelalterlichen Bild vom Entschlafen der Gottesmutter ausdrückt. Die katholische Kirche hat erst im 20. Jahrhundert ihr Glaubensvertrauen darin zum Ausdruck gebracht, dass sie die leibliche Aufnahme Mariens in den Himmel dogmatisch festgestellt hat. Die evangelische Kirche ist mit dem gleichen Impetus zur Erhaltung der Ganzheit des Menschen einen anderen, viel nüchterneren Weg gegangen: Sie hat unter den Angriffen der aufgeklärten Vernunft vom Ganztod des Menschen gesprochen, der stirbt mit Leib, Seele und Geist. Es ist allein Gottes Sache, uns in seinem Gedächtnis festzuhalten und uns durch eine Art Neuschöpfung eine ewige Existenz vor ihm zu geben.

Merken Sie den Unterschied in der Sache? Einmal kann die christliche Frömmigkeit nicht genug staunen über das, was Gott den Menschen tut, indem er sie teilhaben lässt an seinem österlichen Sieg über den Tod. Ein andermal möchte der Mensch nichts für sich in Anspruch nehmen, sondern überlässt es Gott allein, was nach dem Tode geschieht.

Auch wenn wir immer wieder schwanken werden zwischen diesen beiden Polen, nämlich entweder zuviel oder zuwenig zu sagen über unsere Weiterexistenz nach dem Tod, so fragen wir uns doch als Begleiterinnen und Begleiter von Schwerkranken und Sterbenden, was eigentlich geschieht im Sterben. Sind wir Zeugen eines Nichtungsprozesses, der uns nur seufzen und klagen lässt, oder sind wir Zeugen eines Übergangs, einer Geburt, die zwar mit körperlichen Beschwerden verbunden ist, die Seele aber hinübergehen lässt in ein Licht, in einen weiten Raum bei Gott?

Martin Luther hat 1519 in seinem Sermon von der Bereitung zum Sterben geschrieben: *Es geht hier* (gemeint ist: beim Sterben) *zu, wie wenn ein Kind aus der kleinen Wohnung in seiner Mutter Leib mit Gefahr und Ängsten geboren wird in diesen weiten Himmel und Erde, das ist in unsere Welt: ebenso geht der Mensch durch die enge Pforte des Todes aus diesem Leben. Und obwohl der Himmel und die Welt, darin wir jetzt leben, als groß und weit angesehen werden, so ist es doch alles gegen den zukünftigen Himmel so viel enger und kleiner, wie es der Mutter Leib gegen diesen Himmel ist. Darum heißt der lieben Heiligen Sterben eine neue Geburt, und ihre Feste nennt man lateinisch Natale, Tag ihrer Geburt. Aber der enge Gang des Todes macht, daß uns dies Leben weit und jenes enge dünkt. Darum muß man das glauben und an der leiblichen Geburt eines Kindes lernen, wie Christus sagt: „Ein Weib, wenn es gebiert, so leidet es Angst. Wenn sie aber genesen ist, so gedenkt sie der Angst nimmer, dieweil ein Mensch geboren ist von ihr in die Welt" (Joh. 16,21). So muß man sich auch im Sterben auf die Angst gefaßt machen und wissen, daß danach ein großer Raum und Freude sein wird.*[103]

Ein interessanter Vergleich, der auch vor den Augen der kritischen Vernunft Bestand hat, handelt es sich doch um einen Analogieschluss vom Bekannten auf das Unbekannte. Es war *Carl Friedrich von Weizsäcker*, der uns in seinem bedeutsamen Vortrag über den Tod[104] 1975 in Salzburg darauf aufmerksam gemacht hat, dass die Evolution sich in Sprüngen von einem Plateau durch eine Krise zum nächsten Plateau entwickelt, dabei aber den Entwicklungsprozess nie grundlegend verändert. Es gibt Entsprechungen in den Entwicklungslinien, so würde der Philosoph sagen. Es ist der eine Gott, mit dem wir es zu tun haben im Leben und im Sterben, so drückt es der Glaube aus. Gott zerbricht nicht ganz und gar, sondern er verwandelt ins Licht vor sein Angesicht. So ist das Sterben eigentlich anzusehen wie eine Geburt: Wir streifen die Hülle unser vorherigen Existenz ab, sie wird nicht mehr gebraucht und zerfällt in der Erde oder wird verbrannt; unsere Geistseele aber bricht hindurch in einen weiten Raum bei Gott, in dem Wärme, Nähe und Anschauung herrscht, wenn wir uns dem Licht zuwenden können – der uns frieren und verloren sein lässt, wenn wir darauf beharren, in ewiger Abgewandtheit von Gott zu existieren. Himmel und Hölle – das bereiten wir uns selbst schon hier auf Erden und erst recht im Jenseits durch unsere Einstellung zu Gott. Aber wer weiß: Vielleicht akzeptiert Gott im Himmel nicht unsere ewige Abwehrhaltung, sondern überwindet uns mit seiner alles verwandelnden Liebe.

Noch eine Überlegung gestattet uns der Vergleich des Sterbens mit der Geburt. Bei der Geburt gilt die Steißlage als eine Komplikation. Rückwärts gewandt hat es das Kind schwer, die enge Pforte des Geburtskanals zu passieren. In früheren Zeiten hat man versucht, diese Steißlage durch behutsames Drehen zu korrigieren, heute schreitet man in einem solchen Fall wohl eher zum Kaiserschnitt. Wichtig ist mir der Vergleich: Könnte es sein, dass viele Menschen heute in geistlicher Steißlage sterben, den Kopf nicht nach vorn richten können zu dem, was sie jenseits des Todes erwartet? Sie

---

[103] Aus: Insel-Lutherausgabe, Band 2, S. 16 f.

[104] Abgedruckt in seinem Buch: Der Garten des Menschlichen. Beiträge zur geschichtlichen Anthropologie, München: Carl Hanser ^{3}1977, S. 145-166.

klammern sich mit aller Gewalt an das, was sie hier in diesem Leben vor Augen haben und weigern sich, den Blick in ein Jenseits des Todes zu richten – weil wir doch nichts Genaues darüber wissen können. Und so bleiben sie hoffnungslos, ungetröstet und können nicht mitatmen, mitarbeiten bei dem Weg, der auch im Sterben zu bewältigen ist. Ich möchte Ihnen das anhand einer kleinen Geschichte von *Henri Nouwen*, dem bekannten amerikanischen Pastoraltheologen und geistlichen Schriftsteller, illustrieren. Sie handelt von Zwillingen, Bruder und Schwester, die sich vor ihrer Geburt im Schoß ihrer Mutter unterhalten.

Die Schwester sagte zu ihrem Bruder: „Ich glaube an ein Leben nach der Geburt!" Ihr Bruder erhob lebhaft Einspruch: „Nein, nein, das hier ist alles. Hier ist es schön dunkel und warm, und wir brauchen uns lediglich an die Nabelschnur zu halten, die uns ernährt." Aber das Mädchen gab nicht nach: „Es muß doch mehr als diesen dunklen Ort geben; es muß anderswo etwas geben, wo Licht ist und wo man sich frei bewegen kann." Aber sie konnte ihren Zwillingsbruder immer noch nicht überzeugen. Dann, nach längerem Schweigen, sagte sie zögernd: „Ich muß noch etwas sagen, aber ich fürchte, du wirst auch das nicht glauben: Ich glaube nämlich, daß wir eine Mutter haben!" Jetzt wurde ihr kleiner Bruder wütend: „Eine Mutter, eine Mutter!", schrie er. „Was für ein Zeug redest du denn daher? Ich habe noch nie eine Mutter gesehen, und du auch nicht. Wer hat dir diese Idee in den Kopf gesetzt? Ich habe es dir doch schon gesagt: Dieser Ort ist alles, was es gibt! Warum willst du immer noch mehr? Hier ist es doch alles in allem gar nicht so übel. Wir haben alles, was wir brauchen. Seien wir also damit zufrieden." Die kleine Schwester war von dieser Antwort ihres Bruders ziemlich erschlagen und wagte eine Zeitlang nichts mehr zu sagen. Aber sie konnte ihre Gedanken nicht einfach abschalten, und weil sonst niemand da war, mit dem sie hätte darüber sprechen können, sagte sie schließlich doch wieder: „Spürst du nicht ab und zu diesen Druck? Das ist doch immer wieder ganz unangenehm. Manchmal tut es richtig weh." – „Ja", gab er zur Antwort, „aber was soll das schon heißen?" Seine Schwester darauf: „Weißt du, ich glaube, daß dieses Wehtun dazu da ist, um uns auf einen anderen Ort vorzubereiten, wo es viel schöner ist als hier und wo wir unsere Mutter von Angesicht zu Angesicht sehen werden. Wird das nicht ganz aufregend sein?"[105]

Ob wir uns wiedererkennen in dieser kleinen Geschichte mit unserem Glauben und mit unserer Skepsis? Sie könnte uns ja vielleicht helfen, unseren eigenen Tod mit neuen Augen zu sehen. Wir können so leben, als sei dieses Leben alles, was wir haben, und als sei der Tod einfach etwas Absurdes, und folglich sei es das Beste, überhaupt nicht davon zu reden. Oder wir können uns dafür entscheiden, unsere Bestimmung als Kinder Gottes bewusst zu wählen und darauf zu vertrauen, dass der Tod ein zwar

[105] Aus: Henri J. M. Nouwen, Die Gabe der Vollendung. Mit dem Sterben leben, Freiburg: Herder 1994, S. 36-37.

schmerzlicher, aber gesegneter Durchgang ist, der uns von Angesicht zu Angesicht vor unseren Gott stellt. Es sind aber nicht nur die Aussagen des Glaubens, die uns helfen könnten, den Blick nach vorne zu richten in die Zukunft jenseits des Todes. Nahtod-Erfahrungen von Menschen, die klinisch tot waren und wiederbelebt werden konnten, ermöglichen uns auf einer neurophysiologisch erforschbaren Ebene Zugänge zu Phänomenen, die sonst nur in den religiösen und künstlerischen Traditionen der Völker überliefert werden. Sie alle kennen vermutlich das berühmte Bild von Hieronymus Bosch (ca. 1450-1516) vom Aufstieg der Seele in den Himmel:

Eine Tunnelröhre führt in ein helles Licht, die Seele wird von Engeln geleitet und von menschlichen Wesen umgeben von Licht erwartet. Es ist erstaunlich, wie sehr dieses mittelalterliche Bild mit dem übereinstimmt, was Hunderte, ja Tausende von Menschen in weltweit bezeugten Nahtod-Erlebnissen erlebt und geschildert haben. Ein Fachmann schreibt darüber[106]: „In den christlich orientierten Industrieländern dominieren durchweg positive Nahtod-Erfahrungen. Etwa jedes zehnte Erlebnis hat jedoch einen negativen oder gemischt negativ-positiven Inhalt. Zumeist kommt es dabei nach einer Außerkörperlichkeits- und Tunnelphase zum Eintritt in eine dunkle, höllische Welt, wo Dämonen und andere finstere Figuren den Erlebenden verurteilen, bedrohen oder gar angreifen. Er sieht Bereiche voller hasserfüllter, sich gegenseitig schlagender oder gequälter Menschen, die ihren Süchten und schlechten Eigenschaften frönen. Auch kann es zum Eintritt in eine dunkelkalte unendliche Leere kommen, die kein Entrinnen ermöglicht und die eigene Existenz bedroht.

Das Auftreten negativer Sterbeerfahrungen scheint mit dem momentanen seelischen Zustand zusammenzuhängen. So findet man solche Erlebnisse gehäuft nach Selbstmordversuchen, wenngleich es dabei oft auch positive Erlebnisse gibt.

---

[106] Michael Schröter-Kunhardt, Das Jenseits in uns, in: „Psychologie heute", Heft 6/1993, S. 64-69.

Auch kann ein einzelner mehrere positive und negative Nahtod-Erfahrungen machen – abhängig von dem momentanen seelischen Zustand. …

Viele Menschen sind nach einem solchen Sterbeerlebnis von der Existenz Gottes überzeugt und geben religiösen und ethischen Werten in ihrem Leben Vorrang vor allem anderen. Sie empfinden eine größere Liebe und Verbundenheit mit allen und allem, mehr Toleranz und Mitgefühl mit den Menschen, aber auch eine höhere Wertschätzung der eigenen Person. Sie wenden sich häufig von materialistischen, äußerlichen Werten ab und nehmen sozial-karitative Aufgaben an. Sie haben Lebensfreude und Selbstvertrauen, fühlen sich aber auch verantwortlicher. Sie suchen Selbsterkenntnis, Lebenssinn und Weisheit, fühlen sich insgesamt „lebendiger" und wissen um die Kostbarkeit der noch zur Verfügung stehenden Zeit. …

Die Behauptung, dass die Nahtod-Erlebnisse Wahrnehmungen einer anderen Realität und keine Halluzinationen seien, ist nicht so ohne weiteres widerlegbar. Denn welche Wahrnehmungen „real" und welche „halluziniert" sind, können wir nicht mit Sicherheit feststellen. Unsere Wirklichkeit ist in einem gewissen Sinne immer eine Illusion, da es sich um eine Interpretation des Gehirns handelt. Doch anders als Phantasien und ähnlich wie „wirkliche" Wahrnehmungen haben Nahtod-Erfahrungen gemeinsame Inhalte und bestehen aus einer sinnvollen szenischen Abfolge. Menschen, die für Halluzinationen anfällig sind, erleben Nahtod-Erfahrungen nicht häufiger als andere Menschen. …

Bei der Nahtod-Erfahrung scheinen ganz bestimmte Hirn-Strukturen selektiv erregt zu werden. Dieses Erfahrungsmuster scheint im Gehirn biologisch angelegt zu sein, so dass es „bei Bedarf" aktiviert werden kann. Der Psychiater *Stanislav Grof* konnte beispielsweise durch Halluzinogene Elemente der Nahtod-Erfahrung bei unheilbar Krebskranken auslösen und ihnen so (religiöse) Zuversicht geben und die Angst vor dem Tod nehmen, ihre Stimmung aufhellen und Schmerzen reduzieren. …

Dementsprechend gelten bewusstseinsverändernde Techniken und Substanzen in den meisten Kulturen als Zugang zu religiösen (Jenseits-)Erfahrungen. Die Nahtod-Erfahrung stellt deren Prototyp dar und zeigt sogar deren biologische Basis auf. Alle religiösen Erfahrungen und die Religiosität des Menschen überhaupt scheinen auf einer solchen neurophysiologischen Grundstruktur zu beruhen."

„Nahtod-Erlebnisse sind deshalb so heilsam, weil sie die innere Religiosität freilegen, die bei uns allgemein verdrängt wird" – so fasst der Psychiater *Michael Schröter-Kunhardt* seine bisherigen Forschungsergebnisse auf diesem Gebiet im Juni-Heft 1993 der Zeitschrift „Psychologie heute" zusammen.

Was nützt uns aber eine beinahe naturwissenschaftliche Zusicherung der Glaubwürdigkeit unserer religiösen Überlieferung? Werden wir deshalb zuversichtlicher in unser Sterben gehen? Werden wir deshalb aufmerksamer und verständnisvoller Schwerkranke und Sterbende begleiten? Und vor allem: Werden wir deshalb den klaren Blick dafür gewinnen, was nach unserem Sterben kommt?

Ich möchte mit einem seelsorgerlichen Text von *Martin Luther* schließen, den er uns in seinem Sermon von der Bereitung zum Sterben 1519 hinterlassen hat: *Kein Christenmensch soll an seinem Ende daran zweifeln, daß er nicht allein sei in seinem Sterben. Sondern er soll gewiß sein, daß nach der Aussage des Sakraments auf ihn gar viele Augen sehen. Zum ersten Gottes selber und Christi, weil er seinem Wort glaubt und seinem Sakrament anhängt; danach die lieben Engel, die Heiligen und alle Christen. Denn da ist kein Zweifel, wie das Sakrament des Altars zeigt, daß die allesamt wie ein ganzer Körper zu seinem Glied hinzulaufen, helfen ihm den Tod, die Sünde die Hölle überwinden und tragen alle mit ihm. Da ist das Werk der Liebe und der Gemeinschaft der Heiligen im Ernst und gewaltig im Gange, und ein Christenmensch soll es sich vor Augen halten und keinen Zweifel daran haben; woraus er dann den Mut schöpft zu sterben. ... Wenn aber Gott auf dich sieht, so sehen ihm nach alle Engel, alle Heiligen, alle Kreaturen; und wenn du in dem Glauben bleibst, so halten sie alle die Hände unter.*[107]

Ich fasse noch einmal zusammen: Alle diese Einsichten haben ihre besondere und konkrete Bedeutung für die Seelsorge am Sterbebett. Wir wohnen beim Sterbevorgang nicht dem Auslöschen oder der Vernichtung eines menschlichen Lebens bei, was uns nur hilflos und wütend sein lässt, sondern wir begleiten einen Menschen bei seinem Übergang in eine andere Welt. Wir sind am Sterbebett „Geburtshelfer" in „Wehen", die wir wie andere Wehen auch durch unser Dasein, durch hilfreiche Handreichungen, durch unser bewusstes Mitatmen und Mitbeten erleichtern können.

Der katholische systematische Theologe *Hans Kessler* hat das auf den Begriff gebracht: *Dialogische Unsterblichkeit*[108]*: Wenn man statt des heute vielen versperrten Ausdrucks „Auferstehung" der Toten lieber den Ausdruck „Unsterblichkeit" verwenden will, dann muss man – um der inhaltlichen Sache nach nicht etwas anderes, sondern* dasselbe anders *zu sagen – von* geschenkter *oder* „dialogischer Unsterblichkeit" *sprechen: Unsterblich ist nicht eine Seele unabhängig von der heil schaffenden Relation Gottes zum Menschen, sondern der Mensch deswegen, weil Gott ihn bejaht und mit ihm einen Dialog begonnen hat, den er seinerseits nicht mehr abbrechen wird.*[109] *Solche im Geliebt- und Angesprochensein von Gott gründende Unsterblichkeit kann „eben ihres dialogischen Charakters wegen als ‚Auferweckung' benannt"*[110] *werden.*

[107] Aus: Insel-Lutherausgabe, Band 2, S. 30 f.

[108] Auszüge aus: Hans Kessler, Jenseits von Fundamentalismus und Rationalismus. Versuch über Auferstehung Jesu und Auferstehung der Toten, in: Hans Kessler (Hg.), Auferstehung der Toten. Ein Hoffnungsentwurf im Blick heutiger Wissenschaften, Darmstadt: Wissenschaftliche Buchgesellschaft 2004, S. 296-321, Zitate S. 315-316.

[109] M. Luther, Weimarer Ausgabe Bd. 43, 481: „Wo oder mit wem Gott redet, sei es im Zorn oder in Gnade, derselbe ist gewisslich unsterblich."

[110] J. Ratzinger, Einführung in das Christentum, München 1968, 295.

Mit dem Philosophen Georg Scherer gesprochen: „Eine Hoffnung auf Unsterblichkeit, die sich darauf gründet, dass sich der Mensch einem anderen anvertraut, können wir [...] als Hoffnung auf Auferweckung bezeichnen. Denn Auferweckung meint, dass wir durch den Einsatz einer absoluten, uns liebenden Freiheit aus dem möglichen Sturz in das Nichts gerettet werden."[111]

Dann fällt der Sterbende in seinem Tod nicht in die Vernichtung hinein, sondern – recht verstanden – in die Auferstehung hinein, so dass wohl das Sterben eine zu bestehende Wirklichkeit darstellt, der Tod aber für Glaubende im Grunde gar keine eigentliche Wirklichkeit mehr ist und hat, sondern nur die – empirisch freilich mehrdeutige – „Vorderansicht" des ewigen Lebens in Gott bildet. Sterben (und Tod) als Hinüber- und Heimgang, als Loslassen und Lebenshingabe an Gott *und* Entgegennahme des neuen Lebens aus seiner Hand in einem: Lebenshingabe *und* Aufgang neuen, ewigen Lebens.

[111] G. Scherer, Das Leib-Seele-Problem, in: F. Dexinger (Hg.), Tod – Hoffnung – Jenseits, Wien – Freiburg – Basel 1983, 77.

IV. Didaktische Anregungen für Hospiz- und Trauerarbeit

Hospiz-Weiterbildung. Modelle und Literaturhinweise – ein Überblick

Aus: Diakonie. Theorien, Erfahrungen, Impulse 4/1992, S. 226-229.

Zu den Besonderheiten der Hospizarbeit gehört, dass haupt- und ehrenamtliche Mitarbeiterinnen und Mitarbeiter der verschiedenen Fachrichtungen in einem interdisziplinären Team zusammenarbeiten. Hauptberufliche Mitarbeiterinnen und Mitarbeiter im Hospizdienst sind in der Regel: Krankenschwestern und Krankenpfleger, Ärzte, Sozialarbeiter, Psychologen und Seelsorger. Sie bringen in die Hospizarbeit ihre jeweilige fachspezifische Ausbildung und Berufspraxis ein, die meist ergänzt wird durch Zusatzausbildungen oder Weiterbildungen Im Bereich der Schmerztherapie, Palliativmedizin, Geriatrie, Schwerstpflege, Hauskrankenpflege, Gesprächstherapie, Klinikseelsorge, Pastoralpsychologie oder anderen einschlägigen Fachgebieten.

Bei den hauptberuflichen Mitarbeiterinnen und Mitarbeitern geht es meist darum, zusätzliche Qualifikationen zu erwerben, die im neuen Betätigungsfeld benötigt werden, und durch regelmäßige Supervision der Gefahr des „Ausbrennens“ im Beruf vorzubeugen.

Ehrenamtliche Mitarbeiterinnen und Mitarbeiter im Hospizdienst bringen oft Erfahrungen aus der häuslichen Krankenpflege mit oder haben zeitweilig in pflegenden, beratenden und begleitenden Berufen gearbeitet. Sehr häufig ist eigene Betroffenheit Im Umgang mit Sterben, Trauer und Tod der Grund, die dadurch zugewachsenen Erfahrungen und Kräfte in den Dienst der Allgemeinheit zu stellen und bei einer wichtigen sozialen Aufgabe mitzuhelfen.

Solchen ehrenamtlichen Mitarbeiterinnen und Mitarbeitern müssen vor allem Hilfen an die Hand gegeben werden, ihre Motivation abzuklären, ihre Erfahrungen zu vertiefen und mit anderen zu teilen. Verhaltenssicherheit auch in den Bereichen zu gewinnen, die bisher nicht im Zentrum der Aufmerksamkeit gestanden haben, und durch sorgfältig gestaltete Gemeinschaft auch zu eigenem inneren Gewinn zu finden.

Für die hauptberuflichen Mitarbeiterinnen und Mitarbeiter in der Begleitung Schwerkranker und Sterbender sind in den letzten Jahren Lehrbücher, Kursprogramme und Materialien zur Aus- und Weiterbildung erschienen, die im Rahmen von Seminaren, Kursangeboten und auch im Selbststudium eingesetzt werden können. Dazu gehören u. a.:

Friedrich Winter, Seelsorge an Sterbenden und Trauernden, Göttingen: Vandenhoeck & Ruprecht 1976.

Hans-Christoph Piper, Gespräche mit Sterbenden (1977), Göttingen: Vandenhoeck & Ruprecht ^{3}1984.

Paul Sporken, Hast du denn bejaht, daß ich sterben muß? Eine Handreichung für den Umgang mit Sterbenden (1981), Düsseldorf: Patmos [2]1985.

Franz Schmatz, Sterbebeistand. Heilssorge um den ganzen Menschen (1982), Wien: Herder & Co. [2]1984.

Joachim Wittkowski, Tod und Sterben. Ergebnisse der Thanatopsychologie, Heidelberg: Quelle & Meyer 1978.

Ina Spiegel-Rösing/Hilarion Petzold (Hg.), Die Begleitung Sterbender. Theorie und Praxis der Thanatotherapie, Paderborn: Junfermann 1984.

Emil A. Herzig (Hg.), Betreuung Sterbender. Beiträge zur Begleitung Sterbender im Krankenhaus (1978), Basel [3]1981.

Emil A. Herzig (Hg.), Sterben und Tod. Ein Unterrichtsmittel zur Begleitung Sterbender, Basel [2]1982.

Uwe Koch/Christoph Schmeling, Betreuung von Schwer- und Todkranken. Ausbildungskurs für Ärzte und Krankenpflegepersonal, München: Urban & Schwarzenberg 1982.

Reinhard Schmitz-Scherzer, Sterbebeistand. Eine Handreichung zur Unterrichtsplanung für hauptamtliche in der Altenpflege beschäftigte Mitarbeiterinnen und Mitarbeiter (KDA-Forum 2), Köln: KDA 1984.

Andreas Wittrahm, Orientierungen zur ganzheitlichen Altenpflege, Bonn: Ferd. Dümmler 1988.

Franco Rest, Sterbebeistand, Sterbebegleitung, Sterbegeleit. Studienbuch für Krankenpflege, Altenpflege und andere, Stuttgart: W. Kohlhammer 1989.

Marianne Arndt, Leben – Leid – Sterben – Trauer (Materialien zur Krankenpflegeausbildung, Band 3), Freiburg: Lambertus 1990.

Richard Lamerton, Sterbenden Freund sein. Helfen in der letzten Lebensphase, Freiburg: Herder 1991.

Cicely Saunders/ Mary Baines, Leben mit dem Sterben. Betreuung und medizinische Behandlung todkranker Menschen, Bern: Hans Huber 1991.

Aus- und Weiterbildungsprogramme

Für die ehrenamtlichen Helferinnen und Helfer in der Hospizarbeit gibt es inzwischen auch schon eine Reihe von Ausbildungs- und Weiterbildungsprogrammen, die meist in besonderen Kursen durch die örtlichen Hospizdienste angeboten werden und in folgenden Veröffentlichungen beschrieben sind:

Helmuth Beutel/Daniela Tausch (Hg.), Sterben – eine Zeit des Lebens. Ein Handbuch der Hospizbewegung, Stuttgart: Quell 1989, bes. Seite 162-168: Einführungsseminare für freiwillige Mitarbeiter.

Johann-Christoph Student (Hg.), Das Hospiz-Buch, Freiburg: Lambertus 1989, bes. Seite 115-133: Hilfen für Helfer.

Andreas Ebert/Peter Godzik (Hg.), Sterbende begleiten – Seelsorge der Gemeinde. Ein Ausbildungskurs für Mitarbeiterinnen im Besuchsdienst evangelischer Kirchengemeinden (auch geeignet für Hospizhelferinnen), Celle: Gemeindekolleg der VELKD 1992.

Fortbildungskurse

Das vom Christophorus Hospiz Verein München herausgegebene Handbuch „Pflegen bis zuletzt" stellt in sich ein Kompendium der Hospizarbeit dar und ist ebenfalls als Grundlage für Hospizhelfer-Kurse geeignet.

Außerdem bieten folgende Hospizvereine und Hospizdienste Fortbildungskurse für ehrenamtliche Hospizhelferinnen und -helfer an, die regionale Ausstrahlungskraft haben:

Christophorus Hospiz Verein München, Ligsalzstraße 32, 8000 München 2, Telefon (089) 501133;

Bayerischer Hospizverband, Tiergartenstraße 19, 8615 Pödeldorf, Telefon (09505) 1810;

Hospiz-Dienst Stuttgart, Büchsenstraße 34/36, 7000 Stuttgart 1, Telefon (0711) 2054-371;

Nordrheinwestfälische Arbeitsgemeinschaft der Hospize und Hospizinitiativen, Röntgenstraße 10, 4350 Recklinghausen, Telefon (02361) 601-105;

Hospizverein im Bistum Hildesheim, Domhof 18-21, 3200 Hildesheim, Telefon (05121) 307368;

Bremer Hospiz-Hilfe, Hammersbecker Straße 228, 2820 Bremen 70, Telefon (0421) 6606-523.

Weiterbildungsangebote der Hospiz-Bildungswerke

In der Hospiz-Bewegung sind in der letzten Zeit eine Reihe von überregionalen Hospiz-Bildungswerken entstanden, die meist integrierte Weiterbildungen für haupt- und ehrenamtliche Mitarbeiterinnen und Mitarbeiter in der Hospizarbeit anbieten:

Bildungswerk der Arbeitsgemeinschaft für Medizinische Ethik und Gesellschaftsbildung (AMEG), Joseph-Stelzmann-Straße 20, 5000 Köln 41, Telefon (0221) 478-5351.

Hospiz-Bildungs-Werk e. V. Bingen der Internationalen Gesellschaft für Sterbebegleitung und Lebensbeistand e. V. (IGSL), Im Rheinblick 16, 6530 Bingen/ Rhein, Telefon (0 67 21) 103 28.

Zentrum für Hospiz-Forschung und -Ausbildung an der Evangelischen Fachhochschule Hannover, Blumhardtstraße 2, 3000 Hannover 61, Telefon (0511) 5301-124.

Literatur für Angehörige

Es gibt auch eine Reihe von Büchern, die vor allem Angehörigen, Nachbarn und Freunden von Schwerkranken und Sterbenden Hilfen an die Hand geben wollen, um die Begleitung zu Hause so lange wie möglich zu gewährleisten. Auf sie greifen die Mitarbeiterinnen und Mitarbeiter der Hospizdienste immer wieder zurück, wenn sie Angehörige zu beraten haben; sie dienen aber auch der eigenen Orientierung und der Fortbildung der ehrenamtlichen Helferinnen und Helfer in den Hospizdiensten:

Alfred Vogel/ Georg Wodraschke (Hg.), Hauskrankenpflege. Anleitung und Hilfen für Gruppenarbeit und Selbststudium, Stuttgart: Georg Thieme ^{5}1985.

Deborah Duda, Für Dich da sein wenn Du stirbst. Vorschläge zur Betreuung, Hamburg: Papyrus ^{2}1986.

Franco Rest, Den Sterbenden beistehen. Ein Wegweiser für die Lebenden, Heidelberg: Quelle & Meyer ^{2}1986.

Helga und Walther Strohal, Komm, ich laß dich gehen. Kranke und Schwerkranke zu Hause pflegen. Eschbach 1987.

Peter Godzik/Petra Muschaweck (Hg.), Laßt mich doch zu Hause sterben! Gütersloh: Gerd Mohn 1989.

Johann-Christoph Student/Anne Busche, Zuhause sterben. Hilfen für Betroffene und Angehörige, Hannover: Arbeitsgruppe „Zu Hause sterben“ (Blumhardtstr. 2, 3000 Hannover 61) 1990.

Robert Buckman, Was wir für Sterbende tun können. Praktische Ratschläge für Angehörige und Freunde, Stuttgart: Kreuz 1990.

Ganzheitlicher Charakter der Sterbebegleitung

Bei der Beurteilung der verschiedenen Weiterbildungsmodelle für die Hospizarbeit ist wichtig zu wissen, ob ein Arzt, eine Krankenschwester, ein Sozialpädagoge, eine Psychologin oder ein Seelsorger den jeweiligen Grundtenor eines Weiterbildungsmodells bestimmt. Je nach dem ergeben sich ganz verschiedene Zugänge, Schwerpunkte und Defizite.

Die Erfahrung hat freilich gezeigt, dass erst eine gleichmäßige Berücksichtigung aller Aspekte den ganzheitlichen Charakter der Begleitung sicherstellt, der für die Hospizarbeit so typisch ist. Es ist großartig zu sehen, wie interdisziplinäre Zusammenarbeit in einem Team von hauptberuflichen Mitarbeiterinnen und Mitarbeitern und ehrenamtlichen Helferinnen und Helfern zum Wohle der ihnen anvertrauten Patienten gelingt. Deutlich ist auch, dass am Ende einer langen Begleitung eines Schwerkranken und Sterbenden alle berufliche Routine und gelernte Profession aufhört, weil in der Beziehung mitmenschliche Nähe gefragt ist, die offen ist für das Transzendente, das uns in Sterben und Tod gemeinsam begegnet. Für alle Beteiligten geht es um die letzte Möglichkeit menschlicher Reifung und nicht um einen „orthothanatologisch gesicherten Abgang“, wie Reimer Gronemeyer spöttisch vermutet hat.[112]

Deshalb ist es so wichtig, auf die „Entprofessionalisierung“ der Sterbebegleitung zu achten und durch die Zulassung freiwilliger Helferinnen und Helfer zu lernen, dass in erster Linie Mitmenschlichkeit, einfühlsame Nähe und liebevolle Geduld gefragt sind, wenn es darum geht, einen Menschen auf dem letzten Stück seines Lebensweges zu begleiten. Das schließt nicht aus, dass alle Helferinnen und Helfer, die hauptberuflichen wie die ehrenamtlichen, sorgfältig ausgebildet werden und fortlaufende Supervision erhalten. Aber „leisten“ und „bezahlen“ lässt sich das im Grunde nicht, was angesichts des Sterbens von uns gefordert ist.

Wir können es freiwillig geben als Berufstätige und Ehrenamtliche auf der Grundlage menschlicher Qualitäten, die wir einem Größeren verdanken. Unser „Lohn“ wird der innere Gewinn sein, den wir aus einer so elementaren menschlichen Begegnung im Angesicht des Todes, selber herausgefordert zu Glaube, Hoffnung und Liebe, ziehen.

Vgl. dazu auch: Uljana Dahms, Ehrenamtliche Arbeit in Hospizen. Bestandsaufnahme – Analyse von Konzepten, Hamburg: E.B.-Verlag 1999.

[112] Reimer Gronemeyer, Orthothanasie – Vorschläge für einen therapeutisch gesicherten Abgang aus dem Leben, in: Eisenberg/ Gronemeyer (Hg.), Der Tod im Leben, Gießen 1985, S. 102 –114.

„Verlaß mich nicht, wenn ich schwach werde“. Sterbende begleiten – Seelsorge der Gemeinde

Aus: Manfred Kwiran (Hg.), Hospizbewegung. Sterbende begleiten (Einsichten 22. Protokolle der Ev. Akademie der Ev.-Luth. Landeskirche in Braunschweig), Braunschweig: Ev. Akademie 1994, S. 18-24.

I. Zur Einführung in das Projekt

„Es ist kein Werk der Barmherzigkeit größer, als dass dem kranken Menschen in seinen letzten Nöten geistlich und sein Heil betreffend geholfen wird“, heißt es in einem spätmittelalterlichen Buch über heilsames Sterben. Über viele Jahrhunderte hat es zu den selbstverständlichen Pflichten der christlichen Gemeinde gehört, ihre Schwerkranken und Sterbenden auf dem letzten Weg zu begleiten. Ein reiches Brauchtum gab den Angehörigen und Nachbarn, den Priestern und Freunden, ja der ganzen Gemeinde Verhaltenssicherheit und geistliche Orientierung.

Im Zuge der Säkularisierung und der Verdrängung des Todes aus dem Erleben des modernen Menschen ist viel von dieser Verhaltenssicherheit verloren gegangen. Die moderne Arbeitsteilung hat es mit sich gebracht, dass nur noch Fachleute auch in diesem Bereich der Versorgung Schwerkranker und Sterbender zuständig zu sein scheinen: Ärzte, Schwestern und Pfleger in Krankenhäusern, Alten- und Pflegeheimen sowie in ambulanten sozialen Diensten; und von kirchlicher Seite – in sehr beschränktem Umfang – Pfarrerinnen und Pfarrer im Klinikdienst.

Das hat dazu geführt, dass heute die meisten Menschen nicht, wie sie es sich wünschen, zu Hause sterben, sondern in Einrichtungen der Kranken- und Altensorge. Freilich darf dabei nicht übersehen werden, wie viel aufopfernde Pflege immer noch bis kurz vor dem Tod und manchmal auch noch bis in das Sterben hinein von den Familienangehörigen, meistens den Frauen, geleistet wird.

Familienangehörige, vor allem Frauen, widmen sich ihren schwerkranken, pflegebedürftigen und sterbenden Familienmitgliedern oft bis an den Rand der Erschöpfung. Die oft gehörte Behauptung, alte und kranke Menschen würden in der Regel in Heime abgeschoben, lässt sich statistisch widerlegen. Dennoch stimmt es, dass viele Menschen die letzten Tage und Wochen ihres Lebens meist nicht zu Hause verbringen können, wie sie es sich oft wünschen. Das Sterben findet meist in Krankenhäusern statt, weil sich Familienmitglieder überfordert fühlen, einen Menschen auf dem allerletzten Stück der Wegstrecke seines Lebens in den eigenen vier Wänden zu begleiten.

Beides, die Einsamkeit und Anonymität eines Sterbens in Institutionen und die Überforderung vieler Angehöriger bei einer längeren Pflege zu Hause, hat dazu geführt, dass die Begleitung Sterbender heute wieder als eine Gemeinschaftsaufgabe entdeckt wird, die freiwilliges und ehrenamtliches Engagement herausfordert. Die Begleitung Schwerkranker und Sterbender geht uns alle an. Es gehört zu den Grundbedingungen wahrhaft menschlichen Lebens, einander in den Grenzerfahrungen von Geburt und Tod nicht allein zu lassen.

Damit wird auch ein urchristlicher Liebesdienst am Nächsten wiederentdeckt. Jesus hat bei der Aufzählung der „Werke der Barmherzigkeit" ausdrücklich das Besuchen der Kranken genannt und sich selbst mit dem Besuchten identifiziert: „Ich bin krank gewesen, und ihr habt mich besucht" (Matthäus 25,36). Paulus hat die Verantwortung der Christen füreinander durch das Bild des Christusleibes ausgedrückt: „Wenn ein Körperteil leidet, leiden alle anderen mit ..." (1. Kor. 12,26). Einander auf dem letzten Weg zu begleiten, gehört in besonderer Weise zu diesem Mit-Leiden innerhalb der christlichen Gemeinde. Das Projekt „Sterbende begleiten – Seelsorge der Gemeinde" will einen Beitrag dazu leisten, dass dieses Bild von der Gemeinde auch heute Gestalt annimmt.

II. Zu den Einzelheiten des Projekts

1. Projektidee

In der Vorbereitungsphase auf die lutherische Generalsynode 1988 in Veitshöchheim zum Thema „Du wirst mich nicht verlassen – Sterbende begleiten" entstand die Idee, Modellkurse zum Thema „Sterbende begleiten" in Zusammenarbeit mit dem Gemeindekolleg der VELKD in Celle zu entwickeln. Die Kurse sollten wichtige Aspekte des Themas so behandeln, dass sie in den Gemeinden praktisch umgesetzt und wiederholt werden könnten. Ziel sollte die Gewinnung ehrenamtlicher Helferinnen und Helfer in der Seelsorge an Schwerkranken und Sterbenden sein.

2. Projektentstehung

Bei der Entwicklung des Projekts achteten die Beteiligten auf die bewährte Form, die sich als Standard für die Erarbeitung von Projekten im Rahmen der „missionarischen Doppelstrategie" des Gemeindekollegs in Celle herausgestellt hatte: Konsultation mit Fachleuten zur Projektidee, Entwicklung des Projekts in einer kompetenten Arbeitsgruppe, Erprobung des Projekts in verschiedenen Praxisfeldern, Begleitung und Evaluierung des Projekts durch AnwenderInnen und ProjektleiterInnen.

Das Projekt „Sterbende begleiten – Seelsorge der Gemeinde" entstand in den genannten Phasen in den Jahren 1989 bis 1992 und schloss mit der Herausgabe des Handbuches „Verlaß mich nicht, wenn ich schwach werde" (E.B.-Verlag Rissen, Hamburg) 1993 vorläufig ab. Gegenwärtig wird an der Standardisierung der Einführungskurse und an der weiteren Verbesserung des Leiterhandbuches gearbeitet.

3. Struktur des Projekts

Der Kirchenvorstand einer Gemeinde bzw. der Träger eines Hospizdienstes beschließt nach eingehender Information und Beratung, ein Training des Projektes „Sterbende begleiten – Seelsorge der Gemeinde" durchzuführen. Der jeweilige Träger entsendet dazu einen hauptamtlichen Mitarbeiter mit theologischer Qualifikation und eine Laienperson zum Einführungstraining, das vom Gemeindekolleg in Celle angeboten wird, vier bis fünf Tage dauert und etwa 450,- DM pro Person kostet.

Im Einführungstraining erlernt das Leitungsteam die acht Schritte des Grundkurses durch eigenes Tun und Erproben. Die Schritte orientieren sich an dem Modell biblischer Seelsorge, wie es uns in der Emmaus-Geschichte (Lukas 24,13-35) begegnet, und heißen:

- wahrnehmen
- mitgehen
- zuhören
- verstehen
- weitergehen
- bleiben
- loslassen
- aufstehen.

Jeder Schritt gliedert sich in drei Phasen:

- ein Blick in unsere Gruppe (Befindlichkeit)
- eine Meditation zum Thema (geistlicher Zugang zum Thema)
- Informationen und Anschauungsmaterial zum Thema (Sachdiskussion).

Das Leitungsteam für das Projekt „Sterbende begleiten – Seelsorge der Gemeinde" sammelt vor Ort eine Gruppe von etwa acht bis zwölf Interessierten, die bereit sind, sich auf eine solche Vorbereitung auf die seelsorgerliche Begleitung Schwerkranker und Sterbender einzulassen.

In der ersten Phase des Projekts erarbeitet die Gruppe an acht aufeinander folgenden Abenden die acht Schritte des Grundkurses. Danach folgt eine Praktikumsphase, in der jedes Gruppenmitglied einen schwerkranken Menschen besuchen und begleiten soll. In dieser Zeit findet etwa vierzehntägig ein Gruppentreffen statt, das vor allem der Verarbeitung der Praktikumserfahrungen dient. Außerdem werden in dieser Phase Themen vertieft, die aus der Praxisbegegnung erwachsen. Fachleute aus verschiedenen Bereichen können dazu eingeladen werden.

Während der Praktikumsphase nimmt das Leitungsteam des Projektes an einer Einführung in den Vertiefungskurs teil (drei bis vier Tage, Kosten etwa 400,- DM pro Person). Diese erneute Begegnung dient sowohl der Auswertung der Anfangsphase als auch der Einübung in den Vertiefungskurs. Auch der Vertiefungskurs umfasst acht Schritte, die sich an die Struktur der Beichte anlehnen und auf die biblische Geschichte von der Heilung des Gelähmten (Markus 2,1-12) beziehen lassen. Sie heißen:

- gerufen (an die Tür des Lebens)

- gefragt (nach tragfähiger Gemeinschaft)
- bedacht (im eigenen Herzen)
- bekannt (im Ansehen Gottes)
- gelöst (aus lähmender Bindung)
- erfüllt (mit aufhebender Kraft)
- gesegnet (im eigenen Leben)
- begabt (mit erstaunlicher Vollmacht).

Vor Ort befasst sich dann die ganze Gruppe an acht Abenden oder – noch besser – an einigen Abenden und einem gemeinsamen Wochenende mit den acht Schritten, die sich wiederum in die erwähnten drei Phasen (Blick in die Gruppe, Meditation, Information und Anschauungsmaterial zum Thema) gliedern, wobei diesmal verstärkt geistliche Akzente gesetzt werden.

Es wird davon ausgegangen, dass sich die Gruppenmitglieder nach dieser intensiven Vorbereitung für mindestens ein Jahr verpflichten, sich nach ihren jeweiligen Kräften dem Besuchsdienst bei Schwerkranken und Sterbenden zu widmen. Auch in dieser Phase soll – je nach örtlichen Gegebenheiten – Begleitung und Supervision angeboten werden. Das Gemeindekolleg legt wert auf einen Kirchenvorstandsbeschluss bzw. eine schriftliche Bestätigung des Hospizdienst-Trägers, aus der die inhaltliche Unterstützung des örtlichen Vorhabens und die Kostenübernahme für das Leitungsteam hervorgehen.

4. Stärken des Projekts

Das Projekt ist sorgfältig erarbeitet und in der Praxis erprobt worden. Es wird im regelmäßigen Kontakt mit den Trainern der Einführungskurse aufgrund der Rückmeldungen der Kursteilnehmer überarbeitet und dabei noch einsichtiger und handhabbarer gestaltet. Das Projekthandbuch „Verlaß mich nicht, wenn ich schwach werde“ (hg. von Andreas Ebert und Peter Godzik im E.B.-Verlag Rissen) wird ausnahmsweise über den Buchhandel vertrieben und in vielen Gegenden Deutschlands in kreativer Weise benutzt und vielfältig eingesetzt, z.B. auch für Gemeindeabende oder für die Fortbildung von Gemeindekrankenschwestern. Es hat sich inzwischen als *das* Vorbereitungsmodell für ambulante Hospizdienste entpuppt, mit dem ehrenamtliche Helferinnen und Helfer in besonders günstiger Weise angesprochen und in ihrer Motivation bestärkt und gefördert werden können. Gerade mit seiner Betonung und Wiedergewinnung der Beichte in einem biblischen Sinn findet es im ökumenischen Bereich besondere Aufmerksamkeit.

Viele empfinden das Handbuch als eine Fundgrube auch für Predigten, Gemeindeabende, Andachten und sonstige Gemeindeveranstaltungen, die sich dem Thema der Seelsorge nicht nur an Schwerkranken und Sterbenden widmen.

5. Problemanzeige

Das Projekt lässt sich über das bloße Kaufen des Handbuches nicht in seiner ganzen Stärke vermitteln. Es bedarf schon der einführenden Kurse im Gemeindekolleg in Celle, um die innere Dynamik zu entdecken, die eigene Person ins Spiel zu bringen und in der Begegnung mit anderen den ganzen Reichtum eines gemeinsamen Lern- und Gestaltungsweges zu entfalten. Es sei daher dringend geraten, die Einführungskurse des Gemeindekollegs zu belegen. Dadurch wird auch die „Werktreue" bewahrt, die dem Projekt das besondere Profil verleiht und auf breite Praxisbewährung zurückgreifen kann.

Wünschenswert wäre, wenn das Projekt stärker noch als bisher von den örtlichen Kirchengemeinden in ihren Besuchs- und Begleitdiensten durchgeführt werden könnte. Es ist zwar erfreulich, wie sehr dieses Projekt gerade von übergemeindlichen Hospizinitiativen und Hospizdiensten angenommen wird. Mit dem Projekt „Sterbende begleiten – Seelsorge der Gemeinde" wollen wir aber gerade im Rahmen der Projektangebote des Gemeindekollegs der VELKD in Celle die missionarische, seelsorgerische und diakonische Kompetenz der Ortsgemeinden stärken.

6. Perspektiven/Anmerkungen

Das Leiterhandbuch für das Projekt ist inzwischen überarbeitet und ergänzt worden. Es vermittelt gerade in seiner neuen Gestalt die nötige Basisorientierung. Trotzdem bleibt die Herausforderung, die jeweils neuen Erkenntnisse und Verbesserungen vor allem in didaktischer Hinsicht möglichst zeitnah den Leitungsteams zu vermitteln. Deshalb sammelt das Gemeindekolleg in Celle bewährte neue Gestaltungselemente und macht sie den Leitungsteams auf Anforderung zugänglich.

Einen wesentlichen Fortschritt in dieser Richtung stellt auch das jährliche Gesamttreffen der bereits eingeführten Leitungsteams dar, das neben der für das Projekt verantwortlichen Projektgruppe und der Konferenz der Multiplikatoren-Trainer zur laufenden Verbesserung und Anpassung des Projekts an die praktischen Erfahrungen beitragen kann.

Insgesamt ist es mit diesem Projekt gelungen, ein wirklich eigenständiges, ganz im Gemeindekolleg in Celle entwickeltes Projekt im seelsorgerlich-diakonischen Bereich vorzulegen, das eine große Ausstrahlungskraft entfaltet hat.

III. Erfahrungen mit dem Projekt

Die ersten Erfahrungen mit dem Projekt „Sterbende begleiten – Seelsorge der Gemeinde" in evangelischen Pfarreien liegen vor. Sie haben gezeigt, wie wichtig es ist, dass unsere Gemeinden an diesem Punkt Handlungskompetenz zurückgewinnen. Etliche, die mitgemacht haben, berichten, wie sie sich durch diesen Dienst selbst beschenkt fühlen. Viele Familien sind froh, wenn sie wissen, sie können sich an ihre

Kirchengemeinde wenden, wenn es darum geht, einen schwerkranken und sterbenden Angehörigen zu Hause zu begleiten. Und auch in den Alten- und Pflegeheimen und in den Krankenhäusern würde es wahrscheinlich als eine große Entlastung empfunden, wenn man im Bedarfsfall geschulte und erfahrene Seelsorgehelferinnen und -helfer einsetzen könnte.

Es ist das Verdienst der Hospizbewegung, darauf aufmerksam gemacht zu haben, dass es in der Sterbebegleitung ohne die Mithilfe ehrenamtlicher Helferinnen und Helfer nicht geht. Dieses Projekt wird daher neben gemeindlichen Seelsorgegruppen auch übergemeindlichen Hospizinitiativen zur Vorbereitung von Hospizhelferinnen und -helfern angeboten, sofern sie sich auf seine christliche Grundstruktur einlassen können. Auch hiermit hat es bereits ermutigende Erfahrungen gegeben. So bildet das ökumenische „Katharinen Hospiz am Park" in Flensburg seine ehrenamtliche Helferinnen und Helfer im Hausbetreuungsdienst nach dem Modell aus, das im vorliegenden Handbuch dargestellt ist. Auch die Hospizbildungsstätte der Malteser in Bad Kreuznach hat den Leitfaden dieses Projekts zur Grundlage seiner Kurse für HospizmitarbeiterInnen gemacht.

Ehrenamtliche sind bei diesem Dienst unverzichtbar, weil heute bei steigender Lebenserwartung und wachsender Pflegebedürftigkeit im hohen Alter sehr viele Menschen auf Hilfe und Begleitung angewiesen sind. Sterbebegleitung kann keine Sache für hauptamtliche Fachkräfte allein sein, die schon aufgrund des Pflegenotstandes überfordert sind. Auch Pastorinnen und Pfarrer können angesichts ihrer dienstlichen Verpflichtungen diese Aufgabe nicht ohne eine Dienstgruppe von „Laien" erfüllen. Und auch die Angehörigen können sich diesem Dienst nicht immer umfassend widmen, zumal die Großfamilie nicht mehr existiert, die einst das Sterben ihrer älteren oder auch jüngeren Mitglieder gemeinsam getragen hat. Hier ist eine Gruppe innerhalb der lokalen Kirchengemeinde oder eine übergemeindliche Dienstgruppe vor Ort gefordert. In der Pilotphase des Projekts hat sich gezeigt, dass sich Menschen finden und „berufen" lassen, diesen Dienst zu tun.

Aus der christlichen Verkündigung wissen wir, dass mit dem Tode nicht alles aus ist. Stärker als der Tod ist die Liebe Gottes, die uns hält und begleitet, durch Dunkelheit und Angst hindurchführt und uns am Ende annimmt. Das sollen wir als Christen einander bezeugen und vorleben in dem Maße, wie uns das in unserer menschlichen Begrenztheit möglich ist.

Dieser Kurs enthält die Chance, sich zusammen mit anderen Vorstellungen über Sterben, Tod und Leben nach dem Tod auszutauschen und dabei zu größerer Klarheit und Gewissheit zu gelangen. Er setzt keinen unerschütterlichen und zweifelsfreien Glauben voraus, sondern will unter anderem auch einen Beitrag zum Glaubenswachstum und zur Glaubensstärkung derer leisten, die sich auf diesen Weg einlassen.

Wir haben lange überlegt, wie das Projekt heißen soll. Wäre es nicht besser, von der „Begleitung Schwerkranker" zu reden? Wir sind beim Namen „Sterbende begleiten“ geblieben, um der Verdrängung des Todes aus der Sprache und aus der gesellschaftlichen Wirklichkeit entgegenzutreten. Dennoch empfehlen wir Gruppen, die dieses Projekt durchführen wollen, sich einen je eigenen Namen zu geben. Eine Gruppe in Bethel zum Beispiel nennt sich Lukas-Gruppe (nach dem Arzt und Evangelisten Lukas aus der Bibel), ein evangelisches Hospiz in Herborn „Emmaus-Station“. Im Untertitel könnte man dort dann von einem „Kreis zur Betreuung Schwerkranker und Sterbender“ sprechen.

Welche Voraussetzungen in der Ausbildung und Zurüstung von Mitarbeiterinnen in der Hospizarbeit sind nötig?

Einführung in das Celler Modell zur Begleitung Schwerkranker und Sterbender „Verlass mich nicht, wenn ich schwach werde."

Leicht korrigierte Tonbandnachschrift eines mündlichen Referats vor der AG Hospiz Kurhessen- Waldeck in Kassel am 04.09.1995 von Pastor Peter Godzik, Schleswig.

Groß ist deine Güte, Gott, gegen uns ..." Das singt noch in mir. Ich war jetzt eine Woche in Taizé mit etwa zweieinhalbtausend Menschen. Es war mein sechster Besuch dort und wieder wunderbar. Aber davon soll ich Ihnen ja nicht berichten. Ich bitte nur um Verständnis, wenn ich manchmal etwas verträumt wirke oder noch etwas nahe an den Tränen bin.

Es hat mich sehr bewegt, den 71. Psalm, der ja in einer Zeile den Titel unseres Buches wiedergibt „Verlass mich nicht, wenn ich schwach werde", von Ihnen nun heute Morgen so gelesen zu hören. Wenn Sie wüssten, wie sehr er mich betrifft ...

Zu Taizé möchte ich noch sagen: Gott hat seine eigene Geographie. Auf dem Hügel von Taizé, so hat ein französischer Theologe einmal gesagt, hat seine Barmherzigkeit die Erde berührt. Es ist ein wenig wie ein Paradies. Einmal im Jahr eine Woche – so sind ja die Eintrittsbedingungen, damit die Menschen nicht vor lauter Freude einfach dableiben und damit viele kommen können – und es sind jedes Jahr sehr, sehr viele. *Frère Roger* hat einmal gesagt: „Man muss die Menschen lieben um ihrer unschuldig in der Kindheit erlittenen Wunden willen." Besonders die Erwachsenen in Taizé erleben das. In Taizé ist man erwachsen, wenn man älter als 30 Jahre ist. Die Erwachsenen haben schon so viele Lebenserfahrungen aufzuarbeiten, und es sind oft die verletzten Kinder in uns, die da plötzlich einen Raum bekommen, sich begegnen. Es gibt oft die Konstellation, dass Menschen zu zweit durch die Landschaft gehen und sich gegenseitig ihr Herz ausschütten. Viele Tränen fließen, aber es wird auch fröhlich gesungen, und das Ganze tut sehr gut. Ich kann Ihnen nur empfehlen, einmal nach Taizé zu fahren, wenn Sie noch nicht da waren.

Weil es an diese Erfahrung anschließt, möchte ich einen Text lesen von dem lateinamerikanischen Theologen *Lindolfo Weingärtner* – ein Text, der eigentlich unbedingt in unser Teilnehmer-Handbuch gehörte, aber aus irgendwelchen Gründen beim Umbruch da nicht mehr reinpasste und nicht erschien, sondern nur in dem kleinen Begleitheft für die Leitungsteams ganz hinten, kaum aufzufinden, abgedruckt ist. Aber er lohnt sich, finde ich. Der Text heißt:[113]

Trösten kann nur, wer Trost empfing,
lieben nur der Geliebte;

[113] Aus: Lindolfo Weingärtner, Netz der Hoffnung, Erlangen 1980, S. 29.

nur der, dem Vergebung ward, kann selber vergeben.
Nur, wer geborgen, kann bergen:
Gnade üben, wer Gnade erfuhr,
helfen der, dem geholfen,
segnen der, der gesegnet ward,
geben, der selbst empfangen.
Nur der Versöhnte vermag zu versöhnen.

Später erst ist uns bewusst geworden, dass wir unseren Kurs „Sterbende begleiten – Seelsorge der Gemeinde“ nach diesem Gedicht oder Sinnspruch aufgebaut haben. Wir haben einen Grundkurs, ein Praktikum und einen Vertiefungskurs vorgesehen zur Ausbildung oder Vorbereitung von Ehrenamtlichen.

Den *Grundkurs* orientieren wir an der Geschichte von den Emmaus-Jüngern und gehen acht Schritte mit lauter aktiven Verben. Sie heißen: wahrnehmen, mitgehen, zuhören, verstehen, weitergehen, bleiben, loslassen, aufstehen.

Diese aktiven Verben vermitteln vielleicht schon auf den ersten Blick, worum es geht; welche Fähigkeiten, die wir besitzen, wir fördern möchten in der Vorbereitung von Ehrenamtlichen für diesen seelsorgerlichen Dienst an Schwerkranken und Sterbenden. Sie sind der Emmaus-Geschichte (Lukas 24,13-35) abgelauscht. Es ist eigentlich das seelsorgerliche Handeln Jesu an den trauernden Jüngern. Er nimmt sie wahr, geht mit ihnen mit, hört zu, versteht, ja stellt sich, als wollte er weitergehen – bleibt, lässt los, steht auf und befähigt darin auch die Jünger, aufzustehen.

Der berühmte fünfte Schritt „weitergehen“ soll alle Helfenden daran erinnern, dass es nicht darauf ankommt, sich an das Helfen so zu gewöhnen, dass wir gar nichts anderes mehr tun können als das, sondern dass wir schauen und gucken: Braucht ein anderer meine Hilfe noch oder kann er schon allein gehen? Und erst wenn dann die Bitte kommt: „Bleibe bei uns“, dann bleiben wir vielleicht noch ein Stück.

Nach diesen acht Schritten, die wir jeweils abends in einer Zeit von zweieinhalb bis drei Stunden miteinander gehen nach einem bestimmten methodischen Vorschlag, nämlich so, dass jeder Abend in drei Teile geteilt wird – ein Blick in die Gruppe, eine Meditation zum Thema dieses Schrittes und Informations- und Anschauungsmaterial zu dem jeweiligen Schritt –, gehen wir dann in ein Praktikum, wo wir das, was wir in dem Grundkurs eingeübt haben, nun erproben.

Diese Dreierstruktur abends bei dem Gehen des jeweiligen Schrittes ist deswegen sehr wichtig, weil das, was wir da tun, sehr viel Persönliches auslöst. Und wir möchten gerne verhindern, dass wir allzu sehr in der Gruppendynamik oder in persönlichen Einzelerfahrungen versinken, ohne das zu vernachlässigen. Die Gruppe ist wichtig und auch die einzelnen Erfahrungen.

Viel, was wir hier tun, orientiert sich an der „themenzentrierten Interaktion“ von *Ruth Cohn*, die Sie ja vielleicht kennen: Die Dreiheit „ich – wir – das Thema“ möglichst auszubalancieren – das ist die Aufgabe. Aber dadurch, dass wir ganz bestimmte Schritte setzen und die auch wirklich gehen, verhindern wir, dass an bestimmten Stellen etwas ausbricht. Und dann stürzt sozusagen der ganze Leitfaden zusammen und wir arbeiten nur noch persönliche Betroffenheit ab.

Eine der Voraussetzungen zur Mitarbeit ist: Wir schlagen vor, dass Menschen, die in akuter Trauer stecken, noch nicht in diese Vorbereitungsgruppen kommen; vielleicht sich erst einmal die Zeit gönnen von einem Jahr, ehe sie dann herzlich willkommen sind, und andere Unterstützung in ihrer Trauerarbeit suchen und finden – in der Gemeinde oder irgendwo, wo es das gibt, damit sie dort gezielter die eigenen Erfahrungen aufarbeiten können.

Vielleicht ist auch Taizé ein Ort, der hilft, Trauer zu bewältigen. Denn erst dann, wenn ich ein wenig frei sein kann von meiner eigenen unmittelbaren Betroffenheit und mich anderen zuwenden kann, hat es Sinn, hineinzugehen in so eine Vorbereitung zur Begleitung von Schwerkranken und Sterbenden. Deswegen die aktiven Verben. Wenn ich das wieder kann – und Sie wissen ja vielleicht, die Emmaus-Jünger sahen ihn nicht, weil ihre Augen gehalten waren (und das hat etwas mit ihrer Trauer zu tun) – erst wenn ich das wieder kann: wahrnehmen, mitgehen, zuhören, verstehen, hat es Sinn, teilzunehmen. Dass dann immer wieder einmal eine Teilnehmerin oder ein Teilnehmer da ist, bei dem etwas aufbricht, das ist so im Leben. Wir bieten dann sofort auch begleitende Gespräche an. Warum soll es nicht einmal einen Wald- oder bei uns im Norden einen Strandspaziergang geben zum Aufarbeiten solcher sehr persönlichen Erfahrungen neben dem, was wir da im Kurs machen.

Aber wir gehen – wohl auch zum Verwundern einiger Menschen, die es so gelernt haben, dass man das alles auch anders machen könnte und sollte – strikt unsere Schritte. Und auch diese Struktur abends mit dem Blick in die Gruppe, der Meditation zum Thema und dem Informations- und Anschauungsmaterial halten wir ein. Natürlich ist das Gewicht der einzelnen Teile je nach Gruppe und Leitungsteam dann immer etwas verschieden verteilt. Das müssen die beiden, die den Kurs leiten, miteinander herausfinden.

Die erste große Aufgabe besteht darin, dass ein geeignetes Leitungsteam gefunden wird. Möglichst jemand, der auch mit dem geistlichen Aspekt des Vorbereitungsmaterials umgehen kann: Es sollte keine zu große Scheu bestehen, in der Bibel zu lesen oder auch christliche Traditionen heranzuziehen, weil das, was im Kurs seelsorgerlich geschieht, sehr stark mit dieser christlich-biblischen Tradition zusammenhängt. Es darf aber durchaus auch ein ganz anderer Mensch sein, für den Kirche ein etwas fremd gewordenes Ding geworden ist, der aber wieder hinzutreten möchte. Theologe und Laie, hauptamtlich und ehrenamtlich, Mann und Frau, möglichst ein Team von zwei verschiedenen Menschen – denn solche Verschiedenheit tut auch einer Gruppe gut.

Solche Leitungsteams laden wir dann ein, in Vorbereitungskurse zu kommen ins Gemeindekolleg nach Celle, auf den Franziskushof in Unterfranken oder auf einen Ferienhof in Angeln. Da lernen sie in zweimal fünf Tagen die Grundstruktur des Grundkurses und des Vertiefungskurses kennen und üben sich selbst ein im Gehen der jeweiligen Schritte. Die letzten Schritte geben die Leitungsteams jeweils selbst, so dass sie sich auch untereinander erleben, wie sie ihre Teamarbeit bewältigen, welche kreativen Impulse sie geben können. Wir sind immer wieder erstaunt, wie liebevoll, wie phantasievoll, wie kreativ Menschen mit dem Kursmaterial umgehen, das ja nur eine Anregung und Hilfe sein will.

Das Geheimnis ist in der Tat, dass es jeweils acht Schritte sind im Grundkurs und im Vertiefungskurs. Man könnte ja das Thema „Sterbende begleiten" auch abhandeln wie einen Volkshochschulkurs, bei dem nacheinander bestimmte wichtige Themen durchgenommen werden. Wir haben uns jeweils einer biblischen Geschichte anvertraut und gemeint, sie enthalte eine heilende Dynamik, einen roten Faden, der allen gut tut. Denn es ist doch wohl so, dass auch Schwerkranke und Sterbende unumkehrbar einen bestimmten Weg gehen, der so etwas wie einen Rhythmus enthält. Ich halte zwar auch mal inne und gehe vielleicht einen halben Schritt wieder zurück, aber im Grunde ist es doch ein bestimmter Weg, den ich gehen muss. Und deshalb tut es auch denen, die begleiten, gut, zu wissen und selbst zu erfahren, wie wichtig es ist, einen festgelegten Weg zu gehen. Das ist eigentlich auch schon das ganze Geheimnis der Voraussetzungen für diesen Kurs.

Wir haben uns, als wir das vorbereiteten, lange überlegt: Wie hoch sollten wir die Hürde setzen zum Einstieg in die Vorbereitungskurse; wen lassen wir zu? Und da gab und gibt es zwei unterschiedliche Auffassungen – je nachdem, ob das Kursprogramm gemeindlich oder übergemeindlich eingesetzt wird. „Sterbende begleiten – Seelsorge der Gemeinde" ist ja ursprünglich ein Projekt für die Gemeindearbeit und wurde erst später ein Vorbereitungsprogramm auch für ambulante Hausbetreuungsdienste der Hospizbewegung – und das ist ja doch etwas anderes als Gemeinde. Und auch die Unterschiedlichkeit, mit der Laien oder Profis (Theologen oder Psychologen) an die Sache herangehen, gibt jeweils eine andere Färbung.

Die Gemeindeleute jedenfalls haben gesagt: „Wir schlagen euch vor, die Schwelle möglichst niedrig zu halten. Das Ganze muss sozusagen selbst wie ein Einweihungsweg wirken. Wer unterwegs aussteigt oder merkt, das wird zu schwer für mich, der scheidet aus. Ihr werdet merken, dass es nicht unbedingt notwendig ist, große Zulassungsgespräche zu führen. Wir fangen einfach miteinander an, und dann wird sich schon zeigen, wer den Weg mitgeht und wer nicht, wer dabei bleibt und wer nicht – und das ist es dann auch."

Demgegenüber bestanden diejenigen, die aus der Beratungsarbeit kamen – die also mit großem Publikum zu tun haben; die das kennen, wie das ist mit Helferinnen- und Helferberufung und was da alles so passieren kann –, auf einem professionellen Vorgehen und sagten: „Nein, nein, wir müssen vorher mit jedem ein Auswahlgespräch führen."

Und so ist es immer noch: Die Gemeindeleute lassen in der Regel jeden und jede zu – natürlich kennt der Pastor oder die Pastorin den einen oder anderen und empfiehlt dann auch schon mal: Sie oder du lieber nicht. Die anderen, die mit übergemeindlichen Erfahrungen an die Sache herangehen, halten daran fest: „Wir möchten lieber zu Beginn klar sagen, worum es sich handelt, und Auswahlgespräche mit jedem einzelnen führen."

Natürlich machen wir das auch in der Gemeinde so, dass wir vorweg sagen: „Das ist die Struktur und das ist die zeitliche Beanspruchung. Könnt ihr euch darauf einlassen?" Aber im Prinzip geht es uns so, dass wir sagen: „Wir wollen die Hürde nicht zu hoch setzen." Es geht uns nicht um eine Professionalisierung, sondern wir brauchen Menschen mit geöffneten Herzen und der Fähigkeit, sich zuzuwenden. Wer zu tief verschlossen ist oder wer einen zu dicken Stein hat, an dem er selber trägt oder arbeitet, wird nicht frei sein, sich anderen zuzuwenden.

Das, was wir am Ende im Grundkurs miteinander eingeübt haben, das ist auch sehr stark von der Atmosphäre in so einer Gruppe bestimmt, von dem Sich-gegenseitig-Kennenlernen und von dem Vertrauen zueinander.

Dann geht es in ein *Praktikum.* Das ist auch immer wieder ein Abenteuer, dass das Leitungsteam jeweils vor Ort herausfinden muss: „Wo ist denn so ein Praktikum möglich?" Meist ist dann die erste Entdeckung, was es schon alles im Bereich von Sterbebegleitung gibt.

Die Hospizbewegung hat das Rad ja nicht noch einmal erfunden, sondern lernt bewusst neu oder macht noch einmal bewusst, was schon immer da war und ist. Schwerkranke und Sterbende werden begleitet – in Krankenhäusern, in Alten- und Pflegeheimen, durch die Diakonie- und Gemeindeschwestern. Vielleicht nicht immer so, wie wir es uns wünschen, dass es möglich wäre. Aber die Hospizbewegung muss das nicht alles neu erfinden. Vor allem, wenn sie dann erste Schritte setzt, entdeckt sie auf einmal: Was wir da tun, ist die Wiederbelebung der mittelalterlichen „Kunst des Sterbens", der „ars moriendi".

Und was hat es da nicht schon alles gegeben! Die Kirche lernt ihre eigenen Traditionen wieder kennen, und es ist, als würden wir „Kirche" noch einmal erfinden. Menschen sind oft enttäuscht, weil sie in der Kirche das an geistlicher Erfüllung nicht finden, wonach sie suchen, und gehen weg. Und dann laufen sie durch die Welt und verirren sich an allen möglichen Stellen und wissen: „Irgendetwas fehlt doch, wenn ich mich nicht gemeinschaftlich und sozial engagiere." Eine Ärztin aus Süddeutschland hat mir einmal gesagt: „Ich war es so leid, auf Empfängen und Veranstaltungen zu sein, wo dann *small talk* gemacht wird, – und was wir uns sonst so leisten an mitmenschlichem Kontakt, der nicht wirklich in die Tiefe geht –, dass ich geradezu glücklich und selig war, diese Arbeit zu entdecken, wo Menschen sich nahe kommen." Ich kann das nur bestätigen. Es ist schön, wenn mal etwas direkter von Herz zu Herz geht, als wir es uns sonst so in der Gesellschaft leisten. Wir sind gewohnt, unser Leben aufzuteilen in Arbeitszeit und Freizeit, und halten das für ein ganzes, vollkommenes Leben. Vielleicht müssen wir stärker hervorheben, dass wir noch etwas Drittes brauchen, eine Zeit, die ich „Sozialzeit" nennen möchte – also die Bereitschaft, neben der Arbeit und der freien Zeit eine soziale Zeit zu finden, eine Zeit des Engagements, des Mitgehens und Begleitens von anderen.

Vielleicht ist das immer auch ein Stück Abarbeiten von Misslungenem in unserem Leben. Es gibt Menschen, die sagen: „Bei meinem eigenen Vater und meiner eigenen Mutter habe ich es nicht gekonnt. Das hing auch an unserer schwierigen Beziehungsstruktur, die wir hatten. Aber ich habe gewusst, es fehlt etwas, und ich kann es jetzt einem anderen Vater und einer anderen Mutter geben, oder ich sehe das in denen, was ich da nicht geben konnte, und es tut mir gut, dass ich das so ein bisschen nachtragen, nacharbeiten, nachleben darf."

Arbeitszeit, Freizeit und Sozialzeit dazwischen – und diese Zeit wird nicht in klingender Münze bezahlt, sondern mit einer guten Gruppenerfahrung, mit einer guten Begleitung, mit einem Weg in die eigene innere Tiefe. Das, was die Teilnehmerinnen und Teilnehmer von uns geschenkt bekommen, ist: Gruppe, Zeit, Zuwendung, das bewusste Gehen eines Weges – und das ist ihnen sehr viel wert. Denn wir bitten sie ja, ehrenamtlich tätig zu sein – allenfalls ersetzen wir Fahrtkosten und erstatten hier und da auch Auslagen –, aber es gibt für ihre Tätigkeit keine Bezahlung.

Der *Vertiefungskurs* war lange sehr umstritten in der Gruppe, die dieses Projekt entwickelt hat, weil er nicht so einleuchtet wie diese acht aktiven Verben des Grundkurses, und weil die dahinter liegende Grundidee doch gelegentlich etwas Kopfschütteln hervorrief.

Wir haben unseren Vertiefungskurs wieder mit acht Schritten versehen, diesmal orientiert an der Struktur der Beichte. Wenn Sie das in der evangelischen Kirche in Gebrauch befindliche Formular der Beichte zur Hand nehmen, dann werden Sie solche Schritte finden wie Anrufung, Verkündigung, Besinnung, Bekenntnis, Lossprechung, Dank, Segen.

Als ich das zum ersten Mal der Projektentwicklungsgruppe vorschlug, da haben alle die Hände über dem Kopf zusammengeschlagen und gesagt: „Das sind ja alles erschlagende Hauptworte. Wer kann denn damit umgehen? Was für ein Anspruch?"

Und dann weiß ich noch die Situation: große Verlegenheit, Pause, alles ging hinaus, und ich saß da und sagte mir: So, jetzt ist der Moment, wo es entweder einen Einfall des Heiligen Geistes gibt oder die Sache ist erledigt, gekippt.

Der Einfall des Heiligen Geistes war – und später habe ich das dann sozusagen wiederentdeckt in dem Gedicht von *Lindolfo Weingärtner*: Partizip Perfekt Passiv statt der Hauptworte. Und dann heißt auf einmal die Struktur des Vertiefungskurses: gerufen, gefragt, bedacht, bekannt, gelöst, erfüllt, gesegnet, begabt. Das klingt schon irgendwie einladender, und das macht einen neugierig, das weckt Interesse, das hat etwas.

Wir haben dann trotzdem noch lange darum gerungen, und es gibt viele Gruppen, die führen erst dreimal einen Grundkurs durch und das Praktikum, ehe sie das erste Mal einen Vertiefungskurs wagen. Und wenn sie den dann gemacht haben, sagen sie: „Ja – aber den darf man überhaupt nicht weglassen, das ist doch ganz toll!"

Ich denke, Sie können verstehen, wieso: aktive Verben – das ist ja das, was wir dauernd tun und machen. Wir sind tätig auch in der Nächstenliebe, das sollen wir ja auch. Aber wo sind wir betroffen? Wo tun wir etwas für unsere Haltung – für unsere innere Haltung, aus der heraus wir etwas tun?

Es ist sehr wichtig, dass wir nach einer Zeit des Tätigseins einmal nachdenken: Wie ist das mit dem eigenen Gerufensein, Gefragtsein, Bedacht-, Bekanntsein? Könnte es nicht sein, dass sich etwas ähnliches bei den Schwerkranken und Sterbenden abspielt; dass z.B. bei „bedacht" das Bedenken des eigenen Lebens dran ist, nämlich „Lebensbilanzarbeit"? Was kommt da nicht alles zusammen in einem langen Leben, was Schmerzen verursacht und vielleicht noch durch das eine oder andere lösende Wort losgelassen werden kann?

Mitten in unserer Arbeit an dem Projekt hatte ein Verleger davon gehört, und zwar durch unseren Projektsekretär *Burkhard Straeck*. In der Zeitschrift „Lernort Gemeinde", die im *EB-Verlag Hamburg-Rissen* erscheint, hatte er ein paar Bilder von Ferdinand Hodler vorgestellt und beschrieben, die wir als Dia-Serie mit anbieten zu unserem Leitungshandbuch.

Ferdinand Hodler, Schweizer Maler zu Beginn des 20. Jahrhunderts, hat das Sterben seiner Lebensgefährtin *Valentine Godé-Darel* gemalt.[114] Manche sind etwas zurückhaltend an dieser Stelle, haben auch Probleme damit. Darf das ein Mann: eine Frau malen im Sterben? Ich kenne eine Feministin, die darüber ziemlich bittere Worte gefunden hat.[115] Da ist auch etwas dran an dieser Kritik – und trotzdem glaube ich, dass diese Bilder eine unglaubliche Faszination haben, sehr viel Liebe ausdrücken und vor allem: sich übertragen lassen. Sie sind Einladung, von eigenen Erfahrungen zu berichten.

Wenn Sie nämlich anfangen bei dem Schritt „wahrnehmen" und versuchen, den Menschen das Sterben nahe zu bringen – das kann man nicht abfilmen. Da gibt es diesen berühmten Film „Noch 16 Tage", den gucken dann viele an, aber das ist so konkret, dass sie das kaum ins eigene Erleben übertragen bekommen. Aber solche Bilder, die etwas vom wahren Kern der Dinge vermitteln, die erlauben das. Und ich finde, dass die Hodler-Bilder so sind.

---

[114] Ein Maler vor Liebe und Tod. Ferdinand Hodler und Valentine Godé-Darel. Ein Werkzyklus. Katalog und Ausstellung von Jura Brüschweiler, Genf: Kunsthaus Zürich 1976.

[115] Elisabeth Bronfen, Gewalt der Darstellung – Darstellung der Gewalt, in: dies., Nur über ihre Leiche. Tod, Weiblichkeit und Ästhetik, München: Antje Kunstmann 1994, S. 61-86.

Hodler hat *Valentine* zunächst gemalt in ihrer byzantinischen Schönheit und dann: gezeichnet von der Krankheit – den Kopf neigend, grauer, grüner, elender werdend, sich ins Bett legend; und dann: zunächst noch von Kissen gestützt, in halb aufrechter Haltung, immer flacher liegend, schwitzend, leidend, einfallend, mit offenem Mund, mit Händen und Armen, die ganz dürr werden, bis sie dann ganz flach liegt, tot.

Er hat an ihrem Sterbetag den Genfer See gemalt und immer mehr horizontale Linien entdeckt, die aufreißen und Platz machen für ein Aufwachsen ins Licht. Und er hat sie dann nach einem Jahr noch einmal gemalt aus dem Gedächtnis. Ich kenne kein schöneres, glühenderes, von Liebe erfüllteres Gesicht als dies. Das müssen Sie einmal sehen. Wir durften die Bilder leider nicht abdrucken in unserem Buch, weil das viel zu teuer geworden wäre, aber für didaktische Zwecke haben wir eine Dia-Serie anfertigen dürfen, die müssen Sie sich einmal anschauen.

Über die Hodler-Bilder hatte Burkhard Straeck also berichtet. Da kam der Verleger dieses Verlages, *Dr. Hans-Jürgen Brandt*, und fragte: „Was macht ihr denn da?" Und dann haben wir ihm das erzählt, und da hat er gesagt: „Das möchte ich als Buch machen." Da mussten wir über unseren Schatten springen, weil das eigentlich gar nicht vorgesehen war. Unsere Projekte im Gemeindekolleg in Celle sollen nicht auf dem Markt verkauft werden, weil wir gerne möchten, dass die Menschen Kurse besuchen und das innere Geheimnis verstehen und dann damit arbeiten. Und dann haben wir gesagt: „Na gut, in diesem Falle veröffentlichen wir's und gehen das Risiko ein, dass der eine oder andere das nur so als Steinbruch benutzt, vielleicht kann es auch so seine heilsame Wirkung entfalten" und haben es dann doch in den Verlag und in die Buchhandlungen gegeben. So ist dieses Buch entstanden.

Mitten im Veröffentlichen war dann klar: Es ist ganz schön geworden. Das Teilnehmerhandbuch würden wir bis auf ganz wenige Ausnahmen heute noch genauso machen wie vor zwei Jahren. Aber unser Leitungshandbuch für die Teamer ist ein bisschen mit der heißen Nadel genäht. Und vor allen Dingen: Auf die tiefen Erfahrungen, die wir inzwischen gemacht haben mit Teams aus ganz Deutschland, und deren kreative Ideen konnten wir ja noch gar nicht eingehen. Nun sind wir dabei, das auszuwerten und einzubringen in das Manuskript der zweiten Auflage. Im Oktober, wenn es der Vorsitzende der Projektgruppe noch einmal Korrektur gelesen hat, geht es zum Verlag. Und da sind nun viele gute Ideen eingegangen. Ich will Ihnen ein paar davon erzählen.

Sie können sich vielleicht vorstellen, wie wichtig es ist, immer wieder einen Kreativpartner zu finden. Ich habe viel loslassen müssen in der Arbeit an diesem Projekt. Mein erster Projektpartner im Gemeindekolleg war *Alfred Seiferlein*, ein junger Pastor aus Franken. Dessen Zeit lief ab, und er ging nach Franken zurück. Er hat eine Doktorarbeit geschrieben über Projekte im Gemeindeaufbau und darin gesagt: Das beste Wahrnehmungsmuster, mit dem man Gemeindeaufbauprojekte aller Art auf ihre Tauglichkeit hin überprüfen kann, ist: wahrnehmen, mitgehen, zuhören, verstehen, weitergehen, bleiben, loslassen aufstehen – unsere erste Achterreihe.

Dann kam *Andreas Ebert*, mit dem zusammen ich die Handbücher herausgegeben habe. Den kennen Sie vielleicht als den deutschen Übersetzer des „Enneagramm" von *Richard Rohr*. Und Sie können sich vorstellen, wie groß die Versuchung war, viel vom Enneagramm ins Handbuch zu schreiben. Wir haben uns das verkniffen, um die Leute nicht zu verwirren. Nicht für alle ist das Enneagramm geeignet. Aber es gibt einen schönen Beitrag von *Andreas Ebert* über die Helfertypen (die „Zwei" im Enneagramm), eine wunderschöne Beschreibung der Chancen und Gefahren des Helfens.

Kaum war dann auch die Zeit von *Andreas Ebert* im Gemeindekolleg zu Ende und ich wieder verlassen und ohne Kreativpartner, da tauchte ein junger Pastor aus Berlin auf, *Wolfgang Weiß*, der in England in einem Hospiz ein Praktikum gemacht hat. Wir beiden haben uns gesucht und gefunden und nun endlich das nachgeliefert, was alle forderten: Wir bräuchten unbedingt auch für den Vertiefungskurs nicht nur eine Struktur (wic dic Bcichtc), sondern eine biblische Geschichte, die ein Leitfaden sein könnte: die Heilung des Gelähmten (Markus 2,1-12). Das ist ja die erste Geschichte im Evangelium, in der Jesus Sünden vergibt: „Dir sind deine Sünden vergeben." Aber der Gelähmte brauchte nicht zu beichten, der hat gar nicht gesagt, was los war. Und das ist ja vielleicht das Aha-Erlebnis: Es kommt darauf an, zu lösen und nicht Skrupel zu machen: „Hast du auch alles gebeichtet?"

Sie erinnern sich an die andere fundamentale Geschichte (Lukas 7, 36-50): Jesus ist bei einem Pharisäer zu Besuch, und da kommt eine Frau herein und wäscht ihm unter Tränen die Füße, und er spricht sie nicht einmal an. Alles, was er dieser Frau zu sagen hat, sagt er ihr indirekt im Gespräch mit dem Pharisäer Simon: „Wer viel liebt, dem wird viel vergeben werden." Und eigentlich hat er der Frau damit gesagt: „Ich sehe deine Tränen" (so hat auch *Jorgos Canacakis* sein Buch genannt) – ich sehe deine Tränen, ich weiß, was dich quält. Ich werde es nicht aussprechen, du erträgst es nicht, schon gar nicht vor anderen, aber ich weiß, dass du geliebt hast, und ich vergebe dir.

Wir haben die Geschichte von der Heilung des Gelähmten (Markus 2,1-12) genommen und entdeckt: Die Schritte: „gerufen – an die Tür des Lebens, gefragt – nach tragfähiger Gemeinschaft (vier Leute tragen da jemanden), bedacht – im eigenen Herzen, bekannt – im Ansehen Gottes, gelöst – aus lähmender Bindung, erfüllt – mit aufhebender Kraft, gesegnet – im eigenen Leben, begabt – mit erstaunlicher Vollmacht" kommen ja in der Geschichte vor. Das muss man entdecken können.

Wir beide, *Wolfgang Weiß* und ich, haben also eine biblische Geschichte hinzugetragen – und siehe da, jetzt ist es so, dass die Leitungsteams sich entweder an die biblische Geschichte anlehnen können, weil sie ein bisschen Probleme mit der Beichte haben, oder sich doch stärker auf die Beichte beziehen, weil es ihnen immer noch einleuchtet, wie wichtig es ist, jemandem zu erlauben, Lebensbilanz (das Loswerden, Gelöstsein) wirklich zu leben, wenn es noch geht.

Und noch etwas – eine Geschichte aus unseren Vorbereitungskursen für die Leitungsteams. Der fünfte Schritt heißt: *gelöst*. Und das möchten wir ja nun gerne irgendwie anschaulich machen. Sie können sich nicht vorstellen, was wir uns alles für verrückte Sachen ausgedacht haben: mit Bindfäden die Hände gebunden z.B., um sie dann wieder zu lösen. Dazu fiel mir ein Lied von *Zarah Leander* ein: „Gebundene Hände, das ist das Ende jeder verliebten Passion". So schlecht war der Einfall zwar nicht, aber es stellte sich zu wenig ein (wenn man irgendwelche dicken oder dünnen Stricke nimmt und bindet), was wirklich im eigenen Herzen los ist. Es löste eher ein bisschen Lachen aus, Verlegenheit oder auch große Ängste. Manche Menschen können es überhaupt nicht vertragen, so festgebunden zu werden. Und wenn wir den Strick wegnehmen, dann soll da plötzlich so ein Gefühl von Gelöstsein entstehen? Das klappte alles überhaupt nicht. Dann haben wir gedacht, das machen wir statt mit Bindfäden mal – weil ich die Kurse doch immer mit einer ehemaligen Pflegedienstleiterin gebe – mit elastischen Binden und „Schwiegermüttern". *Wiebke Thomsen* hat dann gesagt: „Ich hab' die Sachen zwar mit, aber bitte tu mir einen Gefallen, lass dir noch etwas einfallen, was wir anders machen können. Es ist scheußlich mit diesen Dingern." Und dann war das wieder so: Es musste uns schnell etwas einfallen.

Auf einem Strandspaziergang in Schubystrand an der Ostsee ist mir dann *„Dornröschen"* eingefallen – und damit war es ganz einfach: Dornröschen wird ja erlöst nach einem langen Schlaf von hundert Jahren. Wir erinnerten uns also an das Märchen und seine einzelnen Motive in der Gruppe – und es gibt bestimmt immer eine darunter, die das Märchen komplett richtig erzählen kann.

Dann wählt sich jede Teilnehmerin, jeder Teilnehmer eine Rolle aus dem Hofstaat. Eine oder einer ist der Prinz. *Wiebke Thomsen*, meine Partnerin im Vermitteln der Kurse, wollte gleich – und das war ja auch richtig – der erlösende Prinz sein, damit die Teilnehmerinnen oder Teilnehmer die Chance haben, er-löst oder ge-löst zu werden. Sie bat sich nur aus, nicht alle küssen zu müssen. Es wurde ihr gewährt. Sie durfte also die Hand auflegen oder durch irgendein Zeichen aus der Erstarrung lösen.

Dann hat jeder seine Rolle gewählt. Und auf ein verabredetes Zeichen – nämlich zweimaliges In-die-Hände-Klatschen des später erlösenden Prinzen – erstarrte jeder in seiner Bewegung und verharrte in ihr. Ich kann Ihnen versichern – ich werde gleich erzählen, welche Rolle ich gespielt habe –, da geht einem so einiges durch den Kopf, was das nun mit dem eigenen Leben zu tun hat. Und dann hat dieser Prinz erlöst und gelöst – diejenige zuerst, von der er das Gefühl hatte: Das ist jetzt am dringendsten, das ist eine Haltung, da muss man schnell hinzuspringen und andere müssen warten. Das ging dann der Reihe nach und nicht etwa alle auf einmal, und jeder und jede wurde mit einer besonderen Geste gelöst. Und dann haben wir darüber geredet – über diese wirklich fundamentale Erfahrung.

Ich wollte gerne der Küchenjunge sein, der diese berühmte Ohrfeige kriegt für allerlei Unartigkeiten, hatte aber gleichzeitig die Phantasie: Ich kriege die Ohrfeige nicht – nicht im Himmel, wenn alle erlöst sind – wenn Sie verstehen, was ich damit meine. Und dann wurden Rollen verteilt, und es sah schlecht aus für mich: Niemand wollte der Koch sein. Aber die vorletzte wählte die Küchenmamsell, und ich konnte als letzter ihr Küchenjunge sein. Und dann hat sie mir gleich klargemacht, was zu tun ist, nämlich: Es sollten Königsberger Klopse gekocht werden, und ich sollte die Fleischbällchen herstellen. Sie wüsste ja, ich würde gerne naschen. Doch für diese Naschereien und heimlichen Stiebitzereien würde ich eine gelangt kriegen.

Zwischendrin beim Spielen kriegte ich schon mal einen kleinen Klaps, weil wir ja in unseren Rollen agierten. Und dann kam der Moment, wo ich richtig genussvoll – und, wie ich meinte, unbeobachtet und nicht mit dem Abklatschen des Prinzen rechnend – zugreifen wollte. Die Küchenmamsell hatte schon zu einem gewaltigen Schlag ausgeholt. Aber da kam das Händeklatschen und ich erstarrte in meiner Haltung. Da habe ich dann viel zu denken gehabt. Wir wurden erlöst – die Küchenmamsell vor mir und ich ziemlich spät – und die Ohrfeige blieb aus mit der Begründung: „Ich war erlöst, was sollte ich da noch eine Ohrfeige verteilen." Irgendwie war mein Traum in Erfüllung gegangen: Am Ende gibt es keine Strafe, sondern Barmherzigkeit.

Etwas kreativ erfinden, Menschen einen erfahrungsmäßigen Zugang erlauben: Was immer wir tun (und unser Thema heißt ja: „Welche Voraussetzungen in der Ausbildung und Zurüstung von Mitarbeiterinnen in der Hospizarbeit sind nötig?") – das Werkzeug sind wir selbst. Ein Tischler hat Handwerkszeug, und er muss, wenn er gut arbeiten will, dafür sorgen, dass das Handwerkszeug in Ordnung ist und vollständig beisammen. Und wir können nur an uns selbst arbeiten. Natürlich müssen wir die Einschränkung machen und sagen: Es handelt sich ganz besonders um eine Vorbereitung und Zurüstung von Ehrenamtlichen.

In der Hospizarbeit sind noch viele andere tätig: Pflegende, Ärzte, Psychologen, Kunsttherapeuten. Für sie bedeutet Zurüstung noch etwas ganz anderes, die Professionellen brauchen andere Kurse. Und trotzdem ist interessant: Der ganze Hausbetreuungsdienst z.B. des *Katharinenhospizes am Park* in Flensburg mit 40 Leuten ist vorbereitet und ausgebildet nach diesem Konzept. Und nun kommen immer mehr Altenpflegerinnen und sagen: Wir möchten auch an so einem Kurs teilnehmen. Und sogar die Profis aus den das Hospiz tragenden Krankenhäusern sagen: „Wir lernen etwas von euch auf diesem Weg."

Natürlich muss der Schmerztherapeut noch ein ganz anderes Handwerkszeug zur Verfügung haben. Und es gilt dann auch wieder umgekehrt: Während des Praktikums laden wir Gemeindeschwestern ein oder besuchen den Schmerztherapeuten und lassen uns erzählen, was die Profis hinzuzubringen haben in die Begleitung von Schwerkranken und Sterbenden. Da gibt es dann auch einen guten Austausch und ein Lernen voneinander.

Das ist eigentlich alles, was ich Ihnen zu sagen habe. Ich habe Ihnen einen kleinen Prospekt mitgebracht „Verlass mich nicht, wenn ich schwach werde". Er enthält die

Beschreibung dieses Projektes und die Möglichkeiten, sich als Leitungsteam anzumelden für Kurse an mehreren Orten in Deutschland.

Ein Prospekt „Nicht alleingelassen – Hospizdienst Schleswig" erzählt beispielhaft, was aus so einem Vorbereitungskurs für ein Leitungsteam vor Ort werden kann. In Schleswig haben wir jetzt 23 Helferinnen, 14 schon fertige und 9 noch im Praktikum befindliche. Es ist interessant: So häufig, wie wir gedacht haben, werden wir gar nicht gebraucht. Das ist für die Helfer natürlich enttäuschend, aber so schlimm nun auch wieder nicht. Denn im Praktikum entstehen Beziehungen: Menschen besuchen andere, begleiten sie ein Stück, und das Ganze ist dann ja ein Hinwandern zu dieser Stelle, wo einmal das Loslassen dran ist.

Wir sagen immer: Wir sind eben kein „last-minute-service", obwohl wir als Aufmerksamgewordene und Eingeübte bereit wären, auch erst ganz zum Schluss zu kommen. Wenn eine Familie sagt: „Wir können nicht mehr", springen wir ein.
Es ergibt sich jetzt wohl das erste Mal mit unserer Gemeindeschwesternstation, dass die Schwerkranke zu Hause bleiben kann: Die Gemeindeschwestern kommen, aber zu bestimmten Zeiten kommt jemand aus unserem Hospiz-Hausbetreuungsdienst hinzu, entlastet Angehörige und ist einfach da. Die Ehrenamtlichen sollen ja keine pflegerischen Verrichtungen vornehmen, sondern einfach Griffe der häuslichen Krankenpflege wenigstens mal gemacht haben, damit man sich beim Umbetten nicht gleich als erstes verhebt oder irgendetwas falsch anpackt. Aber darüber hinaus muss man in keinem pflegerischen Beruf tätig gewesen sein, obwohl viele unserer Ehrenamtlichen sagen (das sind übrigens meist Frauen, aber auch einige Männer), dass sie nun motiviert wären, einen Kurs in häuslicher Krankenpflege zu besuchen.

Unser erster Mann im Kurs ist uns unvergesslich, weil er kurz vor Ende des Kurses sagte: „Ich bin krebskrank. Und die Ärzte haben mir gesagt: Ich habe nicht mehr lange zu leben." Er ist gestorben in dieser Zeit des Beisammenseins der Gruppe. Und das Buch hat zu Hause immer auf dem Tisch gelegen und war Anstoß zur Kommunikation zwischen ihm und seiner Frau. Darüber waren wir gerührt und dankbar, dass das Buch auf einmal so eine Bedeutung bekommen hat. Dafür war es nie gedacht. Es hilft aber manchmal, Worte zu finden für das, was ich nicht sagen kann. Das tut wohl ganz gut.

Und dann haben wir gedacht: Wir müssen nicht traurig sein, wenn wir nun nicht gleich in vielfältiger Weise angefordert werden, sondern wir stellen z.B. fest, dass es in unserer Stadt Schleswig noch sehr viel funktionierende Familienhilfe gibt, sehr viel funktionierende Nachbarschaft, und es ist anders als in den großen Städten. So warten wir, dass wir gebraucht werden. Wir haben in unserem Prospekt geschrieben: „Wir kommen, wenn wir gerufen werden."

So viel von mir, und vielleicht können wir anderes, was Ihnen nun noch fehlt, im Gespräch nachtragen. Vielen Dank fürs Zuhören.

Gemeinsam unterwegs – zur Didaktik der Palliative Care-Kurse

Artikel für die Hospiz-Zeitschrift 2010 (bisher unveröffentlicht)

Seit 1987 bin ich in der Hospizarbeit tätig. Ich gehöre nicht zur Gründergeneration, war aber einer ihrer ersten „Fans“ und habe von Anfang an versucht, Adressen und Informationen so weiterzugeben, dass ein verlässliches Netzwerk hospizlicher Kultur und Gestaltung entstehen konnte – auch als es z.B. die „Hospiz-Zeitschrift“ noch gar nicht gab.

Bereits 1992 habe ich in der Zeitschrift „Diakonie“ (Heft 4, Juli/August 1992) den Versuch unternommen, die mir bis dahin bekannten Aus-, Fort- und Weiterbildungsmodelle in der Hospizarbeit zu beschreiben. Ich habe damals hervorgehoben: *Bei der Beurteilung der verschiedenen Weiterbildungsmodelle für die Hospizarbeit ist wichtig zu wissen, ob ein Arzt, eine Krankenschwester, ein Sozialpädagoge, eine Psychologin oder ein Seelsorger den jeweiligen Grundtenor eines Weiterbildungsmodells bestimmt. Je nachdem ergeben sich ganz verschiedene Zugänge, Schwerpunkte und Defizite.*

Die Erfahrung hat freilich gezeigt, daß erst eine gleichmäßige Berücksichtigung aller Aspekte den ganzheitlichen Charakter der Begleitung sicherstellt, der für die Hospizarbeit so typisch ist. Es ist großartig zu sehen, wie interdisziplinäre Zusammenarbeit in einem Team von hauptberuflichen Mitarbeiterinnen und Mitarbeitern und ehrenamtlichen Helferinnen und Helfern zum Wohle der ihnen anvertrauten Patienten gelingt.

Deutlich ist auch, daß am Ende einer langen Begleitung eines Schwerkranken und Sterbenden alle berufliche Routine und gelernte Profession aufhört, weil in der Beziehung mitmenschliche Nähe gefragt ist, die offen ist für das Transzendente, das uns in Sterben und Tod gemeinsam begegnet. Für alle Beteiligten geht es um die letzte Möglichkeit menschlicher Reifung und nicht um einen „orthothanatologisch gesicherten Abgang“, wie Reimer Gronemeyer spöttisch vermutet hat.

Deshalb ist es so wichtig, auf die „Entprofessionalisierung“ der Sterbebegleitung zu achten und durch die Zulassung freiwilliger Helferinnen und Helfer zu lernen, dass in erster Linie Mitmenschlichkeit, einfühlsame Nähe und liebevolle Geduld gefragt sind, wenn es darum geht, einen Menschen auf dem letzten Stück seines Lebensweges zu begleiten. Das schließt nicht aus, daß alle Helferinnen und Helfer, die hauptberuflichen wie die ehrenamtlichen, sorgfältig ausgebildet werden und fortlaufende Supervision erhalten. Aber „leisten“ und „bezahlen“ läßt sich das im Grunde nicht, was angesichts des Sterbens von uns gefordert ist.

Wir können es freiwillig geben als Berufstätige und Ehrenamtliche auf der Grundlage menschlicher Qualitäten, die wir einem Größeren verdanken. Unser „Lohn“ wird der innere Gewinn sein, den wir aus einer so elementaren menschlichen Begegnung im Angesicht des Todes, selber herausgefordert zu Glaube, Hoffnung und Liebe, ziehen.

Es ist erstaunlich, wie sehr die Grundproblematik in all den Jahren die gleiche geblieben ist. Die Herausforderung zur „Entprofessionalisierung“ und Entwicklung von Mitmenschlichkeit ist angesichts der verbesserten Rahmenbedingungen durch Gesetzgebung und Regelfinanzierung sowie durch den vermehrten Einsatz der Hauptamtlichen eher größer geworden. Mit mir langjährig in der Hospizarbeit Engagierte haben es deshalb für nötig befunden, fünf Bausteine für die Fortentwicklung der Hospizarbeit[116] zu formulieren. Im Baustein 2, die „Hospizbildung“ betreffend, heißt es u.a.: *„Hospiz“ heißt auch, die Kultur eines gemeinschaftlichen Lebens (hospes = Herberge/ Gastruhestätte auf dem Weg) wertzuschätzen, zu achten und in den persönlichen Beziehungen und Begegnungen zu pflegen. Dieses wird wieder neu zu reflektieren sein. ...*

Die Kultur des gemeinschaftlichen Lebens drückt sich ... auch dort in den Bildungsstrukturen aus, wo „Hospiz-Bildung“, (Fort- und Weiter-)Bildung des Einzelnen aber auch (Aus-)Bildung von Strukturen und (Bildungs-)Kultur in den Hospizeinrichtungen durch die Weitergabe von „Hospiz-Werten“ in „lernenden Gemeinschaften“ geschieht. Das Modell der „lernenden Gemeinschaft“ entlehnt sein Verständnis gerade der Situation von Begleitung Schwerst- und Sterbenskranker selber. So wie hier die Menschen lernend gemeinschaftlich auf ihrem Wege sind, sollte auch Bildungskultur einerseits und Leitungskultur andererseits orientiert sein. Integration kann nur so geschehen. ...

Die Bewährung der Hospizwerte ist ... zunehmend eine Aufgabe und Anfrage für die einrichtungsinterne Kultur in den Hospizeinrichtungen selbst ... Auch hier kommt die dialogisch-gemeinschaftliche Kultur zuerst; sie darf nicht zur Leistungskultur verkommen, abgerechnet und abgefertigt. Integration des Lebens wird benötigt; eine Totalversorgung brauchen wir nicht. Nur ein integrativer Ansatz, eine Gleichstellung von sozialem Engagement (EA) und somatischer Versorgung (Medizin und Pflege) garantiert auf Dauer die Möglichkeit des selbstbestimmten Sterbens in Würde. ...

Worauf müssen wir zuerst achten, wenn wir Kurse in Palliative Care geben? Die geschriebenen Curricula – so wichtig sie auch sind – tun’s freilich nicht. Es tritt ein didaktisches Konzept und eine didaktische Grundhaltung hinzu, die den gemeinsamen Lern- und Erfahrungsweg der Sterbenden und der sie Begleitenden widerspiegelt.

Wir nehmen uns ausreichend Zeit und planen die Zeitstruktur so, das Pausen und Tagesrhythmus angemessen berücksichtigt werden. Dazu gehört auch das Übernachten am Ausbildungsort. Wer gehetzt ankommt und später gleich wieder weg muss, hat von der Konzentration auf ein mitmenschliches Geschehen nicht viel verstanden und lässt sich die Tagesordnung von ganz anderen Kräften diktieren.

[116] Bödiker/Godzik/Herrlein/Overkämping/Prönneke/Roß/Schmelter/Timmermanns, 5 Bausteine für die Fortentwicklung von „Hospiz“ heute – ein Anstoß, in: Die Hospiz-Zeitschrift 11 (2009), Ausgabe 41, Seite 18-22.

Wir nehmen einander sehr sorgfältig als Lern- und Erfahrungsgruppe auf Zeit wahr. Wir machen auch die Erfahrung, dass die beiden Leitungspersonen (am besten ein Mann und eine Frau) beständig anwesend sind und besonders auf den Gruppenprozess und das gemeinsame Lernen achten.

Wir begrüßen durchaus die wichtigen und kompetenten Impulse, die von Referierenden ausgehen, die während der Kurswochen zur Lerngemeinschaft hinzutreten. Es sollten aber nicht mehr als zwei pro Woche sein, um die Aufmerksamkeit der Lernenden nicht ständig auf wechselnde Personen zu lenken. Auch in der Sterbebegleitung bewährt sich die Beschränkung auf Wenige, die ihre Zeit gern und verlässlich schenken.

Bei der Themenauswahl gehen wir ressourcen- und prozessorientiert vor. Jede Lerngruppe kann schon eine Menge, verfügt über eigene Erfahrungen und Kompetenzen, ist bereit, sie mit den anderen zu teilen. Neben dem persönlichen Kennenlernen geht es um Abklärung von Motivation und Zielsetzung. Das alles wird mit der Methode „wertschätzender Erkundung" (AI) in Szene gesetzt. Die Beschäftigung mit der Geschichte der Hospizbewegung vermittelt Werte und Haltungen, nicht Bewunderung und Stolz; sie will nicht beeindrucken, sondern Zuversicht schenken und „diakonische Aufmerksamkeit" fördern.

Je nachdem, an welche Berufsgruppe sich die Palliative Care-Zusatzausbildung richtet, haben nun kurze Beschreibungen von Berufserfahrungen und die jeweilige „Berufsethik" ihren Platz. Nur wer sich geachtet und wertgeschätzt fühlen kann in dem, was er bisher gelernt und betrieben hat, ist auch bereit, sich auf weitere gemeinsame Lernschritte einzulassen. In weiterführenden Kursen ist durchaus darauf zu achten, dass auch schon die Lerngruppe multiprofessionell zusammengesetzt ist und wirklich gemeinsame Lernerfahrungen im vorweg erlebten Team ermöglichen. Grundkurse tun gut daran, die einzelnen Berufsbereiche zunächst je für sich zu behandeln.

Vor aller Beschäftigung mit weiterführenden Themen gehören das Einüben von kollegialer Beratung und das aufmerksame Wahrnehmen von Care-Ethik. Theoretische Inputs (didaktisch gut aufgearbeitet und materiell hervorragend präsentiert) und praktische Übungen (präzise angeleitet und eigene Kompetenzen fördernd) wechseln einander sinnvoll ab.

Bei den nun folgenden thematischen Einheiten wird darauf geachtet, dass die Themen nicht willkürlich oder beliebig aneinandergereiht werden, sondern selber so etwas wie einen „roten Faden" in das innere des Labyrinths der wesentlichen Begegnung darstellen.

„Lebensqualität" nach erlittener Diagnose über eine Leben verkürzende Krankheit mag im Vordergrund stehen. Dabei muss aber darauf geachtet werden, dass die Inhalte der Hoffnungen und Erwartungen sich unterwegs wandeln. Es geht ja wirklich um „Leben bis zuletzt", aber um qualifiziertes, d.h. auf Beziehung und Wandlung ausgerichtetes Leben, und nicht um ein Festhalten von irgendeinem *status quo* um jeden

Preis. (Auch geht es nicht um das Vorführen von wissenschaftlichen Erhebungsmethoden. Die verstehen sich von selbst und sind nicht Gegenstand von Palliative Care-Kursen.)

In den Kursen für die psychosozialen Berufsgruppen kommen selbstverständlich Basisinformationen und -übungen aus dem Bereich von Pflege und Medizin vor – sie dienen aber nicht der fortwährenden Beeindruckung über die Kompetenzen der anderen Professionen um den Preis der Vernachlässigung der eigenen Berufsrolle. Interdisziplinarität und Multiprofessionalität kennt und achtet die jeweils andere Rolle, beschäftigt sich aber mit der eigenen, stärkt und fördert sie, damit Gleichberechtigte und Gleichbefähigte später miteinander ein Team bilden können.

In den Kursen für medizinische und pflegerische Berufsgruppen müssen besonders die Kompetenzen der psychosozialen Berufsgruppen und der Ehrenamtlichen ihren angemessenen Platz bekommen. Gerade im Beziehungsfeld aller Beteiligten in einem gut funktionierenden Palliative Care-Team ist darauf zu achten, dass die gesetzlichen Vorgaben (nur Medizin, Pflege und Koordination werden vergütet) nicht unter der Hand zum Leitbild bei Fortbildungskursen werden. Das Unter-sich-Bleiben der beati possidentes ist noch kein Ausweis von Hospizkultur!

Ich verzichte hier darauf, die Themenfelder im Einzelnen zu benennen, die mir besonders im Blick auf die psychosozialen Berufsgruppen und die Seelsorgenden einleuchten. Klar muss sein, dass neben den Patienten auch die Angehörigen und Zugehörigen sowie das Umfeld in den Blick zu nehmen sind. Die Vielfalt der Verstehensmöglichkeiten und der Handlungsoptionen bzw. Nichthandlungsoptionen sollte gesehen und eingeübt werden.

Der „Schlusssatz“ der „Bildungssinfonie“ Palliative Care („look, listen, care“) gehört den Bildern und Erfahrungen des Todes. Auch in den Fortbildungskursen sollte nicht „weggeschminkt“ werden, worauf es am Ende hinausläuft: möglichst echt und realistisch, nicht übertrieben und spektakulär (die „Psychosozialen“ möchten z.B. nicht immer erst dann gerufen werden, wenn die anderen nicht mehr wollen oder können, weil es so dramatisch geworden ist), immer voller Achtung und Respekt und mit einem hoffentlich zunehmenden Gefühl für die besondere Würde des letzten Augenblicks, der von Stille und Nichtstun geprägt ist, von Hinschauen und Vertrauen: „Da ist ja doch mehr, als ich je gesehen und verstanden habe.“ Es gibt eine Kraft über den Tod hinaus.

Am Ende des Kurses wünsche ich mir ein Lachen oder zumindest ein Lächeln, das von Herzen kommt; Freundschaft, Zutrauen untereinander, auch so etwas wie Ehrerbietung gegenüber den Lehrenden, die gewiss ihr Bestes gegeben haben. Ja, es muss auch Rückmeldungen geben und Zertifikate. Aber mit welcher Haltung ein Kurs angegangen, gestaltet, durchgehalten und abgeschlossen wird, ist entscheidend. Das steht in keinem Curriculum, es kann nicht so einfach angestrebt werden. Wenn es gelingt, ist es immer ein Geschenk – wie im richtigen Leben und Sterben.

Einführungen in die didaktischen Schritte des Trauerhandbuchs „Sei nahe in schweren Zeiten“

Aus: Peter Godzik (Hg.), „Sei nahe in schweren Zeiten“. Handreichung zur Vorbereitung von Haupt- und Ehrenamtlichen in der Trauerbegleitung, Rendsburg: DW-SH 2009 (dort auch die hier fehlenden Anmerkungen).[117]

Vorwort

Das Celler Modell „Verlass mich nicht, wenn ich schwach werde“ hat sich – auch in seiner überarbeiteten Fassung „Sterbende begleiten lernen“ – als Curriculum für die Vorbereitung Ehrenamtlicher auf die Aufgabe der Sterbebegleitung vielfach bewährt und wird besonders von den Hospizgruppen in Deutschland gern eingesetzt.

Zur Hospizarbeit gehört aber auch die Begleitung trauernder Angehöriger als konstitutiver Bestandteil. In Zeiten, in denen besonders das Engagement der Hauptamtlichen im Bereich von Hospizarbeit, Palliativmedizin und Palliativpflege rasant zunimmt, wird es immer wichtiger, den Einsatz der Ehrenamtlichen verantwortlich zu planen. Sie entdecken zunehmend, dass Trauerbegleitung eine ihrer wichtigsten Aufgaben und Herausforderungen sein könnte.

Veröffentlichte Leitfäden zur Vorbereitung Haupt- und Ehrenamtlicher auf die Trauerbegleitung gibt es mehrere. Insofern ist es riskant, gerade in diesem Bereich ein neues Curriculum vorzulegen. Was aber immer wieder vermisst wird, ist der innere Zusammenhang von Sterbebegleitung und Trauerbegleitung, der sich auch in der Struktur und Benennung der Vorbereitungsschritte im Kurs für Trauerbegleiter ausdrückt.

Wir unternehmen nun mit dieser Handreichung zur Trauerbegleitung den Versuch, bekannte Texte und Hinweise aus der Trauerliteratur auf das Celler Modell für die Sterbebegleitung so zu beziehen, dass eine Verwandtschaft der beiden Curricula sichtbar wird.

Der Grundgedanke ist folgender: In der *Sterbebegleitung* geht es darum, aus dem Aktiv ins Passiv zu kommen, neben aktiven Fähigkeiten (im Grundkurs) auch eine eher passive Grundhaltung (im Vertiefungskurs) einzuüben, die es den Begleiterinnen und Begleitern ermöglicht, auf die Sterbenden hilfreich und unterstützend einzugehen.

[117] Einführungskurse für Leitungsteams aus Hospizdiensten und Besuchsdiensten der Kirchengemeinden zu diesem Trauerhandbuch bieten an: Bundesakademie für Kirche und Diakonie in Berlin, Bundes-Hospiz-Akademie in Wuppertal, Diakonisches Werk Schleswig-Holstein in Rendsburg, Diakonisches Werk Mecklenburg-Vorpommern in Schwerin. Bitte, jeweils dort die aktuellen Kursangebote nachfragen.

Bei der *Trauerbegleitung* geht es nun umgekehrt darum, zunächst einmal stellvertretend für die Trauernden aus dem Passiv des Betroffenseins in das Aktiv des Trauerausdrucks (Grundkurs) zu gelangen und dann an sich selber die Erfahrung des Angenommenseins zu machen (Vertiefungskurs), um beides als Begleitende den Trauernden zueignen zu können.

Beide Male führt der Weg vom Aktiv (im Grundkurs) zum Passiv (im Vertiefungskurs), also von der Fähigkeit zur Haltung, aber die Durchgänge sind jeweils reziprok aufeinander bezogen: Der Grundkurs in der Sterbebegleitung wird Vertiefungskurs in der Trauerbegleitung, der Vertiefungskurs in der Sterbebegleitung Grundkurs in der Trauerbegleitung. Aktiv und Passiv wechseln einander ab und ergänzen sich gegenseitig. Das mag zunächst etwas willkürlich und gekünstelt erscheinen, bewährt sich aber in der Praxis der Kurse als einleuchtender roter Faden:

- Trauer klagt, fragt, bedenkt, erkennt, löst, dankt, segnet und gibt.
- Trauerbegleitung vermittelt die Erfahrung von wahrgenommen, begleitet, gehört, verstanden, weitergegangen, geblieben, losgelassen und aufgestanden.

Diese reziproke Verschränkung der Schritte aus dem Kurs für Sterbebegleitung und dem Kurs für Trauerbegleitung soll darüber hinaus helfen, die Verbindung der Themen zu erkennen und in der Gestaltung der jeweiligen Kurse voneinander zu lernen bzw. aufeinander aufzubauen, was als Handlungs- und Beschäftigungsimpuls jeweils mitgegeben wird. Wer mit dem Celler Modell vertraut ist, wird aus den dort beschriebenen didaktischen Vorschlägen für die Gestaltung der einzelnen Schritte auch Hilfen zur Gestaltung von Trauerkursen an zweimal acht Abenden mit der Grundstruktur „Ein-Blick in die Gruppe“, „Meditation“ und „Informationen und Anschauungsmaterial zum Thema“ ableiten können.

Die in dieser Handreichung bereits erwähnten Abläufe können dabei als erste Orientierung dienen.

Grundkurs[118]

Sich einfühlen in den Weg der Trauernden – Betroffenheit in Tun verwandeln:

- rufen
- fragen
- bedenken

[118] Der Grundkurs wird demnächst als Buch erscheinen: Peter Godzik (Hg.), Der eigenen Trauer begegnen, Rosengarten: Steinmann 2011.

- erkennen
- lösen
- danken
- segnen
- geben

Den Verlust eines geliebten Menschen erleben Trauernde wie einen Schicksalsschlag – sie können sich nicht wehren, es kommt über sie, sie sind dem Geschehen zunächst vollkommen passiv ausgeliefert. Aber jede Betroffenheit drängt zu Ausdruck und Handeln – wir können nicht einfach nur noch stumm und still dasitzen. Täten wir es, wie es z.B. von König David in seiner schweren Trauer berichtet wird, dann würden wir dem Verlorenen hinterher sterben. Aber der Lebensimpuls in uns sorgt dafür, dass wir atmen, dass wir wachen und schlafen, dass wir essen und trinken, dass wir schweigen und reden, dass wir aufstehen und gehen. Es dauert manchmal lange, bis sich der erste Impuls zum Handeln aus der Lähmung löst. Aber dann spüren wir, wie das Leben in uns sich wieder regt, wir genötigt sind, etwas zu tun.

Der Grundkurs nimmt uns zunächst in die tiefe Betroffenheit der Trauernden hinein und möchte uns erinnern an das, was wir in ähnlichen Situationen als Erstes getan haben, wie die weiteren Wegstationen hießen und wohin sich allmählich der Weg entwickelte.

Es kann sein, dass wir auf manchen Wegstrecken nur langsam vorankamen und an manchen Raststationen lange verweilten und auch Schritte wieder zurückgehen mussten, um mit neuem Schwung und neuen Kräften einen neuen Anlauf zu unternehmen. Der Trauerweg wird nie leicht, schnell und einfach beschritten. Es gibt immer schwierige Wegstrecken, Rückschläge, Hemmnisse, neue Aufbrüche. Aber nach angemessener Zeit – Zeit, die wir für uns selbst und unsere Trauerarbeit brauchen – kann es sein, dass wir wieder danken, segnen und geben können.

Dieses Tun erinnert uns zugleich an Schritte der Krisenintervention, in denen es darum geht, zu begreifen, was eigentlich geschehen ist, und das Geschehene in neue Aktivität zu verwandeln. „Umdeuten", „rationalisieren", „hinwenden zu anderen" – so heißen die Schritte in Krisenintervention, Seelsorge und Psychotherapie. Sie wollen anknüpfen an die verbliebenen Ressourcen der Ratsuchenden, ihre Bilder, Hoffnungen und Befürchtungen aufnehmen und ihre Klage auf diese Weise „in einen Reigen verwandeln". Klagen und Trauern heißt Stehenbleiben im Leben – getröstet und geheilt werden wir durch Gehen und Bewegen. Am Ende können wir vielleicht wieder tanzen. Unsere Schritte auf dem Weg und in der Bewegung folgen dabei im Abmessen und Wiegen dem eigenen Rhythmus.

Die Schrittfolgen, die wir im Grundkurs vorschlagen, haben sich bewährt, gegangen werden müssen sie auf eigenen Füßen im eigenen Schritttempo. Dabei sind wir nicht allein, sondern gehalten und getragen von einer Gruppe. Wir gehen Lebenswege gemeinsam, wir sind miteinander verbunden in menschlicher Solidarität: in der Gruppe mit gleichen oder ähnlichen Erfahrungen und mit der Verabredung, uns miteinander auf den Weg zu machen und dabei voneinander zu lernen.

1. rufen/klagen

> *Mein Gott, mein Gott, warum hast du mich verlassen?*
> *Ich schreie, aber meine Hilfe ist ferne.*
> Psalm 22,2; Matthäus 27,46

Unter dem Kreuz Christi geschieht etwas Bedeutsames: Der Schrei des Sterbenden wird zur Klage der Trauernden. Der Tote kann nicht mehr rufen, aber die Trauernde schreit ihre Klage hinaus. Tief innen tut es weh, den geliebten Menschen hergeben zu müssen. Im Rufen und Klagen beginnt die Auseinandersetzung mit dem Sterbegeschick des Menschen.

Die Totenklage richtet sich gegen Gott, sie bittet ihn aber auch um Hilfe. Manchmal braucht es eine beängstigend lange Zeit, bis ein Trauernder sich aus seiner Erstarrung lösen kann und zu klagen beginnt. Es ist der erste Schritt zur Heilung der erlittenen Wunde. Das Klagen, Rufen und Schreien ergreift andere und bewegt sie zum Wahrnehmen und Zuhören, zum Aushalten und Beistehen.

Dem Trauernden kann sein Weg durch Schmerz und stürmische Gefühle nicht abgenommen werden, aber die Nahestehenden können Beistand leisten, Interesse zeigen, Schutzräume bieten. Im Mitgehen des schmerzvollen Klage- und Trauerweges löst sich die Erstarrung und macht neuen Lebensimpulsen Platz.

Manchmal ist es nötig, die festsitzenden Gefühle durch „geliehene“ und „angeeignete“ Ausdrucksformen anderer zum Fließen zu bringen. Die Musik ist dafür ein wunderbares Medium – die klassische Musik vor allem, aber auch viele andere Stilrichtungen, Kirchenlieder, Taizé-Lieder und Volkslieder. Die Trauernden werden die ihnen gemäße Weise jeweils selbst entdecken.

2. fragen

> *Ich sage zu Gott, meinem Fels:*
> *Warum hast du mich vergessen?*
> *Warum muss ich so traurig gehen,*
> *wenn mein Feind mich dränget?*
> Psalm 42,10

> *Warum gibt Gott das Licht dem Mühseligen*
> *und das Leben den betrübten Herzen?*
> Hiob 3,20

Nach dem Klagen kommt das Fragen: Warum gerade ich? Trauernde brauchen sehr viel Zeit, um Antworten auf all die aufbrechenden Fragen zu finden. Diese lauten sehr häufig:

- Welchen Sinn hat mein Leiden?
- Warum trifft es gerade mich?
- Was soll ich als Hinterbliebener noch auf dieser Welt?
- Welchen Sinn hat jetzt mein Leben?
- Gibt es überhaupt einen Gott, wie kann er so etwas zulassen?
- Gibt es ein Jenseits, wie sieht es dort aus?

Die vorläufig gefundenen Antworten werden immer wieder hinterfragt. Es hat den Anschein, als stünden gar nicht so sehr die möglichen Antworten im Vordergrund, sondern das beständige Fragen. Aus dem Erproben der unterschiedlichen Antworten kristallisiert sich am Ende eine neue Identität heraus. Ich lebe meine Fragen, um meine eigene Antwort zu finden und darin neu zu werden.

3. bedenken

> *Lehre uns bedenken, dass wir sterben müssen,*
> *auf dass wir klug werden.*
> Psalm 90,12
>
> *Siehe, um Trost war mir sehr bange.*
> *Du aber hast dich meiner Seele herzlich angenommen.*
> Jesaja 38,17

Die vielen verschiedenen Antworten auf die dringenden Fragen, die Trauernde stellen, wollen sorgfältig bedacht sein. Im Bedenken des eigenen Lebensschicksals stellen sich oft Zweifel und Schuldgefühle ein, bis Trauernde endlich annehmen können, dass in all dem scheinbar sinnlosen Geschehen ein Sinn sich zeigt, Liebe auch weiterhin möglich ist.

Wer Trauernden nahe sein will, sollte auch solches Bedenken kennen, das sowohl „bedenkenswert“ als auch „bedenklich“ ist. Es gibt nämlich „Ratschläge“ und „Gewissensbisse“, die in tiefe Abgründe führen und für Trauernde wenig hilfreich sind.

Wir müssen uns klarmachen, dass unser Trösten oft vordergründig ist und in die Irre führen kann. Die Trauernden werden in ihrer existentiellen Betroffenheit auf diese Weise gar nicht erreicht. Deshalb ist es wichtig, mit ihnen gemeinsam den Trauerweg durch alle Windungen und Abgründe zu gehen und menschliche Solidarität und Verstehen auch dort zu zeigen, wo es schwer fällt.

Dann mag am Ende eines langen und komplizierten Weges sich etwas wandeln, Licht am Ende des Tunnels sichtbar werden und Liebe und Trost die Oberhand gewinnen. Ob wir mit Beispielen „gelungener Trauerarbeit“ anderen beistehen können, muss offen bleiben.

4. erkennen

> *Wir sehen jetzt durch einen Spiegel ein dunkles Bild;*
> *dann aber von Angesicht zu Angesicht.*
> *Jetzt erkennen wir stückweise;*
> *dann aber werde ich erkennen,*
> *wie ich erkannt bin.*
> 1. Korinther 13,12

Nach allem Klagen, Fragen und Bedenken mag sich ein Erkennen einstellen, das den Sinn hinter allem vermeintlichen Unsinn entdeckt. Dabei wird deutlich, dass der Sinn nicht einfach gegeben ist, sondern „verliehen", „eingehaucht" wird wie Leben. Es geht also um ein Be-sinnen.

Im Hebräischen bedeutet „erkennen" zugleich „lieben" und erinnert uns daran, dass wir aufgefordert sind, das Beste aus einem Menschen, einer Situation „herauszulieben" und darin uns selbst und das Wichtigste im Leben zu entdecken. „Erkenntnis" in diesem Sinne ist eine schöpferische, lebensbejahende Aufgabe.

Trauerarbeit findet ihr vorläufiges Ende, wenn einem Trauernden diese Erkenntnis aufgeht: dass alles in diesem Leben einen Sinn hat, einen ganz besonderen Sinn. Er könnte heißen: Leben kommt aus dem Grund der Liebe – Leben geht in den Grund der Liebe. Darin ist alles aufgehoben – auch das, wovon ich Abschied nehmen musste. Lebende und Tote sind geborgen in der grundlosen Liebe und Barmherzigkeit Gottes.

5. lösen

> *Sammle meine Tränen in deinen Krug;*
> *ohne Zweifel, du zählst sie.*
> Psalm 56,9
>
> *Die Tränen rannen herab,*
> *und ich ließ sie so ungehindert fließen,*
> *wie sie wollten,*
> *und machte aus ihnen*
> *ein Ruhekissen für mein Herz.*
> *Auf ihnen ruhte es.*
> Augustinus

Tiefe Trauer bedeutet zunächst: Mir wird etwas Geliebtes genommen und es tut sehr weh. Die Arbeit der Trauer besteht nun darin, aus dem Passiv ins Aktiv zu kommen:

- die Erstarrung zu überwinden,
- die Tränen fließen zu lassen;
- nicht nur gelöst zu werden, sondern selber zu lösen;
- nicht nur zu Wegen gezwungen zu werden, sondern sie selber im eigenen Rhythmus zu gehen;
- nicht nur gelebt zu werden – irgendwie, sondern selber zu leben – bewusst und gestaltet.

Dabei sind die Tränen symbolisch bedeutsam: sie lösen sich, sie werden geweint, wir können aus ihnen etwas machen. Wenn aller Schmerz herausgeflossen ist, kann wieder Ruhe einkehren – und mit der Ruhe: einfaches und elementares Leben. Der Trauernde wird wie ein neugeborenes Kind: aus dem Wasser der Tränen wird von neuem geboren, was leben und da sein will.

„Gib mir die Gabe der Tränen, denn wie könnte ich reden, wie könnte ich verstehen, wenn ich vergessen habe, wie man weint. Weinen als fließender Ausdruck des Schmerzes und als heilsame Verflüssigung wiederkehrender Freude. Tränen sind eine Form leiblich gestalteter Trauer und Freude“ (Hilda-Maria Lander).

Ulrich Schaffer schreibt: „Wir sind alle Zauberkünstler. Es ist in uns gelegt, die Welt um uns zu verwandeln. Nicht das, *was* wir sehen, sondern *wie* wir es sehen, bestimmt, was wir fühlen. Der Schlüssel liegt in uns.“

6. danken

> *Die mit Tränen säen, werden mit Freuden ernten.*
> *Sie gehen hin und weinen und streuen ihren Samen*
> *und kommen mit Freuden und bringen ihre Garben.*
> Psalm 126,5-6
> *Danket dem HERRN;*
> *denn er ist freundlich,*
> *und seine Güte währet ewiglich.*
> Psalm 107,1

Das große Danklied der Erlösten in Psalm 107 macht deutlich, dass Dankbarkeit aus vielen schwierigen Situationen erwachsen kann, in denen Menschen Schutz und Hilfe erfahren – nicht nur aus überstandener Trauer.

„Danket dem HERRN; denn er ist freundlich, und seine Güte währet ewiglich“ – so sollen sagen, schlägt der Psalmist vor,

- die erlöst sind durch den HERRN, die er aus der Not erlöst hat, die er aus den Ländern zusammengebracht hat von Osten und Westen, von Norden und Süden;
- die irregingen in der Wüste, auf ungebahntem Wege, und fanden keine Stadt, in der sie wohnen konnten, die hungrig und durstig waren und deren Seele verschmachtete;
- die da sitzen mussten in Finsternis und Dunkel, gefangen in Zwang und Eisen, weil sie Gottes Geboten ungehorsam waren und den Ratschluss des Höchsten verachtet hatten, so dass er ihr Herz durch Unglück beugte und sie dalagen und ihnen niemand half;
- die Toren, die geplagt waren um ihrer Übertretung und um ihrer Sünde willen, dass ihnen ekelte vor aller Speise und sie todkrank wurden;

- die mit Schiffen auf dem Meere fuhren und trieben ihren Handel auf großen Wassern, die des HERRN Werke erfahren haben und seine Wunder auf dem Meer, wenn er sprach und einen Sturmwind erregte, der die Wellen erhob, und sie gen Himmel fuhren und in den Abgrund sanken, dass ihre Seele vor Angst verzagte, dass sie taumelten und wankten wie ein Trunkener und wussten keinen Rat mehr.

Und er fügt jeder dieser existentiellen Herausforderungen eine Beschreibung der vielfältigen Hilfen Gottes hinzu, die deutlich macht, dass Dankbarkeit aus tiefer eigener Erfahrung spricht.

Manchmal dauert es sehr lange, bis Trauernde auf ihrem Weg zu dieser Haltung und Einsicht kommen. „Wer weiß, wozu das alles gut ist", hören sie schon vorher manchmal und können doch noch gar nicht einwilligen. Aber am Ende löst sich ein Dank von ihren Lippen, der alles, was war, dankbar einbezieht.

7. segnen

Ich will dich segnen, und du sollst ein Segen sein.
1. Mose 12,2

Hilf mir und segne meinen Geist
mit Segen, der vom Himmel fleußt,
dass ich dir stetig blühe;
gib, dass der Sommer deiner Gnad
in meiner Seele früh und spat
viel Glaubensfrüchte ziehe.
Paul Gerhardt

Segen *empfangen* wir in dem, was uns geschieht – Segen *geben* wir aber auch weiter in dem, was wir gestalten.

Es mag ein überraschender Gedanke sein, dass Sterbende und Trauernde als passiv Leidende nicht nur Segen empfangen, sondern Segen auch weitergeben. Aus passiv Betroffenen werden aktiv Gestaltende, die anderen ihre Lebenserfahrung vermitteln und sie auf diese Weise weiterbringen. Segnen wird als eine Aufgabe entdeckt, die Leben verändert – eigenes und fremdes.

Alfons Rosenberg schreibt dazu: „Durch segnende Menschen, die empfangenen Segen weitergeben, besteht die Welt; denn durch sie wird sie mit Lebens- und Friedenskräften durchwirkt. Denn Segen bedeutet nicht nur, allem Lebendigen mit Wohlwollen zu begegnen, sondern darüber hinaus, in der Kraft der Liebe, die die Sonne und die Sterne bewegt, und in der Kraft des empfangenen Geistes den Werken Satans entgegenzuwirken." Er nennt (mit Erich Schick) drei Dimensionen des Segnens (den segnenden Blick, die segnende Hand, das segnende Wort) und fügt eine vierte hinzu: die segnende Tat.

Hilda-Maria Lander und Maria-Regina Zohner beziehen diese Erkenntnis so auf die Trauer und die Trauernden: „Trauer ist die Antwort auf Verlust-Situationen, Trauer ist aber auch der Weg, Abschiede *umzuwandeln*, neuen Lebenssinn zu entwerfen. Hoffnung wird zur Spur neuer Kräfte. Das Zeitliche segnen – davon sind unsere Großeltern noch ausgegangen. Erst spät hat sich uns die tiefere Sicht erschlossen. Nicht schnell und widerborstig Unvermeidbares hinter sich bringen (lassen), sondern die eigene Geschichte verabschieden, den Segen, der uns zur Verfügung steht, anderen und anderem hinreichen. Vielleicht gelingt es uns zunehmend, neben dem Schmerz auch die Segenskraft zu entdecken."

8. geben

> *Geben ist seliger als nehmen.*
> Apostelgeschichte 20,35
>
> *Sei wie eine Brunnenschale,*
> *die zuerst das Wasser in sich sammelt*
> *und dann überfließend es weiterschenkt.*
> Bernhard von Clairvaux

Wer den ganzen Weg der Trauer zu Ende gegangen ist – und vielleicht immer wieder von vorn anfängt, wenn er schmerzlich erinnert wird an die auslösenden Momente –, der wird schließlich das Bedürfnis entwickeln, selber wieder ein Gebender zu werden. Denn im Geben, in der Hingabe, erfüllt sich menschliches Leben.

Dabei lehrt uns die buddhistische Geschichte vom Ochsen und seinem Hirten, dass es nicht auf den einen erfüllten (oder ganz leer gewordenen) Augenblick ankommt, sondern auf das einfache Hingehen, Hingeben und Gestalten des alltäglichen Lebens.

Auch Jesus verweist seine Jünger auf den Bergen von Verklärung und Himmelfahrt auf die Verantwortung im „Tal des Lebens". Dort warten Menschen auf uns, die unser Geben und unsere Gaben brauchen.

Wir sollen uns dem Leben wieder zuwenden, uns und anderen Aufmerksamkeit schenken, Liebe üben und womöglich eine Aufgabe übernehmen, die unserer besonderen Lebenserfahrung entspricht und uns wieder teilnehmen lässt am Leben: z.B. Trauernde begleiten.

Vertiefungskurs[119]

Was ich als Begleiter tun kann, damit der Begleitete sich wohlfühlt, nämlich

- wahrgenommen
- begleitet

[119] Der Vertiefungskurs wird demnächst als Buch erscheinen: Peter Godzik (Hg.), Trauernden nahe sein, Rosengarten: Steinmann 2011.

- gehört
- verstanden.

So ist für ihn die Welt trotz des Verlustes und mit ihm

- weitergegangen
- geblieben
- losgelassen
- aufgestanden.

Der Vertiefungskurs orientiert sich am Trauerweg der Emmaus-Jünger (Lukas 24,13-35). In den Passiv-Formulierungen wird deutlich, wie sich das seelsorgerliche Handeln Jesu in den Empfindungen der Jünger widerspiegelt. In den ersten vier Schritten geht es dabei um sie persönlich, in den zweiten vier Schritten zugleich um die Welt, die sie umgibt. Was hier geschieht, lässt sich sowohl auf den Trauernden selbst als auch auf das verlorene Objekt beziehen.

So kommt es auch, dass die ersten vier Schritte Phasen aus dem Trauerprozess thematisieren: den Aufbruch der Gefühle, das Verhandeln, die Depression und die Annahme. Im zweiten Teil geht es dann schon um eigene Aktivitäten wie weitergehen, bleiben, loslassen und aufstehen, auf die im Perfekt-Passiv zurückgeblickt wird.

Für die Trauerbegleiter kommt es darauf an, nach einem ersten Durchgang der Identifizierung mit den Trauernden und der Vorwegnahme eines abgeschlossenen Trauerprozesses (Grundkurs) die Offenheit für den je eigenen Trauerprozess der Trauernden so zu entwickeln, dass diese sich als Begleitete entsprechend verstanden und angenommen fühlen können (Vertiefungskurs).

Auch wenn die Trauerbegleiter im Tempo und in der Schrittfolge der Trauernden begleitend mitgehen, ist es doch entscheidend, dass sie an bestimmten Weggabelungen auch Hinweise und Impulse geben können, um so das Vorwärtskommen auf dem je eigenen Weg zu erleichtern oder überhaupt erst zu ermöglichen.

Es ist ein alter Streit in der Seelsorge, ob seelsorgerliche Begleitung immer nur mitgeht oder vielleicht doch auch selber Impulse gibt. Ich erinnere mich dabei an einen Hinweis von Joachim Scharfenberg: In der Verhaltenstherapie weiß der Therapeut, was gut ist für den Patienten (pessimistisches Menschenbild); in der Gesprächspsychotherapie weiß der Patient selber, was gut für ihn ist (optimistisches Menschenbild); im psychoanalytisch bzw. tiefenpsychologisch orientierten Gespräch und in der seelsorgerlichen Beziehung auf Zeit ereignet sich die Wahrheit zwischen den beiden Gesprächspartnern, sie ist nicht einfach verfügbar (realistisches Menschenbild).

So verstandene Seelsorge geht nicht nur mit (Begleitung), sondern rechnet damit, im entscheidenden Moment auch Hilfe und Unterstützung (durch Deutung und Ritual) anbieten zu können. Das setzt „Konzepte“ und „Wegweiser“ voraus, die vorgedacht, vorgelebt und bei Bedarf angeboten werden. Dem dienen die angebotenen Materialien des Vertiefungskurses. Sie wollen nicht einfach an die Trauernden weitergegeben werden, sondern Haltungen in den Begleitenden erzeugen, die eine gute seelsorgerliche Beziehung ermöglichen.

Gute Trauerbegleitung kann sich von Gelerntem lösen und das aktuell Begegnende jeweils aufgreifen und in einen lebendigen Beziehungsprozess einbeziehen.

1. wahrgenommen

> *Ich sehe aber auf den Elenden*
> *und auf den, der zerbrochenen Geistes ist …*
> Jesaja 66,2

Wahrgenommen zu werden mit dem, was ich bin, worunter ich leide, wofür ich mich einsetze, ist eine der wichtigsten Voraussetzungen für ein gutes und befriedigendes Leben. Es ist ziemlich schrecklich, nicht mehr gesehen, nicht mehr wahrgenommen zu werden von anderen. Trauernde befinden sich sehr häufig in dieser Situation. Das mag auch daran liegen, dass sie sich zurückziehen und niemanden mehr an sich heranlassen. Dabei wünschen sie sich oft nichts sehnlicher als eben das: wahrgenommen zu werden.

In der biblischen Tradition ist das Wahrgenommenwerden durch Gott eine der tiefsten Erfahrungen von erschüttertem, angefochtenem und wieder vertrauendem Glauben. Gott ist einer, der sieht, der annimmt, der zurechtbringt und versteht. „Er hat die Niedrigkeit seiner Magd angesehen“, so singt Maria im Magnifikat (Lukas 1,48). Und Hagar nennt den Brunnen, der ihr (und später auch Ismael) das Leben rettet: „Brunnen des Lebendigen, der mich sieht“ (1. Mose 16,14).

Das Wahrgenommenwerden in Schmerz und Trauer ist eine der wichtigsten Voraussetzungen zum Heilwerden. Dabei ist wichtig, dass diejenigen, von denen ich wahrgenommen werden möchte, auch tatsächlich hinsehen und genügend differenziert verstehen, worum es z.B. im Trauerprozess geht.

In diesem Schritt setzten wir uns mit den Trauerphasen auseinander, die klassisch geworden sind und die heute mehr und mehr von anderen Sichtweisen, denen der Zyklen, Spiralen und Gezeiten, abgelöst werden.

Es ist trotzdem gut, wenn die klassischen Texte zunächst einmal gekannt und verstanden werden, um das genaue Hinsehen und Hinhören einzuüben. Wer seine Augen und Ohren offenhält und nach einiger Zeit im Sehen und Hören geschult ist, der wird sich auch von Konzepten und Strukturen lösen können, die den Blick auf die Realität eher verstellen als ermöglichen. Aber ungeübt und unvorbereitet sollte niemand Trauernden begegnen. Die Gefahr ist zu groß, dass eigene ungelöste Trauerprobleme den Blick für das Gegenüber trüben.

2. begleitet

... weint mit den Weinenden.
Röm 12,15

Ich möcht', dass einer mit mir geht.
EG 209

Die Aufgabe der Trauerbegleitung gibt schon im Namen und in der Bezeichnung vor, was das Ziel ist und worauf es letztlich ankommt: Der Trauernde soll sich in all seinen Traueräußerungen angenommen und begleitet fühlen.

Diese Aufgabe kann nur recht wahrgenommen werden, wenn die Aufgabenstellung, vor der die Trauernden jeweils individuell stehen, klar ist. Sie wird je nach Situation und Umständen sehr verschieden sein. Und doch lassen sich aus der Erfahrung der Trauerbegleitung Muster erkennen, die uns helfen, Trauernde bei ihren Aufgaben zu begleiten und ihnen an entscheidender Stelle zu helfen, dass sie den immer wieder komplizierten eigenen Weg gehen können.

Gute Begleitung folgt zwar den Irrungen und Wirrungen, den Wegen und Wendungen des jeweils Trauernden, gibt unterwegs aber auch zu erkennen, wenn der Eindruck entsteht, der Weg sei unnötig schwer und lang, umständlich und in die Irre führend. Begleitung etwa auf dem Weg ins Gebirge heißt ja nicht, dass ich bereit bin, in jeden Abgrund und Absturz zu folgen.

Begleiter im Hochgebirge, die in einer fest verbundenen Seilschaft gehen, haben das Recht, sich über den Weg, die Ausrüstung, das Tempo zu äußern. Trauerbegleitung hat manchmal etwas von einer solchen Hochgebirgstour an sich und ist nicht einfach ein sonniger Spaziergang im Flachland.

Deshalb ist es wichtig, von den Begleiterfahrungen anderer zu lernen, sich vorzubereiten auf manche Steilheit und Schwierigkeit des Weges. Freilich wird dann der eigene Begleitweg in eigener Trauerlandschaft gegangen und nicht einfach ein einmal schon beschrittener Weg wiederholt. Erfahrungen anderer helfen, ersetzen aber nicht das behutsame und aufmerksame Gehen des eigenen Weges.

3. gehört

Ich habe das Murren ... gehört.
2. Mose 16,12

Gehör zu finden ist ein alter römischer Rechtsgrundsatz *(audiatur et altera pars)*. Er hat in Deutschland in Form des rechtlichen Gehörs vor Gericht Eingang in das Grundgesetz (Artikel 103, Absatz 1) gefunden.

Gehör zu finden ist darüber hinaus grundsätzlich da wichtig, wo sich normalerweise die Ohren der Menschen verschließen: beim Jammern und Klagen, beim Traurig- und Niedergeschlagensein, beim ewigen Murren gegen Gott und die Welt.

Es gehört zu den großen Fähigkeiten Gottes, dass er das Schreien und Murren seines Volkes hört, das Elend sieht und trotzdem sich nicht zurückzieht, sondern da ist, hinhört, hinschaut und dann hingeht und besucht. Eine ganze Seelsorgetheorie könnte auf dieser Einsicht aufgebaut werden, dass wir im Bemerken und Besuchen des anderen lediglich nachspielen, was Gott uns – auch und gerade in Christus – vorgemacht hat.

„Wenn Kirche den Ruf Trauernder nicht hört, stehen Bestattungsunternehmen, Therapeuten sowie der gesamte Esoterikmarkt bereit, um den nicht erfolgten 'Service-Leistungen' von Kirche 'Alternativen' für Hinterbliebene gegenüberzustellen – Alternativen, die nicht immer zu einer Wiederbegegnung mit dem christlichen Glauben führen" (Karin Wilkening).

Die Materialien dieses Schrittes bringen zu Gehör, was in der Begleitung Trauernder an Besonderheiten und Komplikationen zu beachten ist. Es geht darum, auch das zu hören, was der andere nicht sagt, höchstens andeutet und vor uns zu verbergen trachtet. Ihn besser zu hören und zu verstehen als er selbst, ist die große Herausforderung jeder tiefen Trauerbegleitung.

4. verstanden

Herr, du erforschest mich und kennest mich.
Ich sitze oder stehe auf, so weißt du es;
du verstehst meine Gedanken von ferne.
Psalm 139,1-2

„Ich habe verstanden", sagen wir manchmal nach heftigen Auseinandersetzungen und Erfahrungen, wenn wir uns zunächst eine Weile gewehrt haben, gar nichts verstanden und auch gar nichts verstehen wollten.

In diesem „Ich habe verstanden" kommt manchmal auch zum Ausdruck, dass ich meinen eigenen Anteil am Gesamtgeschehen verstehe. Es zeigt sich ein Sinn, eine Herausforderung, eine Aufgabe. Verstanden zu haben ist die größte Leistung, die wir dem Leben gegenüber erbringen können. Im Blick auf Verlust und Trauer ist das besonders schwer, aber nicht unmöglich.

Die „Seelenarbeit des Trauernden" (Erhard Weiher) ist sein eigener kostbarer und schmerzhafter Preis an das Leben. Diese Auseinandersetzung, seine Trauerarbeit, darf er in einem „heiligen Horizont" wissen. Und erst im Nachhinein vermögen manche Trauernden zu berichten, dass sie einen tieferen Bezug zum Leben bekommen haben, mehr vom Leben verstanden haben und dass sie mit diesem Lebenswissen bereichert und erfüllt weitergehen können. Der Trauernde leistet selbst erst im Lauf seines Prozesses die „Unterschrift": „Ja, es war auch gut".

„Wenn das Leben in Einklang mit anderen Menschen, mit dem bisherigen Tun und Lassen in der eigenen Biographie gebracht werden kann, in irgendeinen Zusammenhang mit Zielen und Wünschen – und sei es der eines bewussten Verzichts –, dann können auch große Härten des Schicksals irgendwie eingeordnet und anfanghaft verstanden werden. … Hilfen in der Bewältigung von Leid durch die medizinische Bekämpfung von Schmerz, durch Gespräch und durch die Erfahrung von Bindung an Menschen als ein unzerstörbarer Zusammenhang des Lebens sind Symbole der radikalen Gegenwart Gottes auch in den Krisen unseres Lebens. Aber an den Grenzen dieser menschlichen Hilfen bedarf die Frage nach der Bewältigung von Leid und Schmerz eines Horizonts, der in eine transzendente Dimension weist. Wer sich im Glauben diesen Lebensschichten überlassen kann, der erfährt auch hier – in einer übersteigenden Analogie zu den menschlichen Dimensionen – einen tiefen Halt" (Josef Römelt).

5. weitergegangen

Haltet mich nicht auf,
denn der HERR hat Gnade zu meiner Reise gegeben.
Lasst mich, dass ich zu meinem Herrn ziehe.
1. Mose 24,56

Irgendwann auf dem Weg, auch auf dem Trauerweg, machen wir die Erfahrung, dass das Leben weitergeht, auch wenn wir zuvor den Eindruck hatten, das Leben sei irgendwie stehengeblieben. Schritt für Schritt erschließt sich das Leben neu, löst sich aus seiner Erstarrung und geht weiter. Mögen es zuerst nur kleine und sehr elementare Schritte sein, im Laufe der Zeit hebt sich wieder der Blick, die Umgebung kommt ins Blickfeld, die Räume werden weiter, die Schritte größer und sicherer. Am Ende lohnt es sich, neue Ziele in den Blick zu nehmen, die Schritte dahin zu lenken, wo Leben, Liebe und Leidenschaft wartet.

„Das Leben geht weiter" – dieser gut gemeinte Ratschlag schon am Anfang der Trauerzeit funktioniert aber nur dann, wenn ich mein eigenes Schritttempo gehen darf und am Ende für mich selbst feststellen kann: „Es ist weitergegangen" und ich weiß auch, wem ich das zu verdanken habe. Innere Kräfte spielen eine Rolle, Engel, Begleiter, Menschen an meiner Seite. „Steht auch dir zur Seite, still und unerkannt, dass es treu dich leite an der lieben Hand", so singen wir in einem traditionellen Weihnachtslied. Das klingt einfach und kindlich. Aber so ist das Leben: Es fängt wieder von vorn an – wie bei einem Kind, das gehen lernt.

6. geblieben

Nun aber bleiben Glaube, Hoffnung, Liebe, diese drei.
Aber die Liebe ist die Größte unter ihnen.
1. Kor 13,13

Trotz der Zumutung, im Trauerprozess die geliebte Person loszulassen, weil sie unwiderruflich von uns gegangen ist, gibt es immer etwas, das auch bleibt. Die gemeinsam erlebte Geschichte hört ja nicht auf, gewesen zu sein. Im Gegenteil, sie verklärt sich und wird neu bewertet, weil sie an ihr vorläufiges Ende gekommen ist. Etwas ist zu

Ende gegangen, hat sich vollendet. Aber es bleibt wie in der Musik ein Nachklang, der sich auswirkt auch noch in der Gegenwart und selbst in der Zukunft.

Wir behalten den Goldgrund erlebter Liebe, aber manchmal auch die Schatten unüberwindlicher Schmerzen. Es geht nie weg, was wir erlebt haben, es wächst nach innen und wird zu einem Teil unserer selbst. Aus dem, was wir losgelassen haben, wird das, was bleibt. Das klingt widersprüchlich, beschreibt aber doch nur den paradoxen und komplementären Spannungsbogen, in dem Leben sich abspielt. „Wer sein Leben erhalten will, der wird's verlieren; wer aber sein Leben verliert um meinetwillen, der wird's finden" sagt Jesus (Matthäus 16,25). Dieses tiefe Geheimnis gilt es gerade im Trauerprozess neu zu entdecken.

7. losgelassen

Ich lasse dich nicht,
du segnest mich denn.
1. Mose 32,27

Kaum ein Schritt in der Trauerarbeit wird so leicht missverstanden wie gerade das Loslassen. Als sollte mit dem Loslassen eine zweite und endgültige Trennung von dem geliebten Menschen vollzogen werden, die nichts mehr von dem gelten lässt, was einst an Liebe und Zuneigung gewesen ist. Gegen solche merkwürdigen Zumutungen wehren Trauende sich zu Recht. Aber mit dem Loslassen oder vielmehr Losgelassen-Haben ist etwas anderes gemeint. Es geht darum, sowohl dem verstorbenen Menschen wie sich selbst die Freiheit zuzugestehen, sich „in andre, neue Bindungen zu geben", wie Hesse einst formulierte. Der, der gegangen ist, gehört jetzt der Ewigkeit bei Gott, nicht mir; ich selbst gehöre nicht mehr dem anderen, sondern den neuen Lebensmöglichkeiten, die Gott für mich vorgesehen hat.

Wer nicht loslassen kann oder will, scheint das eheliche Versprechen „... bis dass der Tod euch scheidet" übererfüllen zu wollen und noch über den Tod hinaus so verbunden zu bleiben, dass neue Beziehungen unmöglich werden. Darum aber kann es nicht gehen, das Plansoll überzuerfüllen und die vorgesehene Trennung und Scheidung nicht zu akzeptieren.

Erst im Loslassen wird wahrhaft behalten. Das kann aber nur gelingen, wenn es mit gegenseitigem Segnen verbunden ist. Loslassen und Behalten können auch verstanden werden als die beiden notwendigen Vorgänge beim Atmen:

Im Atemholen sind zweierlei Gnaden:
Die Luft einziehen, sich ihrer entladen.
Jenes bedrängt, dieses erfrischt;
So wunderbar ist das Leben gemischt.
Du danke Gott, wenn er dich presst,
Und dank ihm, wenn er dich wieder entlässt!
Johann Wolfgang von Goethe

8. aufgestanden

> *Du hast mir meine Klage verwandelt in einen Reigen,*
> *du hast mir den Sack der Trauer ausgezogen*
> *und mich mit Freude gegürtet.*
> Psalm 30,12

„Auferstanden aus Ruinen / und der Zukunft zugewandt“, so beginnt die Nationalhymne der ehemaligen DDR (Text: Johannes R. Becher; Musik: Hanns Eisler). Abgesehen von ihrer insgesamt eher zweifelhaften politischen Bedeutung drücken die ersten beiden Zeilen das geradezu klassische Ergebnis einer gelungenen Trauerarbeit aus: Es geht um das Aufstehen zu neuem Leben und darum, die Zukunft in den Blick zu nehmen und neu zu gestalten.

Die Frage ist immer, wie das gelingen kann, welche Voraussetzungen erfüllt sein müssen, wie Schritte gefunden werden können, die unter Mithilfe und Begleitung von außen zu einer neuen inneren Ausrichtung führen. Die Barlach-Plastik „Das Wiedersehen“ macht deutlich, dass diese Aufrichtung nie vollkommen gelingen kann. Es bleibt immer ein Gebeugtsein unter der Last des Erlebten, aber es entwickelt sich doch ein liebevoller Blick auf Zukunft und Kommendes.

Der liebevoll-erhebende Blick, der mich aufrichtet, führt vielleicht eines Tages dazu, dass ich mich wieder frei bewegen kann, ja meine Füße nicht nur zum Gehen und Ausschreiten, sondern auch zum Tanzen und Springen benutze. Wie fröhlich das gehen kann, bleibt offen und ein Geheimnis des je eigenen Weges.

V. Persönliches zum Autor

Kurzbiographie

Peter Godzik, Jahrgang 1946, wuchs in Flensburg auf und machte dort 1966 sein Abitur am Alten Gymnasium. Nach einem zweijährigen Wehrdienst bei der Luftwaffe studierte er von 1968 bis 1972 Evangelische Theologie in Kiel und Hamburg. Das Vikariat führte ihn zunächst nach Bogotá/Kolumbien und dann zurück nach Kiel. Er wurde 1975 zum Pastor ordiniert und war dann zwölf Jahre Gemeindepastor in Büdelsdorf, sechs Jahre Oberkirchenrat im Lutherischen Kirchenamt der VELKD in Hannover, viereinhalb Jahre Prediger am Dom in Schleswig, zehn Jahre Propst des Kirchenkreises Herzogtum Lauenburg mit Sitz in Ratzeburg und ist nun seit 1. Januar 2008 Beauftragter der Nordelbischen Ev.-Luth. Kirche für die Begleitung Sterbender (Hospizarbeit und Palliativmedizin) in Zusammenarbeit mit dem Diakonischen Werk Schleswig-Holstein in Rendsburg. Er ist verheiratet und hat vier erwachsene Töchter. Er ist Mitautor und Herausgeber zahlreicher Bücher, u.a. „Verlass mich nicht, wenn ich schwach werde“, „Zum eigenen Leben finden“ und „Was weiß die Raupe schon vom Schmetterling“ (EB-Verlag, Berlin) sowie „Lavendelduft und Sommerwind“ und „Leuchten wie des Himmels Glanz“ (Steinmann Verlag, Rosengarten bei Hamburg).

Bibliographie Peter Godzik zum Thema „Hospizarbeit“

1988: Den Weg der Betroffenen beobachten. Sterben und Tod: Literatur wächst unaufhaltsam, in: Lutherische Monatshefte 27 (1988) 445-449.

- Von der Begleitung Sterbender. Referate und Beschlüsse der Generalsynode der VELKD in Veitshöchheim 1988, Hannover 1989 (hg. zusammen mit Jürgen Jeziorowski; ISBN 3-7859-0582-3.

1989: Laßt mich doch zu Hause sterben! Gütersloh: Gerd Mohn 1989 (hg. zusammen mit Petra-R. Muschaweck; ISBN 3-579-02162-1).

1990: „Hospiz-Bewegung“. Ein Arbeitsbericht für die Generalsynode der VELKD (zusammen mit Ursula Böning, Brigitte Delbrück, Lora Herrmann, Wolf-Dietmar Szepan; Hermann Barth, Hans-Ulrich Minke, Gregor Spieß; Ulrich Eibach, Petra Muschaweck-Kürten) (Texte aus der velkd 39/1990), Hannover: Lutherisches Kirchenamt ^{7}1996.

- Sterbende begleiten – Seelsorge der Gemeinde, in: Evangelische Impulse 12 (1990) 10-11.

1991: Sterbebegleitung durch die Gemeinde. Gastkommentar zum Ergebnis der Generalsynode 1988, in: Evangelische Information 23 (1991) 2.

- Die verlorengegangene Kunst des Sterbens. Besprechung des Buches von Peter Neher: Ars moriendi – Sterbebeistand durch Laien, St. Ottilien 1989, in: Lutherische Monatshefte 30 (1991) 377-378.

1992: „... auf daß die Gemeinde zum Hospiz werde“: Dokumentation der Klausurtagung „Hospiz“ des Diakonischen Werkes der EKD vom 18.-20. Februar 1992 im Deutschen Institut für Ärztliche Mission in Tübingen (hg. zusammen mit Karl Dietrich Pfisterer und Henning Pleitner), Stuttgart: DW-EKD 1992.

- Die Hospizbewegung in der Bundesrepublik Deutschland. Eine Dokumentation (Texte aus der velkd 47/1992), Hannover: Lutherisches Kirchenamt ^{3}1992.
- Hospize vermitteln Begleitung und Hilfe auf dem letzten Stück des Lebensweges, in: Diakonie im Rheinland 29 (1992) 20-25.
- Dem Sterben ein Zuhause geben, in: Diakonie. Theorien, Erfahrungen, Impulse 4/1992, S. 226-229.
- Hospiz-Weiterbildung, in: Diakonie. Theorien, Erfahrungen, Impulse 4/1992, S. 226-229.
- In Würde sterben. Die Hospizbewegung in der Bundesrepublik Deutschland, in: Nachrichten der Evangelisch-Lutherischen Kirche in Bayern 47 (1992) 410-412.

1993: Die Hospizbewegung in Deutschland – Stand und Perspektiven, in: Akademie Sankelmark (Hg.), Nordische Hospiztage. Internationale Fachtagung vom 1.-5. März 1993 (Dokumentation 1), Sankelmark: Hausdruckerei des Deutschen Grenzvereins 1993, S. 27-36.

- Die Hospizbewegung in Deutschland. Geschichte und Stand, in: Der Johannesruf 1/1993, S. 21-24.
- Sterbenden Freund sein. Texte aus der seelsorgerlichen und liturgischen Tradition der Kirche (Texte aus der velkd 55/1993), Hannover: Luth. Kirchenamt 1993.
- Verlaß mich nicht, wenn ich schwach werde. Handbuch zur Begleitung Schwerkranker und Sterbender im Rahmen des Projekts „Sterbende begleiten – Seelsorge der Gemeinde“, Hamburg: E.B.-Verlag Rissen 1993 (hg. zusammen mit Andreas Ebert; ISBN 3-923002-66-1).
- Verlaß mich nicht, wenn ich schwach werde. Kursleitungs-Handbuch für das Projekt „Sterbende begleiten – Seelsorge der Gemeinde“, Hamburg: E.B.-Verlag Rissen (1993 hg. zusammen mit Andreas Ebert), 2. Auflage 1996 (hg. zusammen mit Wolfgang Weiß).

1994: „Verlaß mich nicht, wenn ich schwach werde“. Sterbende begleiten – Seelsorge der Gemeinde, in: Manfred Kwiran (Hg.), Hospizbewegung. Sterbende begleiten (Einsichten 22. Protokolle der Ev. Akademie der Ev.-Luth. Landeskirche in Braunschweig), Braunschweig: Ev. Akademie 1994, S. 18-24.

- Hoffnungsbilder gegen den Tod, Hannover: Lutherisches Verlagshaus 1994 (hg. zusammen mit Reinhard Brandt und Ulrich Kühn; ISBN 3-7859-0680-3).

1995: Du bist nicht allein. Ermutigung in Tagen der Krankheit, Gütersloh: Gütersloher 1995 (ISBN 3-579-01343-2), Kiefel 1998 (ISBN 3-579-06153-4).

- Sterbe-Heroen, in: Lutherische Monatshefte 34 (1995) 42.

1996: Sterbebegleitung in Gemeinde und Hospizbewegung, in: Kirchenamt der EKD/ Sekretariat der Deutschen Bischofskonferenz (Hg.), Im Sterben: Umfangen vom Leben. Gemeinsames Wort zur Woche für das Leben, Hannover/ Bonn 1996, S. 13-16.

- Sterben Christen anders? Die gemeinsame christliche Hoffnung (gemeinsam mit Reinhard Brandt), in: Sekretariat der Deutschen Bischofskonferenz/ Kirchenamt der EKD (Hg.), Leben bis zuletzt. Sterben als Teil des Lebens. Impulse für Praxis und Gottesdienst. Woche für das Leben: 4. bis 10. Mai 1996. Eine Initiative der katholischen und evangelischen Kirche, Hannover 1996, S. 9-13.
- Der Trost des christlichen Glaubens, in: Gute Hoffnung – jähes Ende. Eine „Erste Hilfe“ für Eltern, die ihr Baby verlieren, und alle, die sie unterstützen

wollen, mit Beiträgen von Reinhard Behnke, Dorothea Bobzin, Heiko Gerdes-Janssen, Peter Godzik, Hannah Lothrop, Thekla Röhrs und Perdita Wünsch, im Auftrag der Fachkonferenz für Seelsorge in Kinderkliniken und auf Kinderstationen innerhalb der Gliedkirchen der EKD, hg. von der VELKD, Hannover: Lutherisches Kirchenamt 1996, [8]2008, S. 60-62.

1997: Hospizarbeit in den Einrichtungen des Diakonischen Werkes, in den Landeskirchen und in den Kirchengemeinden der EKD. Grundsätze – Konkretionen – Perspektiven (zusammen mit den Mitgliedern des Fachbeirats Hospiz des DW-EKD), Stuttgart: Diakonie-Korrespondenz 8/97.

- Ostern: Die gemeinsame christliche Hoffnung (gemeinsam mit Reinhard Brandt). In: epd, Ausgabe für kirchliche Presse Nr. 9 vom 26. Februar 1997, S. 17-21.

- Sterbebegleitung als Aufgabe der Gemeinde. Gewinnung, Vorbereitung und Begleitung ehrenamtlicher Mitarbeiter, in: Ev. Impulse 19 (1997) 16-18.

1999: „Verlaß mich nicht wenn ich schwach werde". Sterbende begleiten – Seelsorge der Gemeinde (zusammen mit Edeltraut Kambach), in: Thomas Hiemenz/ Roswitha Kottnik (Hg.), Chancen und Grenzen der Hospizbewegung. Dokumentation zum 2. Ökumenischen Hospizkongress „Sich einlassen und loslassen" (Würzburg, 22.-24.10. 1999), Freiburg: Lambertus 2000, S. 121-127.

- Der Tod behält nicht das letzte Wort. Zur diakonischen Begleitung Sterbender, in: Evangelische Impulse 21 (1999) 16-18.

2000: Der Tod behält nicht das letzte Wort. Zur diakonischen Begleitung Sterbender in der Hospizbewegung, in: Schleswig-Holstein. Kultur – Geschichte – Natur, 1-2/ 2000, S. 67-68.

- Zur Geschichte der Hospizbewegung in Deutschland, 2000; veröffentlicht im Internet unter: http://www.hospiz-bersenbrueck.de/zur_geschichte_ der_ hospizbewegun.htm

2001: Die Hospizbewegung in Niedersachsen. Wurzeln, Entwicklungen und Perspektiven (zusammen mit Karin Wilkening), in: hospiz *bewegt* niedersachsen. Die Landesarbeitsgemeinschaft stellt sich vor, Hannover 2001, S. 10-20.

2002: Christliche Hoffnung über den Tod hinaus – dargestellt an der Geschichte von der Heilung des blinden Bartimäus, in: Diakonisches Werk der EKD (Hg.), Hospizarbeit in Diakonie und Kirche. Reflexionen und Konkretionen, Stuttgart: DW-EKD 2002, S. 7-12.

- Eine Geschichte der Hospizbewegung in Deutschland – der barmherzige Samariter und die Heilung des Gelähmten, in: Diakonisches Werk der EKD (Hg.), Hospizarbeit in Diakonie und Kirche. Reflexionen und Konkretionen, Stuttgart: DW-EKD 2002, S. 13-23.

- Vorwort zu Oliver Seitz/Dieter Seitz, Die moderne Hospizbewegung in Deutschland auf dem Weg ins öffentliche Bewußtsein. Ursprünge, kontroverse Diskussionen, Perspektiven, Herbolzheim: Centaurus 2002, S. IX-X.

2006: Zum eigenen Leben finden in Bildern, Texten und Symbolen, Hamburg: EB-Verlag 2006 (hg. zusammen mit Marion Loh; ISBN 3-936912-48-3).

2007: Was weiß die Raupe schon vom Schmetterling. Aufbruch zu Wandlung, Freiheit und unvergänglichem Leben, Schenefeld: EB-Verlag 2007 (ISBN 978-3-936912-72-2; gewidmet dem Verein „Kinder auf Schmetterlingsflügeln").

2009: Hospizarbeit und Palliativversorgung in Schleswig-Holstein. Position des Diakonischen Werkes Schleswig-Holstein (zusammen mit Carsten Berg), Rendsburg: DW-SH 2009.

- „Sei nahe in schweren Zeiten". Handreichung zur Vorbereitung von Haupt- und Ehrenamtlichen in der Trauerbegleitung, Rendsburg: DW-SH 2009.

- 5 Bausteine für die Fortentwicklung von „Hospiz" heute – ein Anstoß (zusammen mit Marie-Luise Bödiker, Paul Herrlein, Hans Overkämping, Rainer Prönneke, Josef Roß, Norbert Schmelter und Paul Timmermanns), in: Die Hospiz-Zeitschrift. Fachforum für Palliative Care 11/41 (2009) 18-22.

Weitere Impulse

veröffentlicht auf der Homepage www.pkgodzik.de

1988: Zusammenstellung der Diskussionen bei der 4. Tagung der 7. Generalsynode der VELKD in der Arbeitsgruppe 7 am 21. Oktober 1988: Christliche Hoffnung – Hoffnung über den Tod hinaus. http://www.pkgodzik.de/fileadmin/user_upload/Hoffnung_ueber_den_Tod_hinaus/Diskussion_Generalsynode_1988.pdf

1992: Hoffnungsbilder – Lebensbilder. Hoffnungsbilder des christlichen Glaubens angesichts von Sterben und Tod für das 39. Pastoralkolleg der VELKD vom 2. bis 16. September 1992 in Goslar/ Hessenkopf zusammengestellt. http://www.pkgodzik.de/fileadmin/user_upload/Hoffnung_ueber_den_Tod_hinaus/symbole_der_hoffnung.pdf

1993: Ausführliche Literaturliste zum Thema: Hoffnung über den Tod hinaus, 1993. http://www.pkgodzik.de/fileadmin/user_upload/Hoffnung_ueber_den_Tod_hinaus/Literaturliste_Hoffnung_ueber_den_Tod_hinaus.pdf

- Über die Unsterblichkeit der Seele. Vortrag im Rahmen der 3. Arnoldshainer Hospiztage am 20. Februar 1993 in der Evangelischen Akademie Arnoldshain. http://www.pkgodzik.de/fileadmin/user_upload/Hoffnung_ueber_den_Tod_hinaus/Unsterblichkeit_der_Seele.PDF

1994: Biographiearbeit. Eine Einladung zur Lebensbilanzierung, 1994. http://www.pkgodzik.de/fileadmin/user_upload/Entwuerfe/biographiearbeit.pdf

1996: Hoffnung über den Tod hinaus. Vortrag im Don Bosco-Haus in Mölln am 18. Juni 1996. http://www.pkgodzik.de/fileadmin/user_upload/Hoffnung_ueber_den_Tod_hinaus/hoffnung.pdf

1997: Lebenswege gehen – Krisen überwinden – Übergänge gestalten. Gesamttreffen für Gruppenleiter im Projekt "Sterbende begleiten – Seelsorge der Gemeinde" im Gemeindekolleg Celle, 1997.
http://www.pkgodzik.de/fileadmin/user_upload/Entwuerfe/weg.pdf
http://www.pkgodzik.de/fileadmin/user_upload/Entwuerfe/krise.pdf

2001: Vortrag über die Hospizbewegung am 11. Januar 2001 vor dem Rotary-Club in Mölln. http://www.pkgodzik.de/fileadmin/user_upload/Hospiz_und_Sterbebegleitung/Hospiz_Rotary_Moelln_2001.pdf

2002: an(ge)dacht: ein Lebensende in Würde. Aktueller Beitrag für die Internetseite der Nordelbischen Kirche im November 2002. http://www.pkgodzik.de/fileadmin/user_upload/Archiv_Kirchenkreis_Hzgt_Lauenburg/angedacht.pdf

2004: Engelgeleit – eine Aufgabe. Festvortrag zum einjährigen Bestehen der Hospiz Stiftung Niedersachsen am 16. Oktober 2004 in der St. Johanniskirche in Lüneburg. http://www.hospiz-stiftung-niedersachsen.de/fileadmin/user_upload/downloads/Vortrag_Engelgeleit.pdf

2005: „Asche zur Asche, Staub zum Staube". Vom christlichen Umgang mit dem Tod. Vortrag in St. Laurentii-Itzehoe am 9. Februar 2005. http://www.pkgodzik.de/fileadmin/user_upload/Hoffnung_ueber_den_Tod_hinaus/Asche_zur_Asche.pdf

\- Kritische Bemerkungen zur Didaktik des neuen Celler Modells „Sterbende begleiten lernen" vom 21. Juli 2005. http://www.pkgodzik.de/fileadmin/user_upload/Hospiz_und_Sterbebegleitung/Kritik_am_neuen_Celler_Modell.pdf

\- Nahtod-Erlebnisse – Sinnestäuschung oder Wirklichkeit? Vortrag vor dem Freundeskreis Hospiz Lüneburg e.V. am 15. September 2005. http://www.pkgodzik.de/fileadmin/user_upload/Hoffnung_ueber_den_Tod_hinaus/Nahtod.pdf

2008: Palliative Care – die Sache mit dem Mantel ..., Januar 2008. http://www.pkgodzik.de/fileadmin/user_upload/Impulse/Palliative_Care.pdf

\- Sterbebegleitung – fachliche und ethische Fundierung. Vortrag vor der Hospizgruppe Plön, am 4. Dezember 2008. http://www.pkgodzik.de/fileadmin/user_upload/Impulse/Sterbebegleitung.pdf

\- Von der Wahrheit am Krankenbett und dem Prinzip Hoffnung. Vortrag am 14. Oktober 2008 in Süderbrarup. http://www.pkgodzik.de/fileadmin/user_upload/Impulse/Wahrheit_und_Hoffnung.pdf

\- Was ist „Qualität" in der hospizlichen Sterbebegleitung? Beitrag zur 11. Loccumer Hospiztagung vom 18.-20. April 2008. http://www.pkgodzik.de/fileadmin/user_upload/Impulse/Qualitaet_in_der_hospizlichen_Sterbebegleitung.pdf

2009: Bedürfnisse Sterbender. Ein Überblick, Mai 2009. http://www.pkgodzik.de/fileadmin/user_upload/Impulse/Beduerfnisse_Sterbender.pdf

- Der Dreipass – ein gotisches Ornament als Symbol der Seelsorge. Informationen und Gestaltübungen zu einem Entwurf von Erhard Weiher. Seminartag mit der Hospizgruppe Kappeln am 9. Mai 2009. http://www.pkgodzik.de/fileadmin/user_upload/Impulse/Der_Dreipass.ppt

- Spiritualität in der Sterbebegleitung. Seminartag mit der Hospizgruppe Plön am 16. Mai 2009. http://www.pkgodzik.de/fileadmin/user_upload/Hospizgruppe_Ploen/ Spiritualitaet_in_der_Sterbebegleitung.pdf

- Spiritualität in der Sterbebegleitung. Wochenendseminar mit der Hospizgruppe Plön am 11./12. September 2009. http://www.pkgodzik.de/fileadmin/user_upload/Hospizgruppe_Ploen/ Spiritualitaet_in_der_Sterbebegleitung2.ppt

- Trost will nicht die Trauer nehmen. Vortrag (und Workshop) beim Fachtag für ehrenamtliche Hospizhelferinnen und Hospizhelfer des Diakonischen Werkes der Ev.-luth. Landeskirche Sachsens in Radebeul am 25. April 2009 (sowie weitere wichtige Texte und Lieder zum Thema „Trost“). http://www.pkgodzik.de/fileadmin/user_upload/Impulse/Trost_will_nicht_die_Trauer_nehmen.ppt

- Was kann ich tun für meine Lebensqualität angesichts von Krebs? Vortrag in Preetz im Haus der Diakonie, 31. März 2009. http://www.pkgodzik.de/fileadmin/user_upload/Impulse/Lebensqualitaet_nach_Krebs.pdf

- Was tut am Sterben so weh? Vortrag mit Power Point-Präsentation zur Eröffnung der neuen Räumlichkeiten des Schmerz- und Palliativzentrums Hamburg am 11. September 2009.
http://www.pkgodzik.de/fileadmin/user_upload/Impulse/Was_tut_am_Sterben_so_weh.pdf
http://www.pkgodzik.de/fileadmin/user_upload/Impulse/Was_tut_am_Sterben_so_weh.ppt

2010: Luthers Bilder von Leben, Sterben, Tod und Auferstehung, zusammengestellt für den Konvent der Pastorinnen und Pastoren im Kirchenkreisbezirk Oldenburg des Kirchenkreises Ostholstein in Heiligenhafen am 3. März 2010. http://www.pkgodzik.de/fileadmin/user_upload/Impulse/Bilder_Luthers_von_Sterben__Tod_und_Auferstehung.pdf

- Sterben in Würde. Seit wann, wie und warum debattiert die Gesellschaft über dieses Thema? Vortrag und Gespräch (Präsentation) am 29. Oktober 2010 um 19.00 Uhr in der Akademie Sankelmark.

http://www.pkgodzik.de/fileadmin/user_upload/Impulse/Sterben_in_Wuerde.pdf
http://www.pkgodzik.de/fileadmin/user_upload/Impulse/Sterben_in_Wuerde.ppt

- Vom Umgang mit den gesetzlichen Bestimmungen zur Patientenverfügung, Oktober 2010.
  http://www.pkgodzik.de/fileadmin/user_upload/Impulse/Patientenverfuegung.pdf
- Patientenverfügung. Kritische Überlegungen zur gesetzlichen Regelung und ihrer praktischen Umsetzung, November 2010.
  http://www.pkgodzik.de/fileadmin/user_upload/Patientenverfuegung/Patientenverfuegung.ppt

Der eigenen Trauer begegnen

Ein Lebens- und Lernweg

Peter Godzik (Hg.)

ca. 130 Seiten. Paperback.
Erscheint voraussichtlich im Mai 2011
ISBN: 978-3-927043-45-9

Trauer ist keine Krankheit, sondern eine ganz natürliche Reaktion auf schmerzliche Verluste. Trauer braucht Ausdruck, damit sie uns nicht blockiert und festhält auf dem Lebensweg.

Dieses Buch ist eine Einladung, der eigenen Trauer zu begegnen. Es beschreibt eine Wegstrecke mit acht Wegerfahrungen, die geeignet sind, der eigenen Trauer standzuhalten, sie Schritt für Schritt tiefer und besser zu verstehen und am Ende umzuwandeln in Impulse für neues Leben. Wenn es gelingt, die Schritte tapfer und mutig zu setzen und den eigenen Trauerweg zu gehen, könnte am Ende die Kraft wieder wachsen, das Leben neu schätzen zu lernen. Insofern ist dieses Buch ein Weg des Lernens im eigenen Leben.

Darüber hinaus ist es geeignet, künftigen Trauerbegleiterinnen und Trauerbegleitern die Trauer der Trauernden (auch die eigene!) wieder näher zu bringen, um aufmerksam und einfühlsam begleiten zu können.

In dem Projekt „Sei nahe in schweren Zeiten – Handreichung zur Vorbereitung Ehrenamtlicher in der Trauerbegleitung“ stellt dieses Buch das Material für den Grundkurs dar.

Steinmann Verlag
Rosengarten b. Hamburg

Trauernden nahe sein

Ein Lern- und Lebensweg

Peter Godzik (Hg.)

ca. 180 Seiten. Paperback.
Erscheint voraussichtlich im Juli 2011
ISBN: 978-3-927043-46-6

Das „Trostamt der Kirche“ hat besonders Martin Luther so sehr beschäftigt, dass er es mehrfach besonders erwähnt und hervorgehoben hat. Das Priestertum aller Gläubigen hat gerade in diesem „Trostamt der Kirche“ seinen Ursprung. Das gegenseitige Trösten und Vergeben von Schuld ist der eigentlich christliche Freundschaftsdienst, den wir einander zukommen lassen, ja von herzen gönnen sollen.

Das „Trostamt der Kirche“ braucht außer Beherztheit eigentlich keine Vorbereitung. Aber es hat sich bewährt, in der Begleitung trauernder Menschen wenigstens aufmerksam zu werden auf das, was wir wissen und einüben können in der Nachfolge Jesu.

Ihm nach lernen wir so, Trauernden nahe zu sein und sie zu trösten. Nicht als „leidige Tröster“ und irgendwie „besserwisserisch“, sondern mitmenschlich nah, aufmerksam im Begleiten und Zuhören, damit die Trauernden sich so fühlen können: wahrgenommen, begleitet, gehört, verstanden, weitergegangen, geblieben, losgelassen, aufgestanden. Denn Trauer soll „verwandelt werden in einen Reigen“ (Psalm 30,12).

Die acht Affirmationen des Buches „Trauernden nahe sein“ wollen gute Trauerbegleitung befördern. Für das Projekt „Sei nahe in schweren Zeiten – Handreichung zur Vorbereitung Ehrenamtlicher in der Trauerbegleitung“ stellen sie die Materialien des Vertiefungskurses dar.

Steinmann Verlag
Rosengarten bei Hamburg